中國歷代書目題跋叢書

繆荃孫 撰

黃明 楊同甫 標點

藝風藏書記

圖書在版編目(CIP)數據

藝風藏書記 / 繆荃孫撰；黄明，楊同甫標點. —
上海：上海古籍出版社，2019.1
（中國歷代書目題跋叢書）
ISBN 978-7-5325-9101-5

Ⅰ.①藝… Ⅱ.①繆… ②黄… ③楊… Ⅲ.①私人藏書—圖書目録—中國—近代 Ⅳ.①Z842.5

中國版本圖書館 CIP 數據核字(2019)第 020908 號

中國歷代書目題跋叢書

藝風藏書記

繆荃孫 撰

黄 明 楊同甫 標點

上海古籍出版社出版發行

（上海瑞金二路 272 號 郵政編碼 200020）

（1）網址：www.guji.com.cn

（2）E-mail：guji1@guji.com.cn

（3）易文網網址：www.ewen.co

蘇州越洋印刷有限公司印刷

開本 850×1168 1/32 印張 19.25 插頁 5 字數 395,000

2019 年 1 月第 1 版 2019 年 1 月第 1 次印刷

ISBN 978-7-5325-9101-5

G·703 定價：88.00 元

如有質量問題，請與承印公司聯繫

《中國歷代書目題跋叢書》出版説明

漢代劉向、劉歆父子編撰《别録》《七略》，目録之學自此濫觴，在傳統學術中發揮了重要作用。歷代典籍浩繁龐雜，官私藏書目録依類編次，繩貫珠聯，所謂「類例既分，學術自明」（《通志・校讎略》），學者自可「即類求書，因書究學」（《校讎通義・互著》），實爲讀書治學之門户。而我國典籍屢經流散之厄，許多圖書真容難睹，甚至天壤不存，書目題跋所録書名、撰者、卷數、版本、内容即爲訪書求古的重要綫索。至於藏書家於題跋中校訂版本異同、考述版本淵源、判定版本優劣、追述藏弆流傳，更是不乏真知灼見，足以津逮後學。

我社素重書目題跋著作的出版，早在二十世紀五十年代，我社就排印出版了歷代書目題跋著作二十二種，後彙編爲《中國歷代書目題跋叢書》第一輯。此後，我社又與學界通力合作，精選歷代有代表性和影響較大的書目題跋著作，約請專家學者點校整理。至二〇一五年，先後推出《中國歷代書目題跋叢書》第二至四輯，共收書目題跋著作四十六種，加上第一輯的二十二種，計六十八種，極大地普及了版本目録之學。面對廣大讀者的需求，我社將該叢書陸續重版，並訂正所發現的錯誤，以饗讀者。

上海古籍出版社

二〇一八年八月

前言

繆荃孫(一八四四—一九一九),字炎之,一字筱珊,又作小山,號藝風,晚號藝風老人。江蘇江陰人。近代著名藏書家、圖書館學家、版本目録學家、史學家、教育家。

繆氏自幼嗜好讀書,家有藏書四大橱,十餘歲便開始研讀經史、諸子。隨宦四川,師從陽湖湯成彦、雙流宋玉棫。同治六年(一八六七)中舉,光緒二年(一八七六)三十二歲時成進士。授庶吉士,散館授編修。從光緒五年(一八七九)至二十一年(一八九五),大部分時間供職於史館,歷任國史館纂修、總纂、提調等職。後因與掌院相國徐桐不合,棄官歸里,應張之洞聘,主講鍾山書院,兼常州龍城書院講席。鍾山書院改高等學堂,繆氏東渡日本考察學務,親自酌定學校課程,編寫講義課本。後主持創辦江南圖書館、京師圖書館,任圖書館監督。一九一五年受趙爾巽之聘赴京任清史館總纂,一九一九年逝世。

繆氏學識淵博,一生著述頗多。撰有《藝風堂文集》八卷、續集八卷、《藝風堂文外集》、《藝風堂文漫存》、《藝風堂金石目録》一十八卷、《續國朝碑傳集》八十六卷、《碑傳集補遺》一十四卷、《常州詞録》三十一卷、《秦淮廣記》一十二卷、《藝風堂藏書記》、《藝風堂讀書記》、《京師圖書館善本書目》等,可謂著作等身。又喜刻書，刻有《雲自在龕叢書》五集一十九種、《對雨樓叢書》五卷、《藕香零拾》三十八種、《煙畫東堂小品》一十二種等。田洪都在《藝風堂藏書再續記跋》中説他「一生與刻書爲緣，孤稿秘籍，多賴流布，廣人見聞。裨益文化之功，可謂至鉅」，是爲確論。

藏書與版本目録研究，是繆荃孫生平活動的重要組成部分。光緒初年，張之洞視學四川，繆曾協助其編撰《書目答問》。其後遊歷各省，任職京師，他節衣縮食，多方搜購，並與許多藏書家互通有無，抄校考訂。所得孤本秘籍，舊刻舊鈔多達十餘萬卷。

一九〇〇年以後，繆氏移居上海。藏書轉運途中有所損失。有時爲生活所迫，不得不「以書易米」。但仍搜尋不輟，或購或鈔，或與友人互贈互换，獲得大批異書。鑒於前代「人亡書散」教訓，乃將所藏所見舊刻舊鈔、四庫未收之書、名家孤傳之稿，按籍編目，撰刻《藝風藏書記》八卷，此即「庚子刻本」。其後又循前例，於一九一二年撰刻《藏書續記》八卷，即「壬子刻本」。一九一三年以後所收之書，繆氏則撰有《藝風堂新收書目》稿，未及刊刻。一九四〇年，此稿爲燕京大學圖書館訪得，經熊祈齡整理，以《藝風藏書再續記》名刊行。《藏書記》共收書六百二十七種，一萬零九百六十二卷，《續記》、《再續記》共載書八百六十一種，一萬五千餘卷。

《藝風堂藏書記》詳載每種書的卷數、行款、序跋、書牌。記録各書所有題記，僅士禮居黄丕烈題跋便近三十則之多。並記其所鈐印記，諸如「結一廬」、「抱經堂」、「碧琳瑯館」、「愛日精廬」、「楝亭」（曹氏）等等，使其來歷及收藏源流一目瞭然。對各書缺卷缺頁及鈔配情況也詳加説明，如卷四《華陽國志》，即是繆氏以何焯、顧槐三、顧尚之三家藏本合校。更詳記其校勘所得。如續記卷一《尚書》、卷八《竇氏聯珠集》校得闕文訛字均達三十餘處。再續記所載南宋刻本《文選》刻工姓名高達九十三人。凡此種種，使《藝風堂藏書記》所載珍本秘籍，書雖不存，而其面目、菁華長留人間。

繆荃孫殁後，其子將藏書大部售於上海古書流通處，部分珍品則歸於北京大學圖書館。此次標點采用《藏書記》「庚子刻本」、《續記》「壬子刻本」、《再續記》燕京大學一九四〇年校印本爲底本。

黄　明

總目

藝風藏書記

藝風藏書記目録

藏書記緣起

荃孫年十二三，住申浦老屋。屋中存書四大厨，讀經之暇，即取閲之。諸史雜家，尤所心喜。庚申之難，隻字不存。轉徙江淮，流離瑣尾，亦時購零本，以消永日。甲子游蜀，受知於李順德師，勗以目録之學。三上春官，陸遵秦晉，水出楚豫，遇書輒購，所積遂多。通籍後供職十六年，搜羅羣籍，考訂版片。邇時談收藏者：潘吴縣師、翁常熟師、張南皮師、文冶庵丈、汪郎亭前輩、蔡松夫黄再同兩同年、盛伯羲王廉生兩祭酒、周薈生編修、王茀卿徐梧生兩户部、陸純伯中翰。互出所藏，以相考訂。舊刻舊鈔、《四庫》未收之書、名家孤傳之稿，共十餘萬卷。甲午初夏，與掌院徐相國議不合，投劾歸，遂乞祠禄，輂書自隨。庚子夏秋間，京師變起，南中亦岌岌，如李易安所云：「四顧茫茫，盈箱溢篋，知其必不長爲己物矣。」秋日酷暑，移筆硯於深竹陰中，清風泠泠，灑我襟袖。因思勒成一書。遂按籍編目，盡録題跋印記，有《四庫》未著録者，略舉人之仕履，書之大意，得書六百二十七種，一萬九百六十二卷。用孫祠書目例，分爲十類，編成八卷。明知所得不足稱收藏賞鑑之名，所編亦不敢希鉅野、安吉之目。然如潘李兩師、冶庵、松夫、再同、伯羲、薈生均謝世，蓮生殉國難。所藏亦多散佚，而别無紀載得以流傳於世，真憾事也。今天下稱瞿、楊、丁、陸四大家，目皆高尺許。荃孫一鱗片甲，第與《拜經樓》、《平津館》相伯仲。他日書去而目或存，掛一名於《藝文志》，庶不負好書若渴之苦心耳。辛丑十二月，江陰繆荃孫書於鍾山講舍之飽看山簃。

藝風藏書記卷一

經學第一

周易白文一卷

宋刊《九經》小字本。每半葉二十行，每行二十七字。上有《音義》，版心有刻工姓名。

周易正義十四卷

影寫東洋單疏本。宜都楊惺吾同年守敬遺予，爲阮文達公所未見，真驚人秘笈也。每半葉十四行，每行二十字。

周易正義序

周易正義卷第一

國子祭酒上護軍曲阜縣開國子臣孔穎達奉敕撰定。自此下分爲八段：

《第一論易之三名》　《第二論重卦之人》
《第三論三代易名》　《第四論卦辭爻辭誰作》
《第五論分上下二篇》　《第六論夫子十翼》
《第七論傳易之人》　《第八論誰加經字》

周易上經乾傳第一

周易正義卷第一二三卷

國子祭酒上護軍曲阜縣開國子臣孔穎達奉敕撰。

按：此書宋本先藏徐星伯先生家，見《程侍郎遺集》詩注。陳東之筆記亦云「雍熙二年官槧」，末葉銜名有吕蒙正等十餘人。此本無官銜。近聞由長沙何氏歸吾友徐梧生户部，惜南北隔絶，未能借校異同也。

朱氏易解五卷

宋朱長文撰。舊鈔本，有紹聖元年秋九月既望吴郡朱長文序。《四庫》未著録，《經義考》止有長文《易意》，未知即此書否？缺自《訟》至《離》約半卷。收藏有「祕册」陽文長方印，「張印月霄」、「愛日精廬藏書」朱文兩方印。張氏書目亦未載。

誠齋易傳二十卷

明敏學書院刊本，嘉靖甲辰魯國望洋子當淛序。蓋明宗室也。

誠齋易傳二十卷

明嘉靖壬寅尹耕刻本。板心有「瘵鶴亭」三字。

此兩本同刻，相去不過兩年。朱刻自云「正尹刻之誤」，而瞿氏《書目》所云訛字則兩本相同。惟書院本標題「張先生校正楊寶學易傳」，次行「廬陵楊萬里廷秀」，三行「門人張敬之顯父校」。尹本標題「誠齋先生易傳」，次「宋寶謨閣學士楊萬里廷秀著」，已非舊式，似書院本較勝也。

陳氏易說四卷

吴江陳壽熊撰，稿本。長洲諸神福跋，有云：「先生欲正王注之違，舉孔疏之要，爲繼漢開宋之一書。」蓋此書宗旨也。

尚書白文一卷

宋刊小字本。

尚書正義二十卷

影寫東洋單疏本，亦楊惺吾同年所得者。每半葉十四行，每行二十四字。《周易》單疏尚見前人著録，此更絶無而僅有矣。

孔維等《上雕印五經正義表》並官銜。刻入《藝風讀書記》。

長孫無忌《上五經正義表》。刻入《群書拾補》。

《尚書正義序》

國子祭酒上護軍曲阜縣開國子臣孔穎達奉敕撰。

《尚書正義》卷第一

國子祭酒上護軍曲阜縣開國子臣孔穎達奉敕撰。

尚書義考一卷

休寧戴震撰，稿本，備采衆説而折衷之。原定《虞夏書》四篇，《商書》五篇、《周書》十九篇，止成《堯典》一卷。見孔檢討所撰墓表。

毛詩白文一卷

宋刊小字本。

毛詩要義二十卷

傳鈔本。收藏有「詞仙過眼」白文小印。

詩緝三十六卷

明味經堂本。

儀禮白文十七卷

元刊本。每半葉十行，每行二十字。板心上有字數，下有刻工姓名。小黑口。

儀禮注疏十七卷

明刊本。銜名二行：「提督直隸學政監察御史餘姚聞人詮校正、直隸常州府知府遂昌應檟刊行。」

儀禮識誤三卷

舊鈔《大典》本。盧抱經先生校勘一過，有二跋。

盧氏手跋曰：「丁酉六月丙午閱。經注本不一，疏與釋文所据本各不同。張氏必欲從一廢一，非也。

予借得《儀禮》注臨宋本，與疏先後多少亦有異。然按之亦殊有理，此又未疏之前一本也。抱經盧文弨識。」「乾隆四十二年七月乙亥抱經氏閱於鍾山書院。是日課士。」

儀禮旁通圖一卷

元刻本。

周禮十二卷

宋刊巾箱本。鄭氏注。有重言二字作陰文。無重意，刻印俱精。每半葉九行，每行十七字。日本曼殊院舊藏，有印，白文。

禮經會元四卷

元刊本。有至正乙巳潘元明序、至正丙午陳基序。本傳後有六世孫葉廣居識。每半葉十一行，每行二十四字。小黑口。收藏有「吳興李敬仲氏家藏」朱文長印。

禮記白文二卷

宋刊小字本。

禮記單疏

影寫東洋卷子本。

禮記集説十六卷

元刊本。首行「禮記卷第一」，次行「後學東匯澤陳澔集説」。篇首有至治壬戌澔自序及凡例五則，爲元時最初之本。每半葉十一行，每行二十一字。大黑口。六老堂三十卷，通行本十卷，均非舊第。通行本并凡例亦失去矣。

白虎通德論十卷

元大德刊本。前有大德九年東平張楷、大德乙巳東平嚴度兩序。目録後有識語，爲無錫州守劉平父鋟梓，耆儒李顯翁晦所藏舊本。每半葉八行，每行十七字。收藏有「馬玉堂」白文、「笏齋」朱文兩方印。某氏手跋曰：「《白虎通德論》十卷，元大德刊本。天籟閣藏書，漢班固撰。前有大德九年東平張楷、大德乙巳東平嚴度兩序，并無名氏跋。」按：是書爲無錫州守劉公平父鋟梓，或即平父所識歟。目録後又有題辭云「敬以家藏監本刊行」，是則平父所識無疑。跋中論「不欲改迎子劉」一事云：「班固漢人，去古未遠，必有所祖。假借通用，未可盡知。後人未得班固之心，安可輕議班固之述作」云云。誠哉是言，亦可見其篤信好古，謹慎不苟矣。漢時《尚書》立學官者凡四家，曰歐陽氏，曰大夏侯氏，曰小夏侯氏，曰《古文尚書》。師承各守，訓解多岐。至字句之異同，見於《釋文》諸書者，蓋難枚舉，安知四家中不有作「迎子劉」者？古書散亡，百不存一，敢據今日所見之本爲定耶。明遼陽傅鑰本改「迎子劉」爲「迎子釗」，并删去此跋。以後吴琯、程榮、何允中、胡文焕、鍾惺諸本俱襲其謬，沿誤至今。不特無一人糾正，且有以不改「劉」字爲過於拘泥者。於此蓋歎平父之卓識爲不可及也。

左傳正義五卷

影寫東洋單疏本。存卷四魯隱公六年起。至卷九。莊公三十一年止。

穀梁正義一卷

江都梅毓撰。毓字延祖，蘊生先生之子也。同治庚午舉人。績學早世，著書未成。稿本流傳，僅此一卷而已。

孟子私淑録三卷

休寧戴震撰。問答體，曲阜孔氏散出書。卷面題字「乾隆十六年歲次辛未春三月録」三行。

校元本論語注疏十卷

楊氏手跋曰:「元槧《論語注疏》十卷,卷首題『翰林侍講學士朝請大夫守國子祭酒上柱國賜紫金魚袋臣邢昺等校定。』按《宋志》及《中興書目》並云邢昺《論語正義》十卷,今注疏本皆分爲二十卷。此本仍十卷,尚存單疏之舊。第四卷、第八卷後有木記云『平陽府梁宅刊』,第五卷、第九卷有木記云『大元元貞丙申刊』,第十卷題『堯都梁宅刊』。首尾有『養安院藏書記』。養安院爲日本舊藩藏書之名,今日本所傳古本多有其印記。按今世所傳《論語注疏》以十行本爲最古,然脱誤亦不少。如《序解疏》中『少府宋畸』,十行本以下并作『朱畸』。據《漢書·藝文志》、《釋文·敘録》皆稱『宋畸』,此本與《漢志》、《釋文》合。若無此本,則『宋』、『朱』二字竟不能定爲誰誤。又『不逆詐』章、『古之狂也肆』章、『叔孫武叔毁仲尼』章疏文,十行本有空闕,閩監本同,毛本以意補。此本獨全。又凡浦鏜及阮校所疑疏中譌字,此本皆不誤。別詳《札記》。是此本雖刊於元代,必根源於單疏,決非從十行本出。其注文亦多與纂圖本《集解》合,遠勝十行本。如『不患人之不己知』章,此本有注文『王云徒患知己之無能』九字,各注疏本皆脱。至於雕刻之精,儼然北宋體格,亦決非十行本所及。考金元之世,平陽立經籍所,故一時書坊印板麕集于此。今傳世者,唯《政和證類本草》是平陽張存惠所刊,然已經明成化間重鐫,非平陽原本。唯此尚是原刊,初無一葉損失,豈非瓌寶也哉!　楊守敬識。」

是書楊惺吾得於日本,刊印之精,爲元刻中罕見。跋中推爲北宋體格,實非虛語。留案頭月餘,因議值未妥，校阮刻一過，成《札記》一卷。還書之日，頗爲悵惘。

大學本旨一卷中庸指歸一卷

舊鈔本。收藏有「大興劉氏校經堂藏書印」朱文長方印。

孝經一卷

影鈔相臺岳氏刻本。摹寫極精。崑山徐氏藏書。收藏有「傳是樓」朱文長印、「徐炯珍藏祕笈」朱文長方印、「彭城中子審定」朱文長印、「徐仲子」朱文長印、「御賜」白文、「忠孝堂」朱文長印、「慧成私印」白文方印。後有「浙江按察使」、「兩浙江南鹽運使」兩官印。

孝經一卷

日本影宋刻本。後有《音略》。每半葉十五行，每行二十三四字不等。

孝經一卷

日本影宋刻本。前有唐元行沖序，後有寬政十二年源弘賢識。每半葉六行，每行十五字。

小學第二

爾雅三卷

明刻本。首載郭序。每卷前標篇目，注中有音某者，完善未删。卷後復有音釋。世傳吳元恭本爲經注之善者，此本間有勝於吳本處。如《釋草》「蔓繞，蕀蒬」注：「今遠志也」，「志」不作「志」，與《釋文》合。《釋木》「棲，桓栁」不作「柳」，與《石經五經文字》合，又「晳無實棗」，「晳」不作「晳」，與單疏本合；又「蕢藹」注：「樹實繁茂菴藹」，「菴」不作「菴」。《釋魚》「貝居陸贆」注：「貝中肉如科斗」，「中」不作「斗」；又「螣，螣蛇」，首「螣」不作「螣」。皆與單疏本合。他如《釋宮》「屋上薄」，「薄」不作「簿」。《釋天》「何鼓」不作「河鼓」。《釋水》「縣出」不作「懸出」，勝於唐石經。又《釋畜》「騋牝驪牡」不作「騋牝驪牝」。《釋草》「其萌虇」注：「音繾綣」，不作「邱阮」，勝於雪窗本。每卷有音釋，或即蜀相毋昭裔《爾雅音略》與？每半葉十行，行二十字，大小字同。大黑口。收藏有「龔錯齋藏書記」朱文長方印、「曾在鄂渚張芷隈家」朱文長方印。

爾雅三卷附校譌一卷

日本影宋刊本。首載郭序，後有音釋。每卷總計經若干字、注若干字。每半葉十行，行二十至二十三字不等，注每行三十字。均與瞿氏《書目》所載宋本相同。至勝於吴元恭本之字，及諸訛字，亦與《書目》同，其爲善本無疑。校譌一卷，頗可觀覽。

爾雅二卷

明刻本。分《釋地》以上爲上卷，《釋丘》以下爲下卷，頗覺無理。郭序前多邢疏序，後有音釋。及佳處與前兩書同，板心有「宜静書屋」四字。

埤雅二十卷

明翻宋本。前有男宰序，署銜：「朝請郎直秘閣權發遣淮南路計度轉運副使公事借紫金魚袋。」此佃之子也。按：宰字元鈞，即放翁之父。放翁《跋向薌林帖》云：「先少師使淮南，實與薌林爲代。」放翁即以是年十月生。有詩云：「少傅奉詔朝京師，檥船生我淮之湄。宣和七年冬十月，猶是中原無事時。」《繫年録》：「紹興十八年六月丙午，知臨安府直秘閣陸宰卒。」是時放翁二十三歲。末行「宣和七年六月旦謹序」，記年日也。瞿氏《書目》以爲佃子日序，誤矣。瞿氏《書目》又云：「汪氏師韓見宋刻《總目》外，每卷各有目次。」此本與宋刻同，每半葉十行，行二十字。大黑口。收藏有「礱錯齋藏書記」朱文長方印、「曾在鄂渚張芷隈家」朱文長方印。

爾雅翼三十二卷

明刊本。前有正德十四年都穆序略，云：「予家舊藏宋刻本，以歸李工部彦夫，而羅公十六世孫刻之。」是此書源出宋板。每卷後有音釋，板心上有字數，下有刻工名。後跋闕一葉。

新刻韻略五卷

影鈔元本。此書不著撰人姓氏，簡首有許古道真序，作於正大六年，云：「平水書籍王文郁攜新韻見頤庵老人」云云。卷末有墨圖記二行云：「大德丙午重刻新本」、「平水中和軒王宅印」。是書王氏後人所刻，已非文郁之舊。卷首有貢舉三試程式及「章表回避」字樣，并及於皇慶二年、延祐元年云云，是又大德後補刊者。按《金史・地理志》：平陽府有書籍。其倚郭平陽縣有平水，是平水即平陽，史言有書籍，蓋置局設官於此。元太宗八年，用耶律楚材言，立經籍所於平陽，當是因金之舊耳。每半葉十六行，行二十字。

改併五音集韻十五卷

明刊本。題「滹陽松水昌黎郡韓道昭改併重編」。前有崇慶元年韓道昇序，次崇慶元年《改併五音集韻》原序，末不署名。次隋唐長孫訥言、郭知玄、孫愐舊序。目録前有論，後有入册檢韻術。序文、目録、標題俱冠「至元庚寅重刊」六字。本書第一行及目録末又署「大明成化庚寅重刊」八字，是至元重刊金本，成化庚寅又從元板翻雕。金板從吴仲伊糧儲借觀，較明刻高二寸，廣如之。故知原板，非翻雕。末附《五音類聚篇徑指目録》一卷，《切韻指南》一卷。每半葉十行，行大字十六字，小字三十二字。黑口。

古今韻會舉要三十卷

元刊本。前有壬辰劉辰翁《韻會序》、丁酉熊忠序，均行書；孛朮魯翀序，余謙題識，則正書也。有《凡例》一卷，題「昭武黄公紹直翁編輯，昭武熊忠子中舉要」，又有《禮部韻略七音三十六母通攷》一卷。熊序稱「同郡在軒先生黄公公紹作《古今韻會》，僕惜其編帙浩瀚，隱屏以來，因取《禮部韻略》，增以毛、劉二《韻》，及經傳當收未載之字，别爲《韻會舉要》一編」，是《舉要》爲熊氏所撰無疑。熊序後刻有陳宲告白云：「宲昨承先師架閣黄公在軒先生委刊《古今韻會舉要》，凡三十卷，古今字畫音義瞭然在目，誠千百年未睹之秘也。今繡諸梓，三復讐校，並無譌誤，願與天下士大夫共之。但是編係私著之文，與書鋪所刊見成文籍不同。竊恐嗜利之徒改换名目，節略翻刊，致誤學者，已經所屬陳告，乞行禁約外，收書君子伏幸藻鑑。後學陳宲謹白。」四方牌子，十行，行十三字。是宲以此書爲黄氏原書。孛朮魯翀序亦稱「文宗皇帝御奎章閣，得昭武黄氏《韻略舉要》寫本。至順二年春，敕應奉翰林文字余謙校正」。亦與宲同，皆不考之過。每半葉八行，小字雙行，行二十二字。黑口。《平津藏書記》以爲葉二十二行者，乃《通考》行數，非本書也。首葉有「千元十駕人家藏本」朱文長方印、「鍾印文烝」白文、「子勤」朱文兩小方印、「魏塘鍾氏文烝庚申以後所得書」朱文大方印。蓋本吴兔牀藏書，後歸鍾子勤者。又有「紫雪堂」朱文橢圓印、「金蔵之印」白文、「愚三氏」朱文兩小方印。陳宲告白，杜人翻刻，乞官長禁約，已開近人風氣。

續千字文一卷

宋侍其暐撰，傳鈔本。後有謝褒跋。《四庫》附《存目》云：「里貫未詳。」按趙希弁《讀書後志》、「《續千文》一卷，宋侍其瑗字良器撰。黄山谷嘗抵以書曰：『引辭連類，使不相觝觸，甚有功。當與《凡將》、《急就》並行也。』」再按江陰葛文康《丹陽集》有《續千文序》，作「瑋」不作「瑗」。葛剛正《再續千文》云：「梁韻昔敘暐編，今録注侍其公名瑋，避諱孝宗賜名。從日。猶《晉書》『韋昭』作『韋曜』」，可證《讀書後志》作『瑗』之誤。」此書後有乾道乙酉謝褒跋云：「邑大夫侍其公以其曾大父光禄所續《千文》示褒，作真、隸二書，刻諸浯溪崖石，以彰不泯。」今考王象之《輿地碑目》，《浯溪後集》侍其光祖編。《宋藝文志》有侍其光祖《浯溪石刻後集續集》一卷。浯溪隆興甲申河間劉芮題名，内有祁陽令侍其光祖。褒所云邑大夫，即光祖也。《丹陽集》又有《侍其公墓志》云：「公諱瑋，字良器，蘇州長洲人。習儒學，皇祐二年登進士第。調杭州富陽、開封陽武二縣主簿。掌書記閬州。改著作佐郎，知池州建德縣。遭憂。服除，知光州固始縣，監鄂州酒。又知吉州之永豐，簽書桂陽監判官。稍遷通判全州。移刺化州，又刺池州。表請致仕。積官至朝散大夫，勳柱國，賜服佩視三品。子六人，長曰釗。釗子升卿，孫光祖。」里貫世系一一可考。惟浯溪宋人石刻，荃孫拓得一百五十五段，獨無此文，未能窺見筆法。并葛剛正之注，均已久佚，爲可惜耳。書人筠居亦無可考。

重續千字文二卷

宋葛剛正撰，并篆注，有自序。影摹宋本。剛正字德卿，自號水雲清隱，江陰人，故自稱申浦葛叟。葛氏自河南徙江陰，最稱鉅族。葛勝仲守湖州，有惠政，遂家於湖。其大支仍居江陰。勝仲自署丹陽者，乃其望也。自陳振孫誤以爲丹陽人，《宋史》因之，而宋元《鎮江志》均不録，可以訂其誤矣。吴中侍其良器《續千文》不用《梁千文》已見字，德卿仿而重續之，亦不用前二書字。既成，并前二書篆之，且各爲之注。惜篆注前二書已佚，惟此篇僅存。雖展轉摹寫，其結體之工，尚可概見。《吾子行學古編》亦稱之。聊城楊止堂河帥仿宋刻重雕，署名《三續千字文》，并二卷爲一卷，無篆書，無德卿小序，注亦間有不同。可見宋時傳本非一。《四庫》未收，《江陰志》亦未載其人。每半葉四行，大字每行四字，小字每行二十字。此書係咸豐丁巳翁文勤公同書屬幕僚田漢川大年摹篆，袁江李行之鎮安録注，至爲精妙。收藏有「翁同書字祖庚」白文小方印、「文擢金匱武肆珠鈐」朱文大方印、「寶瓠齋藏書」朱文方印。又有「朱學勤修伯印」、「唐栖朱氏結一廬圖書記」兩朱文方印。

翁氏手跋曰：「宋水雲清隱丹陽葛剛正撰《重續千字文》，自爲篆注。余得精鈔本於維揚，蓋從宋刻影寫者。愛其工妙，迺屬幕僚山陰田漢川大年摹其篆，袁江李行之鎮安録其注，篆書視原本不爽毫髮，真書腴秀，殆欲過之。余在軍中既久，無尺寸之功，意忽忽不樂。賴此陶寫性靈，宣其鬱滯。若以爲雅歌投壺，不知緩急，則昧予之本志矣。咸豐七年歲在彊梧大荒駱相月海虞翁同書識。」

六書正譌五卷

明翻元本。題「鄱陽周伯琦編」，注前有自序，吴當後序。每半葉五行，小字每行二十字，大篆文占三格。篆文結體猶是伯琦手書。收藏有「蝴蝶草堂」白文方印，極舊。又有「歙許志古家藏」白文方印。

六書本義十二卷

明刊本。趙撝謙本名古則，是書尚署餘姚趙古則編注，宋秦悼惠王十二代孫。首有自序、林右序、鮑恂序、徐一夔序。六書本義綱領、六書圖本書數位篇第一，天文篇第二，地理篇第三，人物上篇第四，人物中篇第五，人物下篇第六，草木篇第七，蟲獸篇第八，飲食篇第九，服飾篇第十，宫室篇第十一，器用篇第十二。末有牌子兩行云：「先生邑人胡秉皋守寧國之明年，爲正德庚辰，喜得此書，遂翻刻之。」每半葉六行，行大字占三格，小字每行二十三字。

校影宋本韻補五卷

光緒丙子見影鈔宋本於廠肆，每半葉十行。小字每行二十四字，大字占三格。葉旁注大幾字，小幾字。首葉有「謝子芳刊」四字。價高未得，取連筠簃本校一過，頗有佳處。

形聲類篇四卷

武進丁履恒撰。稿本分四卷，曰《部分篇》，曰《通合篇》，曰《論入聲分部》，曰《形聲餘論》。前有《與王懷祖書》及《復書》，後有龐大堃兩跋。

一切經音義二十五卷

乾隆丙午武進莊氏刻本。金壇段若膺先生以宋本校訂，用朱筆。間有墨筆，則高郵王懷祖先生校語也。

大唐衆經音義序摹宋本式四行

終南太一山釋氏

一切經音義卷第一

唐大慈恩寺翻經沙門玄應撰

宋本每「經」字提行低一格。

藝風藏書記卷二

諸子第三

荀子二十卷

明刊本。板心上方標「世德堂刊」四字。顧千里云：「即從元纂圖互注本而出，惟删其重意。」然《修身篇》「邱山崇成」句，《王制篇》「何獨後世也」句下兩條猶未盡删。其二十卷尾葉尚刻「纂圖互注」四字。盧抱經云：「雖有脱譌差舛，其本終未盡失。」

世德堂六子：《老子道德經》二卷、河上公注。《莊子南華真經》十卷、郭象注。《列子沖虚至德真經》八卷、張湛注。《揚子法言》十卷、五臣注。《文中子中説》十卷。阮逸注。

孔叢子三卷

崇禎癸酉裔孫孔胤植刻，連叢尚完。前有胤植序，後有孔尚達跋。

韓非子二十卷

明刊本。字畫極清朗，題下有「虧四」二字，是重刻《道藏》本。

呂氏春秋二十六卷

元刊本。高誘注。前有鄭元祐序，序後有「嘉興路儒學教授陳泰至正六年刊」一行。每半葉十行，每行二十字。元嘉興路總管劉貞刊。貞字庭幹，海岱人。以文儒起家，出爲嘉興路總管，擢授海道都漕運使。父克誠，字居敬，號節軒先生。累贈至禮部尚書，嗜校古書。庭幹所刻，皆節軒所校。今流傳尚有《大戴禮》、《逸周書》、《韓詩外傳》、《陳騤文則》等書，而孔顨軒以爲劉貞庭，誤矣。

呂氏春秋二十六卷

明嘉靖戊子許宗魯刊本。前有宗魯序。

文始真經三卷

明刊本。每節冠以「關尹子曰」。分一宇、二柱、三極、四符、五鑑、六匕、七釜、八籌、九藥凡九篇，猶存舊本之式。

沖虚至德真經八卷

元刊本。每半葉十一行，每行二十二字。字體清朗，元槧之至精者。

通玄真經十二卷

默希子注。按：《道藏》本有徐靈府注《文子》十二卷，即此書也。靈府號默希子，杜道堅《通玄真經讚義》云：「靈府，錢塘人。玄宗時徵士，隱修衡岳，注《文子》。書上進，遂封通玄真人，名其書爲《通玄真經》，是《文子》之爲《通玄真經》，始於靈府之注也。此本前有默希子自序。有云「我唐十有一葉皇帝」，又云「默希以元和四載投迹衡峰之表」。是靈府隱衡岳在憲宗時，非玄宗時矣。此書爲嚴鐵橋手鈔本，下有璧一至璧十二，是從《道藏》鈔出，有「嚴可均印」朱文、「鐵橋」白文兩大方印。

意林注五卷

海寧周廣業附注。前有例言八則，録略十一則。首序撰人諱字爵里，著述大意，而諸史所記卷帙，現今完闕存佚附焉。篇中涉有疑義，重采舊注及他書補之。先有注者，加「本注」二字，下别以按語。偶有所論，亦附篇末。後有《逸文》一卷、附録一卷。据《容齋隨筆》所稱，牟子、蔣子等十六家益之。

此書先在廠肆得四五兩卷，及逸文附録一册。後在譚仲修同年獻案頭見有全書，爲劉泖生手寫本，而無逸文附録，因互鈔湊足。丁酉又得舊鈔本於揚估，亦無逸文附録，注亦詳略不一。稍爲考核，俟好事者刊行焉。

右古子

新語二卷

《兩京遺編》本。刻於明萬曆十年，猶有古意。《術事篇》「至要」不作「致要」、「資質」不作「資執」，殊勝他本。

明胡維新兩京遺編十二種維新自序原一魁跋

賈子十卷　李元陽序

春秋繁露八卷　嘉靖甲寅趙維垣序

鹽鐵論十卷　弘治辛酉涂禎識都穆後序

風俗通十卷　翻大德本

潛夫論十卷

仲長統論一卷

中論二卷　宋紹興石邦哲識、元至治陸友仁記。

中鑒五卷　明黄省曾注，何孟春、王鏊序，省曾自序。

人物志三卷　明王三省後序。

白虎通二卷　明楊佶校。

文心雕龍十卷

賈誼新書十卷

明刊本。此書宋程漕使梓於潭州，淳熙辛丑潭州州學教授胡价跋。正德乙亥吉府重刊，有右長史楊節跋。每半葉八行，每行十八字，黑口。收藏有「古潭州袁氏臥雪廬收藏」白文方印。

賈誼新書八卷

明弘治刊本。目録後識云：「凡物久漸弊，弊久漸新。《新書》之行尚矣，轉相摩刻，不知幾家。字經三寫，誤謬滋多。所謂久則弊也。頡謹將各本與他本往復參校，尚有傳疑，其亦弊則漸新。若好古君子，更得善本考正，則此書之弊盡革而永新矣。弘治乙丑句吳沈頡誌。」收藏有「海寧楊芸士藏書之印」朱文方印。

鹽鐵論十二卷

明弘治刊本。目録後識云：「禎遊學宫時，得漢廬江太守丞汝南桓寬次公所著《鹽鐵論》。讀之，愛其辭博，其論覈，可以施之天下國家，非空言也。惜所鈔紙墨歲久漫漶，或不能句，有遺恨焉。迺者江陰始得宋嘉泰壬戌於薦紳家，如獲拱璧。因命工刻梓。嘉與四方大夫士共之。弘治辛酉十月朔日新淦涂禎識。」此張古餘影刻之祖本，明時刻於江陰，尤爲難得。收藏有「鄭西冉閲」朱文正書一長印、「醉經堂印」、「志雅堂印」朱文兩方印。

揚子十卷

無注，明刊本，板心有「芸窗書院刊」五字。又有《文中子》十卷，與此同。疑所刻尚不止二種。

人物志三卷

明刻藍印本。前阮逸序，後王三省題識。字大悦目。

類編標注文公先生經濟文衡前集二十二卷

元刊本。每半葉十二行，每行二十三字。中多明人補葉。收藏有「文登于氏謨觴館藏本」白文長印。

其餘藏印纍纍，皆僞作也。

獨斷二卷

明刊本。後有牌子云「嘉靖仲冬宗文堂鄭氏刊」兩行。

大德新刊校正風俗通義十卷

元刊本。每半葉十行，每行十七字。卷九、卷十影寫極工。收藏有「馬印玉堂」白文、「笏齋」朱文兩方印。

儒門經濟長短經九卷

舊鈔本。字跡古雅，紙墨極舊。每卷有「杭州淨戒院印行」七字。

精校封氏聞見記十卷

以明隆慶戊辰影寫宋本校雅雨本。二卷《石經篇》增出百六十三字。三卷《制科》增二十三字，《銓曹》增六字。四卷《尊號》增二十六字，《露布》增八字。五卷《燒尾》增十九字，《圖書》增二十四字。其一二字足補正者，又數十處，悉於卷端標記。明鈔本。藏莫子偲丈處，從弟柚岑校此本以遺余，余又据張海鵬本校過，更爲完善矣。

刊誤二卷

舊鈔本。收藏有「翰林院」官印。

夢溪筆談二十六卷補三卷

明崇禎辛未嘉定馬調元刊本。有前後序，云悉遵乾道揚州本繕寫翻刻。

西溪叢語二卷

明鵠鳴館刻本。嘉靖戊申錫山俞汝成序，士禮居藏書。

黄氏手跋曰：「此鵠鳴館刻《西溪叢語》，余亦有之。但貯諸家塾中，不以爲難得之書。迨後見蔣壽松收顧氏書中有錢遵王家鈔本并手校者，始知即從是刻鈔出，遂重之。錢本闕失多同，因視鵠鳴館刻爲難得，而登諸舊刻之列。後余得嘉魚館鈔本，取刻本相校，固勝刻。而刻亦有勝鈔之處，鈔因與刻並藏。惜刻有闕失并糊塗處，復借張訒庵藏本補鈔寫全，可云盡美矣。頃湖估來説新開環經閣有舊刻《西溪叢語》，甚完全清爽。余曰：『是必鶬鳴館刻本也。』屬爲取閲，果然，實勝向來所有之本。奈遭俗子評點，瑜不掩瑕，余以難得，故卒收之。易以家刻書三種。今而後鈔刻皆爲善本，可無遺憾。癸未四月十有三日蕘夫記。」

容齋隨筆十六卷續筆十六卷三筆十六卷四筆十六卷五筆十卷

明馬調元刻本。收藏有「少華王氏植槐堂藏書記」朱方長印。

履齋示兒編二十三卷

舊鈔本。孫奕自序，後有「新安如韋館藏板」七字。文登于氏藏書。

程氏演繁露十六卷

題新安程大昌著，明族裔孫煦校刻。後有淳熙辛丑陳應行跋。以瞿氏《書目》證之，是嘉靖辛亥刻本。

野客叢書三十卷附野老記聞一卷

明嘉靖王敦祥重刊本。每卷末有「長洲吴曜書、黄周賢等刻」兩行。板心亦有黄周賢、嚴椿等刻工姓名。

老學庵筆記十卷

過録黄蕘圃校影宋本。

顧氏手跋曰：「是書毛子晉刊入《放翁集》行於世。予嘗見陸敕先用鈔本所校，斧季又用影宋本校，後五卷用殘宋槧本校。第七後半卷及第八卷改補諸處，每與此刻合。今以朱筆圈别識之。蓋此刻所據乃善本也。獨是子晉跋語，首稱向刻《稗海》函中，宜用此爲底本，而相出入如此。敕先、斧季又絶不及此刻一語，皆所未解也。乾隆六十年歲次乙卯正月十一日澗蘋顧廣圻校畢記。」「陸敕先用宋本校汲古毛氏所刊，今歸小讀書堆。取勘此刻，頗多與宋本合者，實勝毛本遠甚。已悉圈其旁爲識。其他異同，仍載如右。乙卯四月澗蘋又記。」「影宋本止有後五卷，毛斧季所據亦然，豈宋槧已不全耶？丁巳七月假得，較一過如右。至其本有評語，極淺陋可笑，而未題唐子畏名。兹悉削不録，恐閲者仍惑焉。爰并識之。二十八日燈下顧廣圻書。」

黄氏手跋曰：「客歲假余友顧澗蘋校本《老學庵筆記》，至今春始爲傳録。渠所校爲明會稽商濬本，是《稗海》中所梓。今此本亦同。然其中已有改正處，未識是翻板否？嘉慶元年中澣一日校畢書。棘人黄丕烈。」

「東城顧五癡家有影宋鈔本，余曾見之。惜需值太昂，未之得也。擬假一對以著異同。蕘圃氏。」

「嘉慶乙亥重閱。此已越二十年矣。計跋此尚在昭明巷老屋，今一再遷徙，家中人唯老妻猶是舊有者。長婦及幼兒、幼女、三孫皆後添矣。長兒已亡，長女、次女已嫁。時事變遷，可感也夫。」

「乙亥四月八日，用新收影宋本校前五卷，並鉤勒行款，補潤蘋、陸敕先校本所未及也。余檢此書後五卷，影宋本雖殘帙亦未易得，故但借校之。其前五卷未嘗有影宋本也。今忽得影宋十卷，可喜之至，手校如左。其後五卷，親見影宋本，故不復校也。復翁。」

「余收得影宋本，友人張訒庵借校，并此校本同借去，五月初一抵莫還。余適有事，未及檢點。明晨坐百宋一廛中，檢點及此，此訒庵于臨校時代爲讐勘，并補後五卷所未校者。如此借書，獲益勝于還書一瓻多矣。惜訒庵古道，不即手録于上，謹以夾籤識之，尤慎之至也。廿止醒人記」。

「一至四影宋本張訒庵補校十條，五至七張訒庵補校十條。按：毛斧季校殘宋本，後半卷影宋如之，訛謬獨少。甚哉宋刻之可寶，而影宋之亦可信也。八至十張訒庵補校九條。通十卷，共補校二十九條。廿止醒人手録，乙亥五月二日。」

「此書臨校宋本，迄今已閱二十年，境界非昔日可比，而所見之書，又有影宋本全部出爲余補昔日所不逮。余之享書福不可謂不厚，豈此一事果足折諸福，使余窘迫無地耶。家計日拙，雖迫於男婚女嫁衣長食闊之累，前跋已略及之。而此書新載廿止醒人之號，蓋余取淵明詩意寫照所云。廿止醒人者，淵明詩《止酒》一章廿句，句有『廿止』字，止酒則醒矣。故余戲取以爲自號云。余自甲寅丁外艱，乙卯遭火災，遂至日蹙一日。然此二十年來，縱極支絀，不如今日之甚。究由余之夢夢也，今醒矣，殆將自止矣。淵明詩本有『廿止』字，而今適當二十年，非前定耶。廿止醒人之自號，抑何巧耶。乙亥端陽前四日復翁丕烈記。」

賓退録十卷

明影宋鈔本。空格悉依舊式，上下二册，長卷頭康熙戊戌蔣西圃手摹，趙與時分書自序，劉燕庭補鈔寶祐五年陳宗禮序。書籤亦燕庭自題分書。收藏有「西圃蔣氏」白文方印、「璜川吴氏收藏圖書」朱文方印、「清愛堂」盤龍朱文長印、「嘉蔭簃藏書印」朱文方印、「文正曾孫劉印」、「喜海」白文兩方印、「燕庭藏書」朱文長方印。

識遺十卷

傳鈔本。後有方山吴岫跋。

吴氏手跋曰：「考據確而精，論斷審而正，記載書絶高品。故宋元著述家多援引之。然傳寫日久，間有亥豕脱亡，欲借一善本訂之。徧索鄴侯于海内，無有應也。故岫藏于篋中六十年餘，亦不輕以借人。隆慶改元三祀姑蘇方山吴岫識。」

困學紀聞二十卷

元刊本。泰定二年弟子袁清容序，而刻於慶元路學，距先生没時三十年，爲是書初刻。有牟應龍前序，陸晉之後序。前有「伯厚父」、「深寧居士」墨圖記二方，卷末有「孫厚孫寧孫校正慶元路儒學學正胡禾監刊」三行。每半葉十行，每行十八字。黑口。

敬齋古今黈十二卷

舊鈔足本。張月霄、黄蕘圃舊藏。末有「萬曆庚子春三月之吉武林書室蔣德盛刊行」兩行。收藏有「士禮居藏」朱文分書長印、「秘册」朱文小長印、「張印月霄」朱文方印、「愛日精廬藏書」朱文方印、「閩中韜園陳氏珍藏」朱文長印。

黄氏手跋曰：「是編十二卷，爲李氏原書，首尾完具。中十一十二兩卷合爲一卷，疑一闕其末、一闕其首而併爲一也。本士禮居黄氏藏書，今歸鄉環仙館，洵罕見之秘笈也。夏月假讀，從殿本對勘一過，增多二百五十五條。其殿本有而此本闕者六十餘條。以此推之，知當日《大典》所收亦即此本也。使全書果如本傳所記爲四十卷，則《大典》中零篇，不應于十二卷中已得十之八，而于三十卷僅得十之一二也。蓋四十卷之數，或『十四』二字之倒，抑先時未定之目，迨後有所删併，其定本則爲十二，未可知也。舊鈔訛字衍脱頗多，隨手改定，尚多未盡云。道光丁亥閏月下澣拙經叟黄廷鑑識。」

九曜齋筆記不分卷

東吴惠棟定宇撰。行書稿本，時有添注。移易處與《松崖筆記》每多互見。後有陳碩甫先生跋語。

右　儒　家

淮南鴻烈解二十八卷

明弘治辛酉蘆泉劉績刻，分卷與他本不同。後有識云：「據他書補數千字，改正數百字，删去百字。吾友沈子培以此爲善本。」

明太祖御注道德經二卷

舊鈔紅格本。

廣弘明集四十卷

明刻本。目録後有「徑山寂照庵自刻萬曆辛亥歲冬十月識」二行。世所謂支那本也。

開元釋教録二十卷

明支那本。

法藏碎金録五卷

明嘉靖刻本。板心有「晁氏寶文堂」五字。

佛祖通載十卷

明刊本。後有萬曆六年吴郡西壽山沙門性月跋。

右　道　家

唐摭言十五卷

舊鈔本。新城王氏藏書。

李氏手跋曰：「乾隆庚申五月，購得新城王氏家藏鈔本《唐摭言》十五卷。按：阮亭《蠶尾集》有《摭言》足本，跋云『《摭言》十五卷，從朱竹垞翰林借鈔。視《稗海》所刻多十之五。唐人説部流傳至今者絶少，此書洎《封氏聞見記》皆秘本可貴重。當有好事者共表章之』云云。當即此本，名賢手澤，洵可寶也。庚申季秋易安園主人李文駒手識。」

「又按阮亭《居易録》云：『唐王定保《摭言》足本凡十五卷，宋嘉定中柯山鄭昉刻於宜春。竹垞有寫本，予戊辰辛未於京師兩借觀之。今會稽商氏刻僅十之一耳。商刻《稗海》多得之浙東鈕石溪家云。』今是本末卷尾有前字，的係所鈔宋本無疑。駒又識。」

按：蔣凝賦四句播於人口，或稱之曰「臼頭花鈿滿面，不若徐妃半妝」。今本均作「白頭」。昔人以臼頭本爲貴，此尚是臼頭本也。

春明退朝録三卷揮麈録二卷合訂一册

舊鈔本。吴枚庵藏書。《退朝録》卷末有「乾隆辛丑日短至館生陶緒翰鈔訖」。《揮麈録》上卷末有「乾隆辛丑冬至後一日館生陶緒翰録竟」，下卷末有「臘月初五日館生陶緒翰寫竟」。收藏有「枚庵流覽所及」朱文方印，後有「張印紹仁」白文、「學安」朱文兩方印、「訒庵」朱文大方印。

張氏手跋曰：「宋敏求《春明退朝録》三卷、楊誠齋《揮麈録》二卷，乃宋人説部中之攸關掌故者。向編刻於《百川學海》，别鮮善本流傳。此册爲吴枚庵所録，惜鈔寫不工，舛譌頗多。今霉雨之後，檢曝藏書，因閱一過，改正數十字。意有疑者記之，俟更考焉。嘉慶戊辰夏日長洲張紹仁書於静寄東軒。」

春明退朝録三卷

明翻宋《百川》本。

麈史三卷

明鈔本。士禮居藏書。

黄氏手跋曰：「嘉慶癸酉初秋，書友從任姓易得舊鈔《麈史》。適過余齋，因得寓目。取校舊藏欽仲陽本，知此爲最先之本。欽仲陽本行款與此同，且字之誤者多合，後經義門何先生手校。斧季毛公曾借諸何氏，題曰『欽仲陽本』。今藏余家，故亦題爲『欽仲陽本』也。此本鈔手在欽本先，無舊時藏書家圖記。卷端任文田印，即今所自出者。卷上闕一葉，影欽本補鈔。卷尾剜去一行，以舊紙黏補，想是原有。『慶元云云』一行，亦據欽本填補。秋雨涼生，手訂此本，舛誤闕失而誌其顛末如此。中元後三日復翁丕烈識。」

「是書雖非毛氏所云何元朗本及伊舅氏仲木本，然古色古香，溢于楮墨，想不在二本下也。余既得欽仲陽本，又得此，可云雙美。因重裝與欽本並儲。以來自任氏塾中，稱曰『任文田本』云。癸酉中秋前十二日復翁識。」

「己卯秋獲見何元朗本，手校其異同於欽仲陽本。因索直昂，未之得也。蓋爲小讀書堆藏本，而今已散出矣。復翁。」

卷首有「任印文田」白文方印，每卷有《士禮居藏分書》朱文長印、「平江黄氏藏書」朱文大方印。卷末有「織簾過眼」朱文小方印、「蘭園」白文小印。

冷齋夜話十卷

竹虛齋鈔本。收藏有「鄂□」白文、「襄勤伯章」朱文兩方印。

石林燕語十卷

明正德元年監察御史楊武刊於大梁。後有跋，提行空格，皆依舊式，蓋源出自宋本。每半葉八行，行十六字。黑口。此書以此本爲最善，收藏有「謙牧堂藏書記」白文、「謙牧堂書畫記」朱文兩方印。

石林燕語詳校本十卷

仁和胡珽合楊氏、商氏兩刻本，何義門、沈文起兩校本及《四庫全書考證》、李心傳《舊聞證誤》諸書校改，印入《琳琅秘室叢書》第五集。荃孫旋得《儒學警悟》中《石林燕語辨》，復合諸書校之，差爲完善。

石林燕語辨十卷

宋汪應辰撰。《四庫》未著録，從《儒學警悟》中鈔出。《儒學警悟》太學俞鼎臣同上舍兄經編。第六卷闕首二葉，目二百條。《吹網録》以爲二百二條，衍「二」字。

寓簡十卷

舊鈔本。吴長元藏書。收藏有翰林院官印，又有「州來氏藏書記」朱文長印、「寒山一片石」朱文長方印、「延陵季子」白文方印、「寄雲樓」朱文長印。

校拥蝨新話十五卷

原書四卷。從明秣陵張可大校本鈔出，荃孫假十五卷本校之，鈔手甚舊。首行「新刊潮溪先生捫蝨新話卷之一」。分四十五類，每類若干條。題上注「前話」、「後話」，題下注數目，立法類又多一條，較爲完整。

梁谿漫志十卷

舊影鈔宋嘉泰本。後有國史院牒並官銜，每半葉十行，每行十九字。收藏有「翰林院」官印。

鶴林玉露十六卷

明南臺舊刻本。萬曆七年，莆田林大黼補二十餘板。至三十七年，餘姚孫鑛屬趙元茂、趙如白逐字刊正。又得宋活字六卷本，摭二十條爲補遺。鑛自爲之跋。收藏有「潤州蔣氏藏書」朱文長印。

鶴林玉露十八卷

日本翻明萬曆甲申刊本。分天地人三集，每集六卷，均有景綸小序。每卷序次亦不同，有明黄貞序。

佩韋齋輯聞四卷

舊鈔本。收藏有「讀易樓秘笈印」朱文長印、「節邨珍藏」朱文方印、「梯香閣藏」朱文長方印。

齊東野語二十卷

元刊本。前有至元辛卯戴表元序。每半葉十一行，每行二十字。中多補板。

志雅堂雜鈔一卷

舊鈔本。字畫俊雅，藍筆點句，朱筆校改，亦甚工整。收藏有「潤州蔣氏藏書」朱文長印、「孫爾準讀書記」朱文方印、「愛閒居士」朱文小方印、「桐軒主人藏書印」朱文長印。

澄懷録二卷

此書李順德師鈔以貽潘文勤師者，原出吴枚庵本。

吴氏手跋曰：「右借吾邱芝本，付陶生智録出。千狐腋，百衲琴，無窮山水，盡入奚囊夾袋中矣。丙申六月十八日，枚庵漫士吴翌鳳記。」

庶齋老學叢談三卷

明錢功甫手鈔本。士禮居藏書。收藏有「錢氏書印」朱文方印、「潤州蔣氏藏書」朱文長方印、「桐軒主人藏書印」朱文、「愛閒居士」朱文兩印、「黄金散盡爲藏書」白文、「歙西長塘鮑氏知不足齋藏書」朱文兩方印。後有「老屋三間賜書萬卷」、「歙西長塘鮑氏知不足齋藏書印」兩朱文大方印、「海寧陳鱣觀」朱文長印、「孫爾準讀書記」朱文方印。

黄氏手跋曰：「嘉慶庚午仲冬，用五硯樓所儲檇李曹氏舊鈔本校一過。似此較勝。然曹本亦有一二可取處，以朱筆注於上方云。凡行間朱筆所校係舊有。復翁。」

右雜家

齊民要術十卷

明胡震亨刻本。前人過録校語。

右農家

新鐫朱批武經七書十卷

明閔昭明伯弢刻本。評點朱色套印。

七書者，《孫》、《吴》、《司馬法》、《李衛公問對》、《尉繚子》、《三略》、《六韜》。《六韜》分四卷，餘各一卷。王文成批點本有徐光啓、孫元化、胡宗憲、茅震東四序。收藏有「韋氏藏書」白文、「子牧子」朱文兩方印。

神機制敵太白陰經十卷

舊鈔本。篇首有李筌自序，及「入内内侍高班内班品臣趙承信」等銜名。卷一有《總序》及《天無陰陽》、《地無險易》兩篇。又多卷九、卷十兩卷。惟卷三闕《將軍篇》，卷五闕「搜山燒草」以下。卷六《陣圖》亦不完，仍與張刻同也。收藏有「錫綸私印」朱文方印。

武經總要前集二十一卷後集二十一卷

明弘治甲子西安守馬思進刊本。前集「制度」十六卷，「邊防」五卷。後集「□□」十五卷，「古候」六卷。有仁宗御製序。後附《行軍須知》二卷，《百戰奇法》二卷。有陝西布政使李贊序。

右兵家

大唐開元占經一百二十卷

藍格舊鈔本。海昌楊芸士藏書，後歸郁泰峰收藏。有「楊印文蓀」白文、「芸士」朱文兩方印、「海寧楊芸士藏書印」朱文大方印、「泰峰所藏善本」朱文方印。

觀象玩占五十卷

綿紙舊鈔本。有朱筆校改。

乾象通鑑一百卷

宋河間免解進士李季奉敕編。此書見《玉海》，《四庫》未著録，阮文達亦未進呈。孫淵如先生得舊本傳鈔，海内始知有是書。孫先生兩跋，見莫氏《經眼録》。李季在秦會之十客内，《老學庵筆記》言爲會之設醮，其人蓋深於陰陽術數之學者。

宋寶祐四年會天曆一卷

據宋本過録。並録朱彝尊、錢大昕、李鋭、沈欽裴、蔡復午、陳杰、金望欣七跋。收藏有「吴興丁氏遲雲樓藏書記」朱文方印、「寶書藏本」朱文長印。

右天文家

太玄經十卷

萬玉堂刻本。每半葉八行，每行十七字。板心有「萬玉堂」三字。白口。是明人翻宋刻最善之書，莫氏《經眼録》以爲宋刻，誤矣。

類編曆法通書大全九卷

臨江宋魯珍輝山《通書》，金谿何士泰景祥《曆法》，鼇峰熊宗立道軒類編。明刊本，黑口。内有至元二十四年臺司造《春牛圖》，又有臺司出行吉日，可爲元刻證據。

右術數家

重廣補注黄帝内經素問二十四卷

明翻宋本。題啓玄子次注，林億、孫奇、高保衡等奉敕校正，孫兆重改誤。字畫極精。每半葉十行，每行大字二十，小字三十。收藏有「檢亭藏書」朱文方印、「退思居記」白文方印、「時于此中得少佳趣」朱文長方印。

黄帝三部鍼灸甲乙經十二卷

明影寫宋本。紙墨極舊。後有王安石等銜名，末有「正統六年十有五日琴川俞氏永惠堂家藏」一行。收藏有「汪士鍾字春霆號眼園書畫印」朱文長方印。

難經本義二卷

元許昌滑壽著。四明呂復校正明刻本。壽字伯仁，許州襄城人，見《明史·方技傳》。有揭口序、張翥序、劉仁本序、自序，均在至正間。

醫心方三十卷

日本行鍼博士康賴撰。安政六年刊本。所采多唐以前書。

重修政和經史證類備用本草三十卷

明覆金刊本。宋曹孝忠撰。金泰和甲子晦明軒本。明成化戊子翻刻。有孝忠序、金麻革序、劉祁跋、宇文虛中跋。每半葉十二行，每行二十三字。

傷寒百問六卷

日本稱觥堂刻本。

三因極一病證方論十八卷

日本尚書堂刻本。是書分別三因歸一治，其説出《金匱要略》。收藏有「淮浦草堂」朱文長印、「分蕉緑窗觀賞」朱文方印、「隨軒」朱文小方印。隨軒，上海徐渭仁也。

衛生寶鑑二十四卷補遺一卷

元羅天益撰。明刻本。天益字謙甫，藁城人。謙甫受業東垣，蓋升其堂而入其室者。是書采摭李氏精研之論，益以論諸家之説，而以己意隱括之，實爲醫家至要之書。卷一至三曰《藥誤永鑑》，卷四至二十曰《名方類集》，卷二十一曰《藥類法象》，卷二十二至二十四曰《醫驗紀述》。後附《補遺》一卷，述外感傷寒等證，疑韓夷重刊時增葺。前有胡廣序、蔣用文序，後有韓夷公達跋、楊榮後序。收藏有「太谷孫氏家藏」朱文方印。

醫林集要十卷

明王璽撰。明刻本。璽官甘肅總兵官平羌將軍，手集古今良方加以論斷。始於中風，終於小兒，凡十卷。成化壬寅春德堂刊，首有璽自序。

玉機微義五十卷

明正統庚申陳有戒刊本。首有莫士安序、純自序，均作於洪武丙子。又楊士奇序，後有王暹序。《四庫》所收永州本刻於嘉靖庚寅，則在此本之後矣。首葉有「清川氏圖書記」朱文長印，蓋日本收藏家也。

全幼心鑑八卷

明寇平撰。成化四年刻本。平字衡美，選古方效於今日者，彙成一書。前列察病法，後具用藥方，名曰《全幼心鑑》。牌子一小兒捧一牌，曰「玉峰書堂」四字。

攝生衆妙方十一卷

明隆慶三年衡府刊本。首有衡王序，後有馬崇儒跋。

先醒齋廣筆記四卷

明刻本。是編初名《先醒齋筆記》，乃長興丁元薦取繆希雍所用之方，裒爲一編。希雍又增益羣方，兼采本草常用之藥，增至四百餘品。又增入傷寒温病時疫治法，故曰「廣筆記」。首有丁元薦序。癸丑春日則萬曆四十一年也。收藏有「黄」字朱文方印、「保如」二字朱文方印、「寶儒藏書印信」朱文方印。

新刊銅人鍼灸經七卷

明山西平陽府刊本。篇首小引云：「夫療病簡易之法，必須鍼灸。欲明鍼灸之方者，必須注意於是經。是經也，得之秘傳。治病則有受病之源，指穴則有定穴之法。效驗神速。亟繡梓與衆共之。」

新編西方子明堂灸經八卷

西方子無考，與《銅人鍼灸經》合刻。《四庫》著録即是本也。

右　醫　家

藝風藏書記卷三

地理第四

元豐九域志十卷

舊鈔本。綿紙黑格，紙墨極舊。取馮集梧校刊本核之，如「西京河南府・土貢」注，馮本：「蜜蠟各一百斤闕器二百事」，此本作「磁器」。縣一十三注，馮本「復以孟州汜水縣隸府省人闕縣爲行闕□，又省壽安、潁陽、闕□□氏闕□王闕縣爲鎮」。此本作「省入河陰縣爲鎮，又省壽安、潁陽、伊闕、緱氏、偃師、王屋縣爲鎮」，無闕字。「青州北海郡・縣六」注，馮本「建隆三年以闕」，此本作「北海縣置北海軍」。「密州高密郡」，馮本「安邱」下空白七行。此本一行「望莒、州西南一百九十里，三鄉。有闕。」二行「高密、州東北一百二十里，二鄉，有闕。」三行「上齊州濟南興德軍節度」、四行「地理、闕」五行「户口、闕」六行「土貢、闕」七行「縣五、闕」八行「緊歷城、闕」九行「緊禹城、闕」十行「中章丘、闕」十一行：「中臨邑、闕」十二行，「沂州琅邪郡防禦」。「常州毗陵郡江陰」注，馮本「利城、茶林、石橋三鎮」，此本作「石橋」，均勝於馮本。每半葉十行，每行二十字。收藏有「李文藻印」白文、「素伯」朱文兩方印，又有「知不足齋藏書」一小木記。

新編方輿勝覽七十卷

宋刊本。題「建安祝穆和父編」。前有嘉熙己亥良月望日新安吕午序，後有嘉熙己亥仲冬既望穆自跋。此書元明無刊本，所存皆宋刻。每半葉七行，行大字十四字，小字雙行，每行二十三字。每葉左綫外標篇名。收藏有「宋印蘭揮」朱文、「己丑進士」白文兩方印。

大明清類天文分野之書二十四卷

明刊本。是書明洪武十七年官修，繫府州縣於星分野，名爲天文，實則地志。於元明間分并割隸最爲詳備。官板，大字，每半葉八行，每行二十字。

大明一統志九十卷

明慎獨齋小字本。是書義例一仍《元一統志》之舊，書名亦沿用之。官刊大字本外，刊本極多。此慎獨齋刻中板小字，字甚精緻。每半葉十行，每行二十二字，大小字同。

廣輿圖二卷

明刊本。元臨川朱思本。本初原圖，明吉水羅洪先念庵增纂。首卷作輿地總圖一，作兩直隸十三布政使圖十六。次卷作九邊圖十一，作洮河、松潘、虔鎮、麻陽諸邊圖五，作黄河圖三，漕河圖三，海運圖二，作朝鮮、朔漠、安南、西域圖四。又附日本圖一，琉球圖一，華夷總圖一。圖後有《建置表》，亦頗詳核。

地圖綜要四册

明天都吴學儼敬勝、海陽朱紹本支百同編輯，朗潤堂刊本。分總卷、内卷、外卷三目。總卷總圖通論。内卷兩京十三布政使子目。先建置總數，次分里圖，次分界圖，次各府州縣志，次總論，次事宜。外卷長江會源分里圖、江防全圖、漕河分里圖、黄河分里圖、海防全圖、日本島夷入寇要害圖、海運分里圖、九邊圖、四夷圖。明人防邊防海經畫極爲周密，於此可見其概。首葉有「程襄之」白文方印。

乾道臨安志殘本三卷

舊鈔本。從宋本出，行款悉依舊式，每半葉九行，每行二十字。收藏有「師竹齋圖書記」朱文方印、「汪喜孫孟慈印」白文長方印、「小字阿買」朱文方印。

淳熙三山志四十二卷

傳鈔本。

程氏手跋曰：「道光屠維作詻之歲孟陬月，據劉燕庭方伯所藏明人寫本對勘一過。烏程程慶餘記於吳中寓齋。」

雍録十卷

明嘉靖壬辰知西安府事汝南李經刊本。蓋與宋敏求《長安志》、李好文《長安志圖》同刻於關中者。每半葉十行，每行二十一字。收藏有「古潭州袁臥雪廬藏書記」白文大方印。

新安志十卷

明人影宋寫本。楮墨極舊。每半葉十行，每行二十字。收藏有「朱彝尊錫鬯甫」白文方印、「某會里朱氏潛采堂藏書」朱文長方印。

附録舊式

大宋孝宗乾道二年賜進士第中議大夫知鄂州軍府事新安羅願編

嘉定赤城志四十卷

明台州守謝鐸重刊宋嘉定本。時在弘治丁巳。每半葉十行，每行二十字。收藏有「抱經堂藏書印」朱文長方印、「漢唐齋」白文小長方印。後有「道光癸巳歲武原馬氏漢唐齋收藏書籍楷書」長印。闕。

海鹽澉水志二卷

明《鹽邑志林》本。澉浦見《水經》，唐時置鎮，宋時設官。紹定三年監鎮税羅叔韶屬常棠爲《志》八卷，凡十五門，詞簡事覈。棠自序，又叔韶序。此本爲明黄岡樊維城彙編《鹽邑志林》并爲二卷。書非舊第，特尚無删節耳。

淳祐臨安志六卷

宋施諤撰。鮑渌飲得「山川」、「城府」二門鈔本，錢塘丁氏刻之。此舊鈔本，「寺觀」、「祠廟」二門亦六卷。按：《胡書農學士年譜》云自《大典》鈔出《施志》，編爲十六卷。或從胡本傳鈔者。第止六卷，尚不及其半。豈胡譜衍十字歟？

重修琴川志十五卷

此書罕見。從常熟故家傳鈔。

玉峰志三卷續志一卷

傳鈔本，源出自宋。

附銜名一葉

《玉峰志》，淳祐辛亥五月修，壬子二月刊于縣學。預纂修著書氏名于後：

迪功郎平江府崑山縣尉俞煒

迪功郎平江府崑山縣主簿施丙

迪功郎平江府崑山縣丞卜稷

迪功郎平江府崑山縣主簿吴堅

承事郎平江府崑山縣主管勸農公事兼主管運河堤岸搜捉銅錢下海出界專一點檢圍田事兼弓手寨兵軍正項公澤

重修毘陵志三十卷

宋史能之撰《毘陵志》。三山鄒補之創修，成十二卷，見《宋藝文志》及《書録解題》。迨淳祐辛丑，宋慈爲常州守，能之爲武進尉，始增修舊志。越三十年，咸淳四祺，能之爲守，再修補而刊行之。元延祐丁巳重刻。藏書家罕見著録。乾隆間趙味辛先生先後購獲鈔本。僅闕第十一卷第一葉及二十卷《詞翰》。

嘉慶庚辰刊於亦有生齋，亂後板亦散佚。此舊鈔本。嘗用趙刻校一過，頗有是正。第十三卷《土産類》亦闕一葉，趙先生所未詳也。收藏有「黄釣私印」朱文小方印。

壽昌乘一册

撰人無考。輯本。宋嘉定十四年，升武昌縣爲武昌軍，以與鄂州節鎮之名相類。因玉寶壽昌之文，錫名曰「壽昌軍」。「乘」取《晉乘》之義。此書久佚。今從《大典》二千二百七十三四「昌」字下輯出，止三十四葉，略存大概。其貢士名額止於寶祐三年，蓋修於是時。

河南志殘本四卷

撰人無考。傳鈔本。首京城，次周城古蹟，次後漢城闕古蹟，次魏城闕古蹟，次晉城闕古蹟，次後魏城闕古蹟，次隋城闕古蹟，次唐城闕古蹟，次宋城闕古蹟。蓋首册也。徐星伯先生從《大典》録出。開卷云「河南府路羅城」，知爲元人所撰。而宫殿坊市，直録宋敏求之書，間加改竄。星伯先生撰《唐兩京城市考·東京》即此書爲底本。雖斷珪零璧，亦當寶貴矣。

至元嘉禾志三十二卷

舊鈔校本。有至元戊子郭晦、唐天麟二序。

馮氏手跋曰:「乾隆五十二年丁未季秋,假得此本,與家藏京中鈔本互校。人事牽擾,至戊申五月始校畢而歸之。其中尚有闕誤,未知將來更得舊本重校否? 孟亭居士識。」

管氏手跋曰:「《至元嘉禾志》刊本流傳絶少。近日鈔藏者脱誤甚多。張丈叔未、錢丈味根假戴氏、章氏、沈氏諸本互爲補校,已稱善本。甲午秋,學師錢深廬夫子屬爲校,臨閲三月而竣。今年客生沐茂才别下齋,偶讀藏書。凡古志專集中於是書有所補益者,復得數十條。因注明原書,以正諸本所未及。并爲生沐另校一本,以待付梓。然其中尚多闕誤,是非明眼者莫能釐定焉。始信校書之非易云。時道光己亥十二月既望,海昌管庭芬芷湘氏記。」

唐氏手跋曰:「咸豐戊午二月,以馮孟亭先生鈔本勘一過。其標京本者,其家所藏京中鈔本也。十四日北窗下記。端甫。」

李氏手跋曰:「是書丙辰秋日端甫茂才得之吾禾書友者,脱訛幾不可讀。丁巳正月,假硤石蔣氏别下齋藏本,屬爲傳録,校正諸條。兩本審對,復得異同數百字。二月十二讀畢,因并録管君芷湘原跋於卷末。梅會里實盦李文杏誌於海昌陳氏之雙清草堂。」

崑山郡志六卷

傳鈔本。朱筆用黄蕘圃藏本校,墨筆用陳子準藏本校。

黄氏手跋曰：「《崑山郡志》元楊譓撰。鐵崖先生序云二十二卷。今本『風俗』起，至『異事』止，十六門，共六卷。蓋不全本也。竹汀詹事跋云『首尾完具，疑鐵崖所見爲别本』，其説非也。《地志》首重建置、沿革、輿圖、城池、鄉都、橋梁、水利、户口、賦役、學校、官署、壇廟、祠宇諸大目，今皆闕而不載。且楊敘中明有崑山自縣升州，户版地利日增，賦税甲天下。州縣庸田水道利害所在而志中絶不及之，其非完帙可知。此第全書之後六卷。科第、名宦、人物、雜記諸卷尚存，足備宋元事。是邦之掌故，不以殘闕忽之可耳。道光甲申春正上元日琴溪拙叟黄廷鑑記。」

又六卷

舊鈔本。嘉興勞氏藏書。有「丹鉛精舍」朱文長方印。

類編長安志十卷

影寫元刊本。首載賈鹹序、王利用序、天驤自序。此書取宋氏《志》，稍增金元間沿革故事，而分門條繫之，故曰「類編」。舊爲張蓉鏡藏書，字畫雅潔，圖繪精整，鈔本之至佳者。每半葉十二行，每行二十二字。收藏有「胡印季堂」白文、「雲坡」朱文兩大方印，「趙秉沖印」白文、「湘南」朱文兩方印，「蓉鏡私印」、「琴川張氏」、「小琅環仙館藏書在在有神物護持」朱文三方印，「蕘夫張燮」朱文、「癸丑詞臣」白文兩小方印。

齊乘六卷

明嘉靖甲子青州守杜思重刊元本。有思自序、蘇天爵序、男潛跋。每半葉八行，每行十五字。收藏有「紅豆齋收藏」朱文長方印。

無錫縣志四卷

傳鈔本。元王仁輔撰。《無錫金匱志·流寓傳》：「王仁輔字文友，鞏昌人，久寓邑中。兩娶皆吴産，故多知吴中山水人物。創修縣志，成二十八卷。卒於梅里之祇陀村。《千頃堂書目》有元王仁輔《無錫縣志》二十八卷。《提要》因卷數不符，疑此書爲明人所撰。」按：此書近編四卷。第一卷爲爵里，第二卷爲山川，第三卷爲事物，分上、下二子卷，第四卷爲詞章，亦分上、中、下三子卷。子卷中又分小類二十一，合之正與二十八數合。而小類有不成卷者。疑撰書目時據縣志修入，卷數未核實也。至書名以州爲縣，係後人所追改。

蘇州府志五十卷

舊鈔本。獨山莫氏藏書。

明初順天府志殘本七卷

傳鈔本。明初洪武年修《北平圖經》，《永樂大典》卷八千四百二十「平」字韻載之。《日下舊聞》亦間引用。荃孫修府志時搜之《大典》，「平」字韻已失去。忽見此書，七卷至十四卷，上下均闕，亟爲録存。按：洪武元年改大都路總管府爲北平府，隸山東行中書省。二年，置北平行省。永樂元年改爲順天府。此必修於永樂初年，故得編入《大典》。《文淵閣書目》未載。署字號《北平圖志》，疑即《北平圖經》。萬曆癸巳謝杰修府志序言亦未及此書，可見明時即罕有知之者矣。

遼志一册

明薛□撰。明鈔本。分圖考、沿革、山川、海道、賦役、徭役、邊防、兵政、馬政、風俗、方物、外夷、故跡。弘治戊申董越序，嘉靖乙丑王之誥序。

順天府志六卷

明刊本。謝杰、沈應文前後任順天府尹，以成是書。府丞譚希思、縣丞張元芳同編次。六綱，三十七目。

瀘州志殘本二卷

撰人無考。從《永樂大典》二千二百一十七卷録出，敘述謹嚴，考訂翔實，惜軼其下二卷。

江陰縣志十五卷

明刊本。知縣趙錦、邑人張衮撰，唐順之序。分建置、提封、風俗、食貨、學校、秩祀、河防、兵衛、禄秩、官師、選舉、列傳、外記、外傳、遺文十五門。

桂林風土記一卷

明謝氏小草齋鈔本。閩中謝在杭舊物也。卷首有「翰林院」官印，即《四庫》底本。

永嘉聞見録四卷

國朝孫同元輯。稿本。同元字雨人，仁和人，頤谷侍御之子。爲永嘉教諭七載，手輯此編，考證詳明，洵爲善本。有勞季言附考。首有「勞參軍」小長印，朱文，「勞格季言」小聯珠印，朱白文。末有「庚辰」長印，朱文。

直隷河渠書一百二卷

此書荃孫就手稿詮次補足，缺卷取諸《畿輔安瀾志》。王履泰删去夾注，大字皆原文也。

國朝戴震撰。稿本。乾隆戊子方恪敏公觀承總督直隷，延東原先生於蓮花池撰次。是書首衛河七卷，次漳水十一卷，次滏水三卷，次大陸澤五卷，次寧晉泊一卷，次虖沱河八卷，次東西淀二十一卷，內唐河三卷，沙河一卷，滋河一卷，府河五卷，易水五卷，淶河一卷，清河五卷。次永定河十六卷，內桑乾河四卷。次白河十九卷，內白河八卷，潮河二卷，榆河四卷，大通河五卷。次薊運河九卷，次陡河一卷，次灤河一卷。內熱河。諸水源流，古今遷變，孰異孰同，爲利爲害，擘肌分理，考鏡具備。按：此書創之於趙東潛，成一百三十二卷，名曰《直隷河渠水利書》。東原爲删潤存一百零二卷，書名去「水利」二字，詳《經韻樓集》。後吴江王履泰攘竊此書進呈，易名《畿輔安瀾志》。仁宗嘉爲有用之書，賞以同知，發北河效用，仍命武英殿刊行。然履泰不學無術，删繁就簡，全去夾注，遂令考訂不明。不如原稿完善多矣。闕永定河。

黑韃事略一卷

宋徐霆撰。舊鈔本。專紀元代塞外制度、風俗，語皆翔實。與傳聞者不同。

姚氏手跋曰：「是編爲故太史王懋中氏家藏。余近於其弟上舍君處借録。秋日苦短，繼之焚膏始訖。同志者當諒余衷云。嘉靖丁巳秋九月望夜，句吴茶夢道人姚咨識於華秋館之寒緑軒。」

蒙韃備録一卷

宋孟珙撰。與前書合訂一册，又附李大諒《征蒙記》。

蠻書十卷

盧抱經先生手校鈔本。

南嶽總勝集三卷

校宋本。宋刊，每半葉十行，每行二十字。前闕圖六葉，後闕《隱逸傳》及《敘古跋》共四葉。從徐梧生户部假得，校於嘉慶壬戌唐陶山刻本上。餘見《藝風讀書記》。

東國史略六卷

善耕堂顧氏鈔本。每葉闌外小耳「善耕顧氏文房」六字，卷末有「顧肇聲讀書記」一印，朱文，黄蕘圃跋。

黄氏手跋曰：「此鈔本《東國史略》六卷，善耕顧氏書也。蛀蝕損字，雖黏補，無可填字。適吴謝堂氏書散出，余揀其尤者二種，此書卻與焉。因用朱筆照本校其異，以墨筆填其蠹痕。工未畢輒止。

以書非所急，且校讎頗難，貯諸篋中久矣。日來晝長無事，時擾倦魔，偶取出畢之。吴本首有趙清常跋，謂録於燕京馮滄洲仲纓家，必是舊本。今校其字於顧本上，此又可以顧本參吴本，取未盡善處也。嘉慶癸酉五月二十有三日，黄丕烈書。時身衣薄絺，幾忘爲夏至節。故能燒燭揮毫，不致蚊蚋交集。并記。」

諸蕃志二卷

此書從《大典》四千二百六十二「蕃」字韻輯出。一刻於《函海》，再刻於《學津討原》，均遺其自序。又上卷志國，下卷志物。張本「志國」二字亦遺去矣。

「《禹貢》載『島夷卉服，厥篚織貝』，蠻夷通貨於中國古矣。繇漢而後，貢珍不絶。至唐，市舶有使，招徠懋遷之道，自是益廣。國朝列聖相傳，以仁儉爲寶，聲教所暨，累譯奉琛。於是置官於泉廣，以司互市，蓋欲寬民力而助國朝，其與貴異物窮侈心者烏可同日而語。汝適被命此來，暇日閲諸蕃圖。有所謂石牀長沙之險，交洋竺嶼之限。問其志，則無有焉。迺詢諸賈胡，俾列其國名，道其風土。與夫道里之聯屬，山澤之蓄産，譯以華言，删其穢渫，存其事實，名曰《諸蕃志》。海外環水而國者以萬數。南金、象犀、珠香、瑇瑁、珍異之産，市於中國者，大略見於此矣。噫！山海有經，博物有志。一物不知，君子所耻。是志之作，良有以夫。寶慶元年九月日朝散大夫提舉福建路市舶趙汝适序。」

職方外紀六卷

明天啓癸亥刊本。李之藻、葉向高、楊廷筠序之。地圖皆摺疊。守山閣佚去三序，圖亦平列矣。

藝風藏書記卷四

史學第五

史記一百三十卷

明翻宋本。宋裴駰《集解》、唐司馬貞《索隱》合刻。首《索隱》二序，次《集解》序并注，次唐張守節《正義》序，次《正義·論例》、《諡法解》，次目録，次《補史記序》，次《補史記》。書前有三家序，而中只《集解》、《索隱》兩家。字畫古雅。每半葉十四行，每行二十五字。有「豐城游明大昇校正」一行。游明，正統九年舉人，景泰二年進士。官福建提學僉事。《讀書雜志》曾引之。收藏有「王印履吉」朱文方印。

史記一百三十卷

明秦藩刊本。宋裴駰《集解》、唐司馬貞《索隱》、張守節《正義》合刻。有嘉靖十三年秦藩鑒抑道人序。以《明史·諸王表》考之，乃定王惟焯也。又有嘉靖庚戌秦藩允中道人序，乃宣王懷埢也。以千文爲次，自「天」至「往」，凡二十册，每卷有「史若干字，注若干字」兩行。《甘泉鄉人稿》云板式與震澤王氏同，而秦藩爲勝。後濟南黄臣跋，此本脱。

漢書一百二十卷

明正統翻刻宋淳化本。首行「高紀第一上」，雙行注「師古曰」云云。空一格題「班固」。又空一格，題「漢書一」。次行低六格，題「秘書監上護軍琅邪縣開國子顔師古注」。與瞿氏《書目》景祐本同。板心每葉有「正統八年刊」五字，魚尾上注「大字若干小字若干」。下有刻工姓名，末葉有「右奉淳化五年七月二十五日奉提旨校定刊正」兩行。黄蕘圃以此本爲最善。

漢書一百二十卷

明嘉靖丁酉廣東崇正書院刊本。首行「高帝紀第一上」，雙行注「師古曰」云云。空四格題「漢書一」。次行低三格題「正議大夫行秘書少監琅邪縣開國子顔師古注」。每半葉十行，每行二十二字。護葉有「康熙壬子居江寧。十月初八日在書鋪廊，未時偶遇，即得藏之」。下押「温印聞口」白文小方印、「良伯」朱文小圓印。收藏有「果親王藏書圖記」朱文長方印、「寓有庵陳氏藏書私記」、「鬻及借人爲不孝」朱文兩大方印。

後漢書一百二十卷

明正統刻本。板心每葉有「正統十年刊」五字。闕列傳第一至第五，鈔配。

後漢書一百二十卷

明崇正書院刊本。題字印章與《漢書》同。

後漢書一百二十卷

明汪文盛刊本。

三國志六十五卷

明萬曆丙申祭酒馮夢禎、司業黄汝良刊。每半葉十二行，行二十三字。與單行宋本《吳志》行款一律，其所自出歟？

周書五十卷

宋刊明修本。大題在下，小題在上。每半葉九行，每行十七字。嚴鐵橋云：「《賀蘭祥傳》較今本多六十餘字。」此本之可貴如此。

北史一百卷

元大德信州路刊本。每半葉十行，每行二十二字。首行大題在下，板心有「信州路儒學刊」、「信州象山刊」、「象山書院刊」、「道一書院刊」、「稼軒書院刊」、「藍山書院刊」、「玉山縣學刊」、「弋陽縣學刊」、「貴溪學刊」、「上饒學刊」等字。徐元歎藏本。前有藍筆一行「崇禎己卯四月十四靛筆再勘，鈔補首二卷，及紅藍二筆勘過」，皆元歎先生手蹟。

徐氏手跋曰：「此書尚有南監本，係至正年信州路刊刻。糊突脱敗，幾不可讀。嘉靖元年增補十分之一，新陳錯雜，日就刓落。秀水馮夢禎爲祭酒，復用全刻，其功甚大。然與《廿一史》兼行，不能獨購。波家貧，難致全書。從坊間覓得此書，復闕《魏紀》之二，中有闕落亦不少。輒往親故家借來鈔録，劣得疏通。閲自天啓乙丑歲暮，卒業於丙寅四月初十日。奔走事故，廢學日多，動淹時序，有媿古人。徐波識。」

新唐書二百二十五卷

宋刊本。本紀表志題「翰林學士兼龍圖閣朝散大夫給事中知制誥充史館修撰判秘閣臣歐陽修奉敕撰」，列傳題「端明殿學士兼翰林侍讀學士龍圖閣學士朝請大夫守尚書吏部侍郎充集賢殿修撰臣宋祁奉敕撰」。大題在下，每半葉十行，每行十九字。白口。目後有牌子，云「建安魏仲立宅刊行，士大夫幸詳察之」行書兩行，是南宋閩本。惟英宗以上諱闕維謹，英宗以下不避，從北宋本出也。收藏有「項氏萬卷堂圖籍印」朱文長方印、「毛褒華父」連珠小印、「在在處處有神物護持」白文方印。每卷有「汪印士鍾」白文、「閬源真賞」朱文兩印。汲古閣舊裝《藝芸書舍宋元書目》内有此書。

唐書二百二十五卷

元大德刊本。題銜行數字均與前書同，只黑口爲異，而字跡潦草，不如宋刻遠矣。中有正德八年補刻者。

舊唐書二百卷

明刊本。首行題「監修國史推誠守節保運功臣，特進守司空兼門下侍郎同中書門下平章事，上柱國譙國公，食邑五千户，食實封四百户，臣劉昫等奉敕修」。次行「皇明奉敕提督南畿學政，山西道監察御史餘姚聞人詮校刻」。三行「蘇州學儒學訓導門人嘉興沈桐同校」。有文徵明、楊循吉序，及詮自序。收藏有「安樂堂藏書記」朱文長印、「吴江陳燮叔理氏印」朱文方印。

五代史記七十四卷

宋刻本。每半葉十二行，每行二十一、二、三、四字不等，白口。每葉下注一字，似是刻工之姓。行字極密，刻畫清挺，宋刻之至精者。楊惺吾得之日本，輾轉歸余。

宋史四百九十六卷

明成化庚子翻刻元本。前有至正五年中書右丞相阿魯圖、左丞相别兒怯不花、前右丞相脱脱等《進〈宋史〉表》。目録後有校勘臣彭衡暨丁士恒十人姓名。黑口，補板白口。有年號。前有明成化十六年總督兩廣軍務兼理巡撫御史桂陽朱英序，後有跋，闕末葉，不知何人。然瞿陸《書目》均收此書，不言後跋，想均失去。

遼史一百六十卷

元刊本。首卷有至正三年三月十四日、三月二十八日聖旨兩道，又脱脱等《進〈遼史〉表》，修史官員、都總裁、總裁官、纂修官、提調官及校勘諸銜名。每葉二十行，每行二十一字。板心列刊工姓名。

元史二百十卷

明洪武刊本。首有洪武二年八月十一日李善長《進〈元史〉表》、《凡例》、《目録》，次宋濂《記》。黑口。徐星伯先生藏書，朱筆通體點過。

右正史

逸周書十卷

明嘉靖癸卯四明章檗刻本。前有元至正黄玠誤作玢。序，後有檗跋。按：顧澗蘋曾跋云「《周書》刻本類脱『王會解中卜人』至『鍾牛』二十行，至正甲午本之一葉」，此尚是全璧。其餘佳處，亦每與元本合，洵稱善本。首葉有「翰林院」官印，書衣有木記「乾隆三十八年十二月江蘇巡撫薩載送到《汲冢周書》一部，計書一本。」

戰國策校注十卷

明萬曆辛巳張一鯤刻本。附張文忠、居正陸文裕深批評。有王篆序、鯤自序。

吴越春秋六卷

明吴琯刊本。

說苑二十卷

明仿宋刻本。用楊氏海源閣宋本校一過，行字相同，偶有不同，用朱筆鉤勒，脱文亦摹全。楊氏本見《士禮居題跋》。

右古史

漢紀三十卷

明正德庚辰翟汝揚刊本。前有何景明序、吕柟序，收藏有「存省堂書畫印」朱文長印、「梟齋」朱文方印。

漢紀三十卷後漢紀三十卷

明嘉靖黄省曾刊本。

大唐創業起居注二卷

舊鈔本。士禮居藏書。

通鑑紀事本末四十二卷

明萬曆甲戌李栻重刊本。有栻自序。

三朝北盟會編二百五十卷

明鈔藍格本。前人以朱筆校勘，點畫甚精。

皇宋十朝綱要二十五卷

宋眉山李𡌴編。𡌴字季永，文簡公燾次子，紹熙元年進士。理宗朝歷官同知樞密使、四川安撫使。此書紀太祖至高宗朝事蹟，雖采摭從略，亦有出文簡所撰《長編》之外者，可資考證。諸家書目，尟有著録，僅見《玉海》、《文淵閣書目》、焦氏《經籍志》中。此舊鈔本，辛卯得之滬肆。

宋季三朝政要六卷

舊鈔本。目録後有「皇慶壬子」四字。

明太祖皇帝實録二百卷

明鈔藍格本。存四十九卷至一百七十九卷。

明穆宗皇帝實録七十卷

明鈔藍格本。收藏有「慕齋鑒定」朱文圓印、「宛平王氏家藏」白文方印。闕。

續資治通鑑六十四卷

明王宗沐撰。隆慶辛未刻本。有梁夢龍序。

崇禎新政要略十卷

不知撰人姓氏，傳鈔本。自天啓七年十月十五日至崇禎元年三月十一日止，逐日編録邸報。例云：「撮取要領，接續成文。凡有關繫，並無遺漏。」後附吏部大小九卿科道訪單。順德師手跋曰：「《崇禎新政紀略》十卷，不知何人所輯。以天啓七年之間，舉朝皆奄黨矣。所云『參魏忠賢劾崔呈秀者』，皆奄黨圖自救之術，非惡魏崔也。此時雖堯舜在斧扆，亦不過瓦釜雷鳴而已，有何可采之章疏？則輯此書者，亦奄黨也。故每於暗右逆案之語，輒評黄圈點之。獨倪鴻寶世界，已清方隅。未化一疏，但録旨意而不加甄録，則此書之無一可取，亦可知矣。惡直醜正，實繁有徒。以崇禎闇愚之君，身當其際，又孰知正味哉。宜乎轉去轉遠，卒以杜勳、曹化淳爲心腹而後已。死病無良醫，詎不信耶？置此於坐間，若妖魅呈形，不用照妖之鏡矣。光緒十九年七月望前一日一癡道人。」《楝亭書目》有此書。

右編年

東觀奏記一卷

舊鈔本。收藏有「半樹齋戈氏藏書之印」朱文方印、「戈小蓮秘笈」朱文長印。

東都事略一百三十卷

舊影寫宋本。今通行五松室刊本，係影眉山程舍人本刊。而原本收藏家亦間有之。獨此本另出一宋刻，《世家》内多沈貴妃一篇。謝表前有「呈進《東都事略》奉提行俞旨謝表」兩行。目録、分卷亦不同。

路史前紀九卷後紀十三卷國名紀九卷發揮五卷餘論十卷

明萬曆辛亥喬可傳寄寄齋刊本。前有朱之蕃序、可傳自序，後有李維楨序。

契丹國志十七卷

舊鈔本。收藏有「孔繼涵印」白文、「葒谷」朱文兩方印、「有香」朱文小方印。孔氏手跋曰：「乾隆己亥三月二十八日鈔於微波榭。」

華陽國志十卷

明影寫宋刊本。卷十上、中、下三卷俱全。《漢中士女傳》亦多出贊詞數句，係錢叔寶手鈔。校勘精詳，字跡古勁。每一展卷，墨香横溢，爲雲自在龕鈔本書中銘心絶品。每卷有「錢穀手鈔」朱文小方印，又有「賣衣買書志亦迂，愛護不異隨侯珠。有假不返遭神誅，子孫鬻之何其愚」長方木印。收藏有「中吴錢氏收藏印」白文長方印、「蕉林藏書」朱文方印。題籤亦真定相國手書。

華陽國志十卷

嘉慶甲戌廖運使寅刻本。顧千里校最爲精善，荃孫又先後取何義門、顧秋碧、顧尚之校本合校，頗有佳處。

何氏手跋曰：「鈔本《華陽國志》十二卷，初閲見其訛謬甚多，疑非善本。及以新刻對校，乃知後來妄加竄定，有使人笑來者。此本尚存舊刻之真也。康熙己丑焯記。」

大業雜記一卷

鈔校本。唐杜寶撰。此書從《續談助》鈔出，非完帙。有「蓉鏡珍藏」朱文方印、「虞山張氏」朱文大方印。

五代史補一卷

舊鈔本。首葉有「小山堂書畫印」朱文方印。

南唐書三十卷

明嘉靖庚戌顧汝達萬玉樓翻宋本。東海晉明姚昭跋。提行避諱均從宋刻，字畫亦極秀雅。向見友人藏是書，詫爲宋板，果得高價售去。蓋賈人撤去姚跋，僞刻末葉，增入一牌子「寶慶丙戌王伯大刊」兩行。而首葉「萬玉樓」白文方印與此本同，終難掩作僞之迹也。每卷有「中吴錢氏收藏印」朱文長方印、「蒹葭堂藏書印」朱文大長方印、「衡門璠璵堂圖書」朱文腰圓印、「衡門璠璵堂秘笈不許人留外」朱文大方印。

蜀檮杌二卷

舊鈔本。有明焦弱侯跋。較《函海》、《藝海珠塵》兩刻字少譌脱。惟自序中所舉，如張扶、馮涓、張士喬、段融、蒲禹卿、張雲、陳及田淳之徒，今只有蒲禹卿《對策》。又云如髯須、肥遺、遠望、績長、禹糧、蒲騷之類，今只存肥遺一事。髯須見《海録碎事》所引，非完書也。鮑氏知不足齋藏本。

鮑氏手跋曰：「乾隆戊戌端午後一日，雨窗從金元宰書客借得鈔本，補録前後序二篇，并校勘一過。其足本俟更求之。」

僞齊録二卷附劉豫事蹟一卷

舊鈔本。緑格本，闌外前有「治樸學齋著録」六字，後有「星伯紬書」四字。卷中朱筆點校，皆星伯先生手蹟。

平巢事蹟考一卷

舊鈔本。收藏有「茮坡所藏」朱文長方印。

汝南遺事四卷

傳鈔本。

皇元聖武親征録一卷

張穆、何秋濤校本。

征緬録一卷

嚴修能元照手鈔本。

嚴氏手跋曰：「嘉慶八年癸亥中元前三日，歸安芳椒堂主人嚴元照修能氏手録。」

招捕總録一卷

嚴修能元照手鈔本。

嚴氏手跋曰：「嘉慶八年七月十三日録起，十六日午後竣功。共四十一葉。修能嚴元照識於芳椒堂。」「行款悉遵舊鈔本。修能又識」。

此兩種《四庫》未著録。阮文達公得舊鈔本進呈，推爲罕覯秘笈。實則從《經世大典》鈔出，全文均在《元文類》中。《文類》卷四十至四十二，采《大典・序録》，分治典、禮典、政典、憲典、工典五門。《政典・征伐第一》平宋、高麗、日本、安南、雲南、建都、緬、占城、海外諸番、爪哇、平倒喇沙十一子目，今僅録《征緬》。《招捕第二》則全録焉，並非秘笈。惟《大典》久佚，今取元本《文類》互相校讎，各有佳處。疑前人鈔自《大典》，非出於《文類》也。

右　別　史

魏鄭公諫録五卷增編一卷

舊鈔本。題款「唐尚書吏部瑯琊王方慶集。明尚書户部山東清吏司主事句吴華雲校」。增編題「明吴郡學生彭年增編」。

李相國論事六卷

舊鈔本。仁和勞季言校。又據《名臣奏議》補《論回紇》一篇。收藏有「平父」朱文長方印。後有「丹鉛精舍」朱文長方印。

勞氏手跋曰：「道光壬寅六月傳鈔文瀾閣本。丙午，據《歷代名臣奏議》校。《奏議》所采僅二十六條，去取不甚當。字句間亦竄改删節，然此本舛脱，藉以校正。又卷三百四十一『論回紇請昏』一條，似即七卷之闕篇，今鈔録附後。餘如卷百三十一、百八十七、二百六十三、三百一十一六條，係采之《綱目》，卷二百九十一條則采自《新書・本傳》。又二百二上言德宗朝事，末七十餘字亦與《綱目》文同。有據以補此本之闕者，誤矣。是書成于大中五年，距相國之没二十餘年。傳聞異辭，不無失實。適值李衛公遷謫之後，故於趙公不無貶詞。如論鄭絪事，按其年月，悉皆參錯。而宋景文反據以補二傳，宜其爲吴廷珍所糾也。三月丙辰朔勞格季言父識。」

紹陶録二卷

舊鈔本。鮑渌飲藏書。有「老屋三間賜書萬卷」、「歙西長塘鮑氏知不足齋藏書印」兩朱文方印。陸存齋刻。缺十一葉。

韓忠獻公遺事一卷

舊鈔本。行書。收藏有「不夜于氏藏書印」白文長方印。

范文正公言行拾遺録四卷附吴中遺事一卷洛陽志一卷義莊規矩一卷西夏堡寨一卷褒賢録一卷

元刊本。有天曆庚午八世孫國儁識。收藏有「古鹽馬氏」朱文、「笏齋珍藏之印」朱文兩方印。

蘇長公外紀十卷

明王世貞撰。豫章璩之璞校定。燕石齋刊本，萬曆乙未重訂，序後有牌子。

元功垂範三卷

紀平南王尚可喜事蹟。自東江至撤藩爲二卷，尹源進撰。又自停止遷移至歸葬海城爲一卷，張允格續撰。此書頗不易得。

高士傳三卷

玄晏先生皇甫謐撰。五嶽山人黄省曾頌。嘉靖癸巳刊本，有省曾自序。

重刊宋朝南渡十將傳十卷

章穎撰。傳鈔本。

敬鄉録十四卷

傳鈔閣本。吾友章小雅故物。

國朝名臣事略十五卷

舊影元鈔本。目録後有「元統乙亥余志安刊于勤有書堂」一行。武英殿本所脱卷二兩葉、卷九一葉、卷十一六葉均在，可稱善本。每半葉十三行，每行二十三字。收藏有「滄葦」朱文大方印、「佛桑仙館」白文方印、「瑯環福地張氏藏」白文方印、「泰峰所得善本」朱文方印。

李氏手跋曰：「武英殿聚珍本頗有訛舛，以此本校之，二卷奪二葉，九卷奪一葉，十一卷奪六葉。餘小小奪落百數，訛字亦百數。聚珍本已稱難得，此本更爲僅見之書。得好事者重依此本刊之以流傳於世，則古書之幸也。芙川其有意乎？道光十五年正月李兆洛識。」

沈氏手跋曰：「海上藏書家爲吾門郁君泰峰最富。道光辛丑秋七月，英吉利再陷定海。江蘇戒嚴，余奉大府檄，協理上海，防堵局務。因出是書，屬校讀。時作輟，凡五閱月而三終卷。共得鈔誤二百六十九字，疑者三十六字，闕脱者三十五字。用朱識於每册尾。其字從俗寫者，即標注每葉之上，而原校之字不與焉。余學識淺陋，舟中又未攜書，故於地理人名概未深考。校既畢，將以還泰峰。因識其緣起於簡首，並以自愧云。時道光癸卯四月上旬，桐鄉沈炳垣手書於吴門寓館。」

國朝名臣事略十五卷

舊寫本。亦有「元統乙亥余志安刊于勤有書堂」一行。而每半葉十行，每行二十一字，與前書不同，疑非影寫。收藏有「武林汪泰玄家藏典籍」朱文方印、「孫輔元讀書」白文方印、「汪襄」白文方印、「檢亭」朱文長方印、「盧橘山房」朱文長印。荃孫校訛並摹脱葉補足。

萬柳溪邊舊話一卷

舊鈔本。收藏有「惠棟之印」白文、「定宇」朱文兩方印、「紅豆書屋」朱文長方印、「戈小蓮秘笈印」朱文長印、「臣印戈載」白文、「順卿」朱文小聯珠印。

明名臣琬琰録二十四卷後録二十二卷續録八卷

明弘治乙丑刊本。有張詡序。《四庫》以《後録》爲《續録》，而闕《續録》八卷。此本尚全，稍有鈔配，然亦頗難得矣。

近代名臣言行録十卷

明徐咸撰。嘉靖辛未自序，即刻於是時。

復社姓氏録一卷

明吴應箕撰，舊鈔本。

朱氏手跋曰：「雍正十年桂秋，借徐伯吹表伯刻本《復社姓氏録》。鄧尉山朱時渭手録竟并書。」

崇禎忠節録三十二卷

高承延撰。男佑釲訂補舊鈔本。闕卷十一。

蘇潁濱年譜一卷

宋左奉議郎賜緋魚袋孫汝聽編。傳鈔《永樂大典》本。

曾公遺録三卷

宋曾布日記。自元符二年三月起，三年四月止。自《大典》「録」字韻鈔出。

入蜀記六卷

影鈔宋本。每半葉十行，每行十七字。

西使記一卷

舊鈔本。前有「翰林院」官印。

右傳記

陸宣公奏議二十二卷

明萬曆九年知廬州府事葉逢春刻本。

陸宣公制誥十卷奏草七卷奏議七卷

明刻本。收藏有「山民」朱文方印。

李忠定公奏議六十九卷

明泰和蕭泮刻本。收藏有「景氏珍藏」朱文方印。

歷代名臣奏議三百五十卷

明經廠刻本。

右奏議

元豐官志四卷

影寫宋刊本。此書記宋代官制，《四庫》未收，《宋藝文志》亦未見。善字行，出漢王房。序云：「朝廷設官，所以董率百工。上至公孤，下而司牧，各修職事。自周官以降，秦漢因之，或加沿革。六朝迨唐、五季，損益不同。本朝自開寶三年，太祖命宰相趙普定百官品秩，删去繁冗，正其階級，題爲《開寶官志》。神祖元豐四年，又命兩府再加詳定，亦有增删，凡若干員，題名《元豐官志》。善沛偶于竹溪先生家拜録以歸，藏之笥篋，以明祖宗憲章焉。時淳熙二年上巳日崇安趙善沛題。」

麟臺故事三卷

景寫宋本。並橅黄蕘圃跋。

黄氏手跋曰：「是書爲景宋舊鈔，惜止三卷，蓋不全本也。然實世間希有之書，與聚珍本不同。其《才令篇》敘次多異。初，書賈攜來，手校一過，乃知其佳。旋因議價未諧，復攜去。後知歸於西畇草堂，遂倩余友胡葦洲轉假，景録一册，積想頓慰。還書之日，謹志數語，以拜嘉惠。」

宋中興百官題名二卷

宋何異撰。今存《學士院題名》一卷。錢辛楣先生鈔自《大典》。中興、行在、雜買務、雜賣場、提轄官、中興東官官寮題名。荃孫亦鈔自《大典》。均起建炎，訖嘉定。

三公年表一卷

不知何人所撰。起建炎，訖淳祐。亦鈔於《大典》。

宋宰輔編年録二十卷

明萬曆丁巳吕邦燿刻本。宋刻久失，邦燿得鈔本於焦弱侯處。中闕二卷，足以周藩所藏殘本復刊。卷中多原闕字，想底本已漫漶。收藏有「王印士禎」白文方印。

續宋宰輔編年録二十六卷

自刻本。徐録自建隆戊午，訖嘉定乙亥。續録自嘉定丙子，訖德祐乙亥。體例一準前編。

秘書監志十一卷

舊鈔本。收藏有「王印宗治」白文方印。

通典二百卷

明刻本。大字密行，每葉有刻工姓名。其源似出於宋本。每半葉十行，每行二十六字。

建炎以來朝野雜記甲集二十卷乙集二十卷

舊鈔本。一藍格紙影宋鈔本，提行空格均依原式，惜止存乙集卷四、卷五、卷六、卷八之半、卷九至卷十九之半，共十四全卷又兩半卷。佳處極多，並輯出聚珍本逸文五篇。收藏有「吴印任臣」白文、「志伊」朱文兩方印。一緑格紙鈔本，紙色亦舊。存甲集二十卷，朱筆校甚細。目録後有「丙午閏七月二十日借錢氏萃古齋鈔本校對」朱筆兩行。收藏有「秋清逸士」小長方印。荃孫合兩本爲一，又照聚珍本鈔足，並假劉燕庭鈔本通校過。

文獻通考三百四十八卷

明慎獨齋刻本。目録後有牌子云「皇明正德戊寅慎獨精舍刊行」兩行。

明會典二百二十八卷

明萬曆官刊本。首弘治十五年御製序，次正德四年御製序，次萬曆十五年御製序，次弘治、正德、嘉靖、萬曆四朝詔諭，又纂輯諸書，又開報文册衙門，又弘治間凡例，又嘉靖間續纂凡例，又萬曆四年張居正等請敕禮部編輯事例送館劄子，又萬曆年間重修凡例，又萬曆十五年申時行、許國、王錫爵等進書表文，又重修諸臣銜名。按《四庫》著録爲弘治本。《提要》云：「萬曆本世不甚傳。」而《天禄琳瑯》所收，即此本。是搜羅未到，遽詆爲世不甚傳也。

政和御製冠禮十卷五禮新儀二百二十卷

舊鈔本。收藏有「春草閒房」白文方印、「士鍾私印」、「汪氏朖園」兩朱文方印。

大金集禮四十卷

舊鈔本。不題撰人名氏。黄虞稷《千頃堂書目》：「明昌六年禮部尚書張暐等所進。」原闕第二十六卷、第三十三卷、第六卷《悼平皇后篇》、第二十七卷《立仗篇》，第十二卷至十七卷俱有脱文。廣雅刻是書，荃孫細校一過。中有脱衍錯出及小注誤入正文處，成《校勘記》一卷。收藏有「破車錢氏藏書」，蓋錢冬士家物也。

大金德運圖説一卷

傳鈔《大典》本。

宋元馬政二卷

舊鈔本。宋馬政采自《會要》，出《永樂大典》一萬一千六百七十二。元馬政采自《經世大典》，出《永樂大典》一萬一千六百七十八。徐星伯先生彙鈔。

右　經　政

名公增修標注隋書詳節二十卷

宋刊巾箱本。題「唐特進魏徵撰」，「徵」闕末筆。前有世系圖、地理圖。首葉闌外記「高祖一」。卷一眉上標事由。每年及「史臣曰」皆白文。每半葉十字，每行二十字。收藏有「海虞鮑氏珍藏金石書畫之章」朱文長印。

史通二十卷

嘉靖乙未陸深刻本。有彭汝寔、李佶序，楊名跋。《讀書敏求記》著録。收藏有「舊雨草堂」朱文方印。

唐鑑二十四卷

影寫宋刊本。首題「東萊先生音注唐鑑卷之一」。次行「承議郎行秘書省著作佐郎騎都尉賜緋魚袋臣范祖禹撰」。三行「朝奉郎行秘書省著作佐郎兼國史院編修官兼權禮部郎官臣吕祖謙注」。鈔寫精緻，朱筆校勘亦謹飭。無跋，無藏印。

涉史隨筆一卷

舊鈔本。首有「翰林院」官印，蓋《四庫》底本。收藏有「吴焯之印」白文、「尺鳧」朱文兩方印、「流傳勿損汚」小長方印。

舊聞證誤二卷

影寫宋刊本。次行題「秀嵓李心傳伯微甫」。是書《宋藝文志》作十五卷，久佚。館臣從《大典》蒐輯百四十條，析爲四卷。此從錢唐丁氏藏宋刻影寫，惜只存首二卷，然已有五十餘條。全書果出，必不止百四十條也。《舊聞》頂格，《證誤》低一格，書名亦有漏落者。護葉題云「庚申八月上辛吴郡周承明、林若撫、倪馴之、盛子九同過徐君韶齋中，鑒定宋板。」

舊聞證誤四卷

從閣本傳鈔精校，遠勝《函海》刻本。

宋紀受終考三卷

明刻本。前有自序，後有弘治辛亥戴銑跋。黑口。士禮居藏書，收藏有「太原叔子藏書記」白文長方印、「子孫保之」朱文、「蓮涇珍藏」白文兩小方印。

黄氏手跋曰：「余所收王蓮涇家書最多，皆得於其族孫處，則猶是家藏未散本也。就中有《孝慈堂書目》，分門編類序次頗詳。以之求蓮涇所藏，雖久散之本，按其册數之多寡，紙色之黄白，幾如析符之復合。可知書籍貴有流源，非漫言藏弆已也。頃郡中程姓書散，肆中購去，邀余觀之。見此册有『蓮涇珍藏」印，又有「太原叔子藏書記」印，遂攜歸取證，《書目》所云「緜紙襯訂一册」依然在目。余與蓮涇之緣，抑何深耶。爰著數語於卷端。嘉慶乙未冬十一月晦日，蕘圃黄丕烈識。」

右史評

藝風藏書記卷五

金石第六

金石録三十卷

明藍格鈔本。朱筆校改。

顧氏手跋曰：「乾隆壬午，假秋田處臨義門本校，又以家藏舊鈔復校一過。戊子仲春，從山東盧氏新刻本再校一過。元泰記。」

石墨鐫華八卷

明萬曆戊午初刻本。有趙崡自序，陳組綬行書序。

歷代鐘鼎彝器款識法帖二十卷

臨宋寫本。孫淵如先生舊藏。嚴鐵橋摹古篆，蔣嗣曾寫釋文。書面分書「鐘鼎款識臨宋寫本廿卷」

兩行，旁書「嘉慶丁卯平津館開雕」。是本欲刻入《平津館叢書》，不知何事未果。收藏有「柯九思敬中印」朱文、「謝泌私印」白文、「馮氏珍藏」、「云亭外史」白文兩印，均影摹。

孫氏手跋曰：「曩客中州時，見薛氏《鐘鼎款識》石刻本於歸河丞朝煦處，未及細閱。後至京師，得明刻佳本，旋爲友人取去。阮中丞開府浙中，既以宋刻板本校梓行世，視舊本精善。及余再官東省，得見舊寫本，多元明人印章。或題爲繭紙，薛尚功手書者，未知是非。然紙色舊而篆文極工，核之阮氏刻本及近時本，篆體審正，釋文字句增多，可以訂別本誤，改篆文及脱落釋文，共若干處。記所見法帖本式樣，正與此相似。雖不敢定爲薛氏手蹟，其爲宋寫本無疑矣。亟屬嚴孝廉可均影臨古篆，蔣茂才嗣曾寫釋文。或有原書筆誤，皆仍其舊。仍付剞劂，以廣流傳。惟内有《石鼓》，文字完備。此與世傳楊慎所見李東陽處唐搨本約略相同，即後人疑楊升庵僞作者。考韓文公作《石鼓歌》，原有「君從何處得紙本，豪髮盡備無差譌」之句。是唐時自有完本。如薛氏作書時即見之，不應他本僅據殘字别石收録。然以爲後人增補入帙，何以紙色字畫，又與全書無異。豈薛氏以後得本追改成書耶？細核所補石鼓字，如『旭旭果果』之屬，驗今石本，作『Ⓜ Ⓜ 㶈㶈』，似非無因。疑以存疑，已足爲升庵辨誣矣。鍾鼎文字自許叔重據以入《説文》，郭忠恕、夏竦俱有集録，偏傍字畫，皆足考證小學源流。曾與嚴孝廉約爲《説文翼》一書，依許氏字例，採集鍾鼎、古篆，條舉件繫，而説其六義，以明先秦三代絶學。近世所出諸彝器雖多，此册尤爲古文祖石，未可聽其散佚。世有知音者，必能諒余好事之苦心也。嘉慶丁卯正月陽湖孫星衍序。」

歷代鐘鼎彝器款識法帖二十卷

摹寫極精。康熙己亥陸友桐手寫本，有跋。收藏有「巢氏七研齋印」朱文方印。

田氏手跋曰：「鐘鼎器物諸篆爲古今字學之助。薛尚功摹倣編輯，博雅苦心。雖出剞劂，神采已逼人眉宇矣。十餘年前，吾友瀘州于書肆爲韋華程子收之。韋華深所寶愛，至未嘗輕以示人。歲癸亥所居被火，古書名帖蕩然一空，灰燼之餘，幸猶存此。但首尾概多缺略，惋惜不已，遂付余持歸。片紙隻字，余咸不忍棄去，終以不獲一覽全帙爲恨。聞鄭谷口墨稼軒中秘藏有此，因屬親知往假。渠之秘惜，亦與韋華同，而余心莫能暫釋也。丙寅春仲，莆莊獨公訪余南軒，翦蔬炊粟，偶話及之。莆莊曰：『無難，當爲子謀。』拱手而別。未幾，而炎日中天矣。六月朔，微雨初霽，莆莊遣侍僧懷谷口《款識》四卷，過竹浪精舍。余時欣喜，都忘暑熱。隨捉筆髣髴一一補次之，不敢少怠。月望卒業，出示莆莊，相與大笑稱快。或曰：『子之用意甚勤，毀者使其復全。將俾爾子孫世守之乎？』余曰：『不然，天下凡製一物，成之日即毀之日，成毀俱有數存。司馬温公有言，積書以遺子孫，子孫未必能讀。吾之所爲，蓋嘉尚功之遺跡，不欲輕置良友見貽之心，非爲子孫計也。』且韋華得之焚之，莆莊轉假諸它友，予得以補成之。今未數月，而莆莊已於重九日謝世。使其稍遲，未成完書與付之灰燼何異？一微物不獨成毀而死生變幻咸附焉，能無深慨乎。異日者得茅屋數楹，引流種樹，巨案方牀，茗香坐對其間。乘興臨摹，用以娛情，用以忘世。暮齡垂至，遇同好者，即舉以歸之。任其覆醬瓿，塞鼠窟，又何所恤也。丙寅中秋前二日志山田林漫記。」陸氏手跋曰：「吾虞湖南毛氏素稱藏書家，此寫本《鐘鼎款識》廿卷，前後皆有汲古閣及黼季印章，其爲毛氏家藏本無疑。客持以售，索價甚昂。余貧不能致，復愛甚不忍捨去。因與暉山姪篝燈鈔録，凡十晝夜而成帙。惟是亥豕魯魚，句多舛缺，且無敘識款題，不知何人輯録。翻閱之下，每用慨然。己亥秋館於石城清河公第，得交髯翁田志山先生。見其案有焚餘舊本，爲先生填補而成者。因乞假較勘。先生學深貌古，性誠慤爽朗，絶無幾微吝色。復與暉山姪校其譌謬，并録敘跋，始知爲南宋薛尚功所集，而是書竟成完璧矣。獨惜黼季先生博學好古，當其鈔録之時，不知何等寶重。今乃流傳俗手，譌謬日多。苟不得善本以正之，其貽誤學人豈淺鮮哉。然使志山而亦如彼所云程韋華鄭谷口之有善本而不輕示人，則是書之譌，終不能正，豈非好古者一大恨事。余既幸獲是書，且幸交田先生，獲覩是書之全爲可喜也。書此以志。康熙五十八年，歲次己亥冬十月廿有二日，虞山陸亮友桐氏記。」

隸釋二十七卷

明朱杜村手鈔本。盛仲交跋，何義門以朱筆校，錢遵王藏書。尚是舊裝，即《敏求記》所載也。其佳處與黃氏校誤所據本合。收藏有「虞山錢曾遵王藏書」朱文長印。

朱氏手跋曰：「右洪相國《隸釋》，凡廿七卷，七百一十餘葉，秣陵盛仲交所收寫本也。余性嗜古金石，苦無力以致。見此書收載極富，考覈亦精，手録一帙，時欲展玩。間以事阻，託余内弟續成。録未百葉，内弟病殤。是日春雪坯户，寒倍於冬。擁爐獨坐，偶爾憶及，遂與褒弟分書成之。辛酉二月一日，杜村原質甫紀事。」杜村名衣，狀元朱之蕃之父。與仲交爲金石交。

盛氏手跋曰：「右《隸釋》二十七卷，迺匏翁吳文定公所收。余往年假於柘湖，鈔之留蒼潤軒中。昨杜村先生來軒中主講席之暇，手録爲書。既裝潢成册矣，命予題一言於後。夫自舉業之學興，學者視一切古書賤如長物，遇之而不省者多矣，況肯親自洗硯也哉。洪公爲此，既已殫盡心力。而杜村先生之鈔又極精妙。觀此，則知二公之嗜，前後正同。而他時據要津，必能窮搜遐剔，收所未見者嗣而成書也。予雖不敏，尚日望之。嘉靖辛酉二月八日大城山樵雲浦子盛時泰謹題於拙貽堂。」「予此書久爲朱射陂借去。而毛青城又有宋時刻本，紙墨精妙，開卷爽然，真爲奇書。乃吾鄉徐髯仙故物，惜少首一卷爾。青城屢欲重雕，未果。今既載還蜀中，不知如何，恨杜村先生不一見之也。附記於尾。」

何氏手跋曰：「《隸釋》六册，虞山錢楚殷所贈。始以其多訛謬，未之重也。後偶檢萬曆間刻本，十九卷中《魏受禪表》遂脱去二葉，而此舊鈔者尚存，乃知其可貴。顧安得一宋刻者，詳加是正乎。仲交親遇青城所藏，不即攜本就勘，良可惜爾。康熙甲午三月何焯識。」

隸續二十一卷

益都李文藻以朱竹垞藏本校曹楝亭刻本，上並補遺六葉。

朱氏手跋曰：「《隸續》二十一卷，范氏天一閣、曹氏古林、徐氏傳是樓、含經堂所藏，僅七卷而已。近客吴闕，訪得琴川毛氏舊鈔本，雖殘缺過半，而七卷之外，增多一百二十七翻。末有乾道三年弟邁後序。繹其辭，尚有《隸韻》、《隸圖》，而今不得見矣。又淳熙六年添差通判紹興軍府事喻良能亦有跋尾，稱《隸釋》二十七卷，《隸續》十卷，既墨于板，復冥搜旁取又得九卷。則當時刊本亦止一十九卷，將毋餘二卷爲《隸韻》、《隸圖》邪？要之，闕文難以復完。合依婁氏《漢隸字源》目録次序，取陳氏《寶刻叢編》所有補之，庶幾十得其四五矣。秀水朱彝尊跋。右跋原本無之，茲從《曝書亭集》鈔出，其實所跋之本與此無異。乾隆戊子五月十三日文藻記於濮州寓舍。」

李氏手跋曰：「洪氏《隸續》二十一卷，缺第九卷、第十卷，據朱竹垞跋語，此即其所藏本。而是刻無朱跋。每卷有印曰『楝亭藏本丙戌九月重刻於揚州使院』。按：楝亭姓曹氏，名寅，字子清，嘗爲竹垞刻《曝書亭集》，未畢而竹垞卒。集內有爲作詩序，蓋竹垞之友也。丙戌爲康熙四十五年，時竹垞尚在，而曹視兩淮鹽政。既取《隸續》爲己藏本，又併其跋棄而不刻，何也？乾隆戊子七月十五日益都李文藻記。乾隆四十二年丁酉二月初九日校完」。

名蹟録六卷附録一卷

精鈔本。

寒山金石林時地考一卷部目一卷

舊鈔本。字極佳。收藏有「定夫居士」朱文、「貝墉所藏」白文兩方印、「貝墉曾讀」朱文長印、「玉雨堂印」朱文大方印。

金陵古金石考目一卷

舊鈔本。收藏有「雲間錢熙祚鑒藏書畫之鈐記」朱文方印。

金石萃編補目三卷元碑存目一卷

長沙黄虎癡本。驥爲吴荷屋中丞編筠清館石文，意欲補《萃編》所未備。書成未刻，虎癡因次其目爲三卷。此從獨山莫氏所傳録者。

莫氏手跋曰：「咸豐庚申夏，大興劉子重銓福以寧鄉黄虎癡此目清本相示，云似未刻本。子重在湖南時手付者。亟命録副，以存吾亡友遺著一種。五月三日寫者畢工，因校首卷記之。是日長至，又賤子五十生日。他日此稿或因以傳也，郘亭眲叟。」

元碑僅三百餘種，所見太隘。《元史》蕪陋，正藉碑版以補不及，何得云可資考訂者少哉。

江左石刻文編四大册

元和韓崇撰，稿本。崇字履卿，韓桂舲司寇葑之弟。搜拓吴中金石，自漢至元二百零九通，録其全文，編爲十卷。自序此本未分卷。經幢題名、井闌橋記不録。滂喜齋梓《寶鐵齋題跋》一卷，即此書之跋也，有自序、朱琦序。

畿輔石刻録殘稿一册

嘉興沈濤撰。濤字西雍，官真定府，著《常山貞石志》。官宣化府，有《瑟榭叢談》。官廣平府，有《交翠軒筆記》。著述宏富。此書亦其所輯，惜止存二十餘通矣。

台州金石志十三卷闕訪二卷

臨海黄瑞子珍撰，輯十八卷。黄巖王棻子莊重訂爲十三卷。書未刻，烏程淩霞子與録副見貽。篆隸均子與手摹，良友多情，助予不備，良可感也。

崇川金石志一卷

通州馮雲鵬撰。稿本。雲鵬字晏海，有《金石索》十二卷，譌誤滿紙。此書專收通州金石，詳載全文，考訂可觀。吾友徐積餘游狼山，復拓到元豐題字兩段。可見搜訪亦未盡也。

和林金石録一卷

順德李仲若師撰。荃孫從手稿影橅滬上石印本。無碑文，非完書也。

涪州石魚文字所見録一卷

光緒乙亥冬，荃孫由成都赴禮部試。過重慶，川東道歸安姚彦侍覲元謂余曰：「今冬水涸，涪州石魚見矣。」翌日攜拓工抵涪，掉小舟到石魚，盤旋沙石間，得北宋題名二十二段，南宋六十四段，元五段，猶以未得唐廣德題名爲憾。拓成，工人攜歸渝而余遂東下矣。次年觀察與海寧錢鐵江大令保塘考訂成書，郵寄校正，遂留余篋。今兩公早歸道山，展閲之下，不勝悵惘。

武林金石記殘稿一册

武林丁敬撰，傳鈔本。存四、五、七、八、九、十六卷，前有其子丁傳經兩記、趙一清序。

平安館碑目八册

漢陽葉志詵手稿。版心有「怡怡草堂鈔書」六字。

高麗碑全文四册

亦志詵手稿。自唐至明，得五十八種。與《海東金石苑》互有詳略。

玉雨堂碑目四册

仁和韓泰華手稿。後有記云：「戊午立秋後二日記，共金石目三千六百三十一種。己未暮春盈三千七百種。」

蒼崖先生金石例十卷

舊鈔本。注雙行，缺末一卷。後跋云：「第十卷多『論先生本朝制度，故兹未暇録焉』一行。」下押「得之有道傳之無愧」朱文方印。收藏有「朱印彝尊」白文、「竹垞」朱文兩大方印，「武原馬氏藏書」白文大方印、「笏齋珍賞」朱文方印。後有「吴江淩氏藏書」、「淩淦字麗生一字礪生」兩朱文方印。

蒼崖先生金石例十卷

舊鈔本。注另行，低一格，大字。首葉有「南吴王友光經眼」朱筆七字。收藏有「五硯樓」朱文長印、「紫伯珍翫」朱文錢印、「袁廷檮印」白文、「又愷」朱文兩小方印、「章綬銜印」白文、「紫伯」朱文兩小方印。每册有「荻溪章紫伯珍藏善本」朱文方印。

末一卷缺。

類書第七

藝文類聚一百卷

明翻小字本。原出於宋。每葉二十四行，每行二十四字。收藏有「錢樾之印」朱文方印。中缺五十二之五十八七卷，借江建霞編修藏本影寫補足。

藝文類聚一百卷

明活字本。題「唐太子率更令弘文館學士渤海男歐陽詢撰」，與宋本同。明本每條空二格，此本逐條提行。每半葉七行，每行十三字。目後有墨圖記云「乙亥冬錫山蘭雪堂華堅允剛活字銅板校正印行」陰文。每卷後有圓記「錫山」二字，長記「蘭雪堂華堅活字板印行」十字，均陽文。收藏有「愛日精廬藏書」朱文方印。

藝文類聚一百卷

明山西平陽府刻本。有蘇祐序、黄洪毗序、鄭光溥序、張松序。

初學記三十卷

明錫山安國刊本。板心上有「安桂坡館」四字。

初學記三十卷

行款與安國本同。板心上有「九洲書屋」四字。

事類賦三十卷

元翻宋刊本。紹興丙寅邊惇德序。後有銜名，黑口，每半葉十一行，每行二十字。

銜名

宋紹興丙寅右迪功郎特差監潭州南嶽廟邊惇德
右儒林郎紹興府觀察推官主管文字陳綬
右從政郎充浙東提舉茶鹽司幹辦公事李端民校勘

太平御覽一千卷

明鈔本。每半葉十三行，每行二十三字。收藏有「味經書屋」朱文小方印、「小琅嬛清閟張氏收藏」朱文橢圓印、「若蘅」朱文方印。若蘅方氏，勤襄公第五女也。此常熟趙次侯丈物，李玉舟同年作緣歸於余。費氏手跋曰：「舊山樓，趙次公宗建山居也，在虞山破山寺前，藏圖書金石甚富。茗椀鑪香，翛然自適。屋後種梅五百株，花時香雪成海。得宋本《竇氏聯珠集》，築小閣，榜曰『聯珠』。長髯野服，終歲不入城市，自號『非昔居士』。所藏尚有南宋館閣寫本《太宗實録》，亦士禮居物也。丙申十一月廿八日費念慈跋。」

册府元龜一千卷

明緜紙藍格鈔本。紙背皆公牘文字，明時裝，二百零二册。每册五卷，首二册爲目録。完善無缺，不易得也。

紺珠集十三卷

明刊本。晁氏《讀書記》云朱勝非撰。每書所采，多或十餘則，少或五六則，與曾慥《類説》同例，殊嫌瑣碎。卷首有紹興丁巳王宗哲序，後有天順庚辰賀榮兩跋。黑口本。每半葉十行，每行二十四字。收藏有「杏花春雨山房」朱文方印。

類説六十卷

明天啓丙寅岳鍾秀刊本。有自序。

類説六十卷

傳鈔舊本，與刊本不同。

新雕皇宋事實類苑七十八卷目三卷

日本活字照宋麻沙印行本。左朝請大夫權發遣吉州軍州事江少虞撰。少虞仕履，《提要》以爲無考。按弘治《衢州府志》：「少虞字虞中，常山人，政和八年進士。調天台學官。拒寇有功，權擢守廷、饒、吉三州。治行第一。」此書爲其守吉州時所作，分二十八門曰「祖宗聖訓」、「君臣知遇」、「名臣事蹟」、「德量知識」、「顧問奏對」、「忠言讜論」、「典禮音律」、「官政治績」、「衣冠盛事」、「官職儀制」、「詞翰書籍」、「典故沿革」、「詩歌賦詠」、「文章四六」、「曠達隱逸」、「仙釋僧道」、「休祥夢兆」、「占相醫藥」、「書畫技藝」、「忠孝節義」、「將相才略」、「知人薦舉」、「廣智博識」、「風俗雜志」、「談諧戲謔」、「神異幽怪」、「詐妄謬誤」、「安邊禦寇」，共七十八卷。《四庫》缺「談諧戲謔」以下四門，止存六十三卷。又卷三十五分張鄧公以下爲三十六，又分卷三十六劉沆以下爲三十七，兩卷改三卷。卷四十一分錢昭度以下爲四十二，一卷分兩卷，實得此本六十一卷。後有日本元和七年南禪寺僧瑞保跋云：「是年六月，彼土鑄造銅字數萬，刷印是書，賜幕府公卿者。」目録標「麻沙新雕皇朝類苑」，末記「紹興二十三年癸酉歲中元日麻沙書坊印行」。每半葉十三行，每行二十字。

海録碎事二十二卷

明劉鳳重校，姑蘇張象賢刻之。小啓云：「是書輯自宋葉州守，而我明劉侍御重校。古鐫久湮，謄本難徧。爰是發家藏付諸鍥鐝，以嘉惠宇内云。姑蘇後學張象賢識序。」後一行「萬曆己亥清和閏月，吴郡錢允治書并校」。前有紹興傅自得序，廷珪自序，萬曆劉鳳重刻序。收藏有「宜生」、「韓埴」朱白文方印。

錦繡萬花谷前集四十卷後集四十卷續集四十卷別集三十卷

明錫山秦氏繡石書堂刊本。蓋刊於嘉靖丙申也。自序已失去。

新編古文事文類聚前集六十卷後集五十卷續集二十八卷別集三十二卷新集三十六卷外集十五卷

元泰定丙寅廬陵武溪書院新刊。每半葉十四行，每行二十六字。收藏有「怡府世寶」朱文方印、「明善堂覽書畫印記」朱文長方印、「安樂堂藏書記」朱文大長方印。

全芳備祖前集二十七卷後集三十一卷

舊鈔本，題「天台陳景沂編輯建安祝穆校訂」。有寶祐丙辰韓境序、景沂自序。

山堂考索前集六十六卷後集六十五卷續集五十六卷別集二十五卷

首題「山堂先生章俊卿編輯，建陽知縣區玉刊行，縣丞管韶校正，正德戊辰鄭京序」。前有小象目，後有「皇明正德戊寅慎獨書齋刊行」木記。

古今合璧事類備要前集六十九卷後集八十一卷續集五十六卷别集九十四卷外集六十六卷

明摹宋刊本。維新自序。又有嘉靖丙辰顧可學序，後有宋黄叔度跋。目後有「嘉靖壬子春正月三衢近峰夏相宋板摹刻，至丙辰冬十月事竣」兩行。

姬侍類偶二卷

明鈔藍格本。是書成於嘉定庚辰，有鄭域序、守忠自序。《提要》極詆此書，然宋人所采，究爲淹雅。如「行拒寇殺」一條，今本《華陽國志》所無。鄭域字中卿，見《友林乙稿》。《提要》謂之鄭域中序，所詆詎可信乎。收藏有「健庵」朱文橢圓印、「陸沆之印」、「靖伯」朱文聯珠印。

新箋決科古今源流至論續集十卷

元延祐丁巳孟冬圓沙書院刊本。每半葉十五行，行二十五字，小黑口。

秘笈新書十三卷别集三卷

明刻本。題宋謝枋得撰，蓋書賈僞託也。

右事類

類編排韻增廣事類氏族大全二十二卷

元刻本。分十集，以十干爲序。每一集爲二卷，依《廣韻》爲次第，以四聲分隸各姓。末二卷爲複姓，則以上一字爲韻而排次之。蓋南宋人所作，元人書肆本也。每半葉十六行，每行二十八字。收藏首有「古愚」朱文小方印，末有「菉斐軒」朱文長方印。

奇姓通十四卷

明刊本。首有薛敷政、朱之蕃、周延儒、文震孟、王命新、吴亮采、張瑋、陳翼飛序及自序，李維楨跋。天啓甲子宛委堂刊本。字體別方，然尚有致。

右姓類

校元本隋書經籍志四卷

此成都御風樓刊單行本，假友人王君茀卿元至順間瑞州路刊本校過。

秘書省續到四庫闕書二卷

傳鈔本。舊題「紹興十五年改定」。

昭德先生郡齋讀書志四卷後志二卷考異一卷附志一卷

舊鈔本。四卷，宋晁公武撰。後志一卷，亦公武撰，趙希弁編。附志一卷，則希弁續輯。世所謂「袁本讀書志」是也。有公武自序，杜鵬舉、黎安朝序。收藏有「惠印士奇」朱文方印、「紅豆書屋」朱文長方印、「臣棟」白文、「松崖」朱文連珠印、「紅豆村莊」朱文方印。

昭德先生郡齋讀書志二十卷

舊鈔本。此世所謂「衢本讀書志」也。收藏有「擁書豈薄福所能」白文方印。每卷「太原叔子藏書」白文長印、「華亭王聞遠印」白文、「右軍後人」朱文連珠印、「東吴王蓮涇藏書畫記」朱文長方印。末有「青氈是吾家舊物」白文方印。

直齋書録解題二十卷

舊鈔本。原書久佚，館臣從《大典》輯出，以原分五十三類，定爲二十二卷。此鈔帙雖不全，尚是陳氏原書。存楚辭類一卷，總集類一卷，詩集類二卷，別集類三卷，類書類一卷，雜藝類一卷，音樂類一卷，章奏類一卷，歌辭類一卷，文史類一卷，神仙類一卷，釋氏類一卷，兵書類一卷，曆象類一卷，醫書類一卷，卜筮類一卷，形法類一卷。原書惟別集分三卷，詩集分兩卷，每類各自爲卷。全書當分五十六卷。與《大典》本相校，釋氏類多二條，雜藝類七條，類書類二條，其餘字句亦多同異。荃孫另撰《考證》。收藏有「龢松庵」白文長方印、「筠」字朱文圓印、「宋氏蘭揮藏書善本」白文長方印。

南雍經籍考一卷

此從明黄佐《南雍志》鈔出別行。

國史經籍志六卷

黑格舊鈔本。收藏有「曹氏宗柱星佑氏」白文聯珠印、「修業堂」白文長方印、「仲魚過目」朱文方印、「拜經樓吴氏藏書」朱文印、「潘茱坡圖書印」朱文長方印。題籤篆書爲同里吴冠英手蹟。

紅雨樓書目四卷

明徐㶿撰，傳鈔本。㶿字惟起，又字興公，閩縣人。與兄惟和積之十年，得盈五萬三千餘卷。倣鄭氏

《藝文略》、馬氏《經籍考》例爲書目四卷。《藏書屋銘》云：「少弄詞章，遇書則喜。家乏良田，但存經史。先人手澤，連篇累紙。珍惜裝潢，不忍殘毀。補缺拾遺，坊售肆市。五典三墳，六經諸子，詩詞集説，總兼樂府，稗官咸備。藏書匪稱汗牛，考核頗精亥豕。雖破萬卷之有餘，不博人間之青紫。茗椀香鑪，明窗淨几。開卷朗吟，古人在此。名士見而嘉歎，俗夫聞而竊鄙。淫嗜生應不休，癡癖死而後已。此樂何假南面，百城豈曰誇多，而鬭靡者也。」又《題兒陸書軒》：「非飲食，惡衣服。減自奉，買書讀。積二年，堆滿屋。手有校，編有目。無牙籤，無玉軸。置小齋，名汗竹。博非廚，記非簏。將老矣，竟不熟。青箱業，教兒陸。繼書香，爾當勗。」

紅雨樓題跋一册

傳鈔本。是書雖間及法帖書畫，而舊書題跋爲多。如所見鈔本《華陽國志》巴郡士女七十八人未缺。如此至寶，不知尚在天壤間否。

江陰李氏得月樓書目摘鈔一册

明李鵬翀撰。從黄蕘圃鈔本傳録。黄本與《傳是樓宋板書目》、《述古堂書目》合訂。是目先刻入《粟香館叢書》重編次本，又刻入《常州先哲遺書》。

右目録類

藝風藏書記卷六

詩文第八上

楚辭十七卷

明刊本。題款兩行云：「漢劉向子政編集，王逸叔師章句，明朱燮元懋虞朱一龍官虞校刻。」首有申時行序，後附《楚辭疑字直音補》一卷。每半葉八行，每行十六字。字大悦目，頗便老眼。缺《篆字離騷》五卷。

楚辭集注八卷辨證二卷後語六卷

明萬曆丁酉季春月吉府承奉司常山暘谷魏椿重刊。有陸長庚、莊□兩序。

楚辭集注八卷後語六卷辨證二卷

明翻元本。每半葉十行，每行二十字，小字同。黑口。向來大字一行，小字雙行，兩行應作四行，此本多作三行。後遇小字，又作三行以匀配，此式罕見。各本先《楚辭》，次《辨證》，再次《後語》。此本《後語》末葉刻「楚辭後語第六」，卷尾接《楚辭辨證》上卷一，去《辨證》首葉，又刻《楚辭辨證》，上空四格刻接《楚辭後語》六卷尾，此式亦罕見。《辨證》通體雙行小字，止題目大字。注中有注，則改陰文以別之。字畫古雅，疑翻元本。無前後序。《楚辭》八卷缺末葉，皆書賈棄之以充舊帙者。收藏有「長茲苦葉平生志」朱文長印。

蕭尺木離騷圖一卷傳一卷

精摹舊本，精妙絶倫。

文選考異一卷

影宋鈔本。即在尤本《文選》後。鄱陽胡氏所未見也。

六家文選六十卷

前列《文選序》，梁昭明太子撰。次《上文選注表》，李善撰。次國子監准敕節文選。次《進集五臣注文選表》，呂延祚撰。次上遣高力士宣口敕。次目録。昭明序後有「此集精加校正，絶無舛誤。見在廣都縣北門裴宅印賣」三行。第三十卷後有「皇明嘉靖壬寅四月立夏日，吴郡袁氏兩庚草堂善本雕」兩行。第四十卷後有「此蜀郡廣都縣裴氏善本。今重雕于汝郡袁氏之嘉趣堂。嘉靖丙午春日，國朝改廣都縣爲雙流縣，屬成都府」四行。第四十一卷後有「藏亭」二字，「付抨板十四片陸板五片嘉靖丁未三月吴趨陸潮雕」。第五十二卷後有「毋昭裔貧時常借《文選》不得，發憤曰：『異日若貴，板鏤之以遺後學者。』後至宰相，遂踐其言，出《揮麈録》」三行。第五十六卷後有「戊申孟夏十三日李清雕」一行。第六十卷後有「余家藏書百年，見購鬻宋刻本《昭明文選》，有五臣、六臣、李善本、巾箱本，白文、小字、大字，殆數十種。家有此本，甚稱精善。而注釋本以六家爲優。因命工翻雕，匡郭字體，未少改易。刻始於嘉靖甲午歲，成於己酉，計十六載而完。用費浩繁，梓人艱集。今模搨傳播海内，覽茲册者，毋曰開卷快然也。皇明嘉靖己酉春正月十六日，吴郡汝南袁生褧題於嘉趣堂」。此刻乃祖崇寧五年鏤板，至政和元年畢工。五臣注在前，李注在後。朱竹垞所見賜書堂藏本所自出也。

玉臺新詠十卷

明寒山趙氏翻宋本。

篋中集一卷以下三種合訂一册

明刻本。收藏有「曾在汪閬源家」朱文長印。

搜玉小集一卷

明刻本。馮巳蒼手校本。收藏有「馮巳蒼手校本」朱文、「馮舒之印」白文兩方印。

馮氏手跋曰：「崇禎三年八月十九日用柳僉本對過」。

中興間氣集二卷

明刻本。馮巳蒼、黄蕘圃校本，仲武自序，巳蒼鈔補。復補鄭常三首。收藏有「馮舒之印」白文、「馮氏藏本」朱文兩方印、「蕘圃手校」朱文方印、「江夏」朱文小印、「長樂」朱文橢圓印、「馮舒之印」朱文方印、「空居閣藏書記」朱文方印。

馮氏手跋曰：「崇禎己卯春中，得趙玄度鈔宋本，較增於空居閣。」

黄氏手跋曰：「嘉慶癸亥秋得一鈔本，與馮校本大同而小異。因用墨筆手校一過。然卷中先有墨筆校者，故每遇校處鈐江夏印章別之。所最異者，李嘉祐末一首及戴叔倫之或作七首，或作二首耳。蕘翁黄丕烈記。」

文苑英華一千卷

明鈔本。

重校正唐文粹一百卷

明嘉靖甲申徐焴刊本。前汪偉、胡纘宗兩序。胡序板心有「萬竹山房」四字。目後有「姑蘇後學尤桂朱整同校正」一行。

古今歲時雜詠四十六卷

舊鈔本。紹興丁卯蒲積中自序。收藏有「宣城李氏瞿硎石室圖書印記」朱文長方印，目有「李伯雨校定」朱文長印。

聲畫集八卷

舊鈔本。淳熙丁未孫紹遠自序。

聖宋名賢五百家播芳大全文粹一百十卷

明鈔藍格本。收藏有「謙牧堂書畫記」白文、「謙牧堂讀書記」朱文兩方印。缺。

西漢文鑑二十一卷東漢文鑑十九卷

明刊巾箱本。後有牌子云「龍飛嘉靖癸未京兆慎獨齋刊」兩行。

天台集三卷別編一卷續集三卷別編六卷

明刊本。

國朝文類七十卷

元刊本。每半葉十二行，每行二十三字。

元文類七十卷

明晉府刊本。

三蘇先生文粹七十卷

明刊本。收藏有「金元齡印」朱文方印、「太倉金氏家藏」白文長方印。

草堂雅集十三卷

舊鈔校本。

大雅集八集

檇李曹氏倦圃鈔本。

元音十四卷

舊鈔本。

滄海遺珠四卷

舊鈔本。明正統丙戌楊士奇序，成化丁酉葉福跋。

新安文獻志一百卷

明弘治丁巳刊本。前後皆程敏政自序，王宗植識。末附助工姓名。

廣中四傑集四卷 孫蕡　王佐　黄哲　李德

舊鈔本。

文編六十四卷

明刊本。嘉靖丙辰唐順之自序，丹陽姜寶編次，墊江胡帛校刊。

荊溪外紀二十五卷

明沈敕編。嘉靖乙巳刊本。敕自序。

同時尚論録十六卷

明蔡士順輯。崇禎丁丑刊本。有鄒維璉、張世偉、楊廷樞、朱國材四序，士順自序。

江陰詩粹八卷續四卷

明陳芝英輯。國朝趙曦明重訂稿本。

西城别墅詩一卷

無錫朱襄贊皇手鈔本。西城别墅者，王漁洋山人之園，王啓涑啓大昆仲以十二斷句詠之。同人唱和成帙，贊皇與焉。首録《漁洋山人記》，有「朱襄贊皇甫」白文小印。後歸吴縣陸靖伯，并録《吴縣志·朱襄傳》於後。有「沅印」朱文小印。前有「陸沅之印」白文、「靖伯氏」朱文兩大方印。陸氏手跋曰：「己酉季春七日於馬鋪橋書肆得此册，裝訂畢，録《吴縣志·傳》於後。時天雨新霽，星月有爛，燈下志。沅。」

右總集

新刻蔡中郎伯喈文集十卷

明嘉靖甲申宗文堂鄭氏刊。本集十卷，外傳一卷，詩集二卷，《獨斷》二卷。宋天聖癸亥歐静序，序後有木牌子兩行云「嘉靖甲申孟冬月宗文堂鄭氏新刻」十四字。目録後又有「此書原係正德乙亥春三月錫山蘭雪堂華堅允剛活字銅板印行。今鄭氏得之，繡梓重刊」兩行。《獨斷》後有淳熙庚子江都吕宗孟跋。又弘治癸亥劉遜後序，華本所無也。蔡集以十卷本爲最，尚是宋人編次舊第。黄蕘圃、顧潤蘋盛推華本。此取華本重刻，僅後華氏十年。卷五《漢太尉楊賜碑》「別風淮雨」作「別風維而」。卷六《被收時表》有「反名仇怨奉公」句前後脱二十九字，均與海源閣所據鈔本合。他書目未著録。收藏有「葉氏敦夙好齋藏書一印」朱文長印、「葉名灃潤臣印」白文方印，又有「孫從龍印」、「廬江世家」兩白文方印。

蔡中郎文集十卷外傳一卷

明萬曆陳留令徐子器刻本。題「漢左中郎將蔡邕伯喈傳」，有歐静序，又有萬曆元年東陽王乾章序。徐子器，陳留令，此集即刻於陳留。《四庫》所收雍正中陳留刊本并爲六卷，想此刻久不存矣。收藏有「怡怡草堂珍藏」朱文方印。

曹子建集考異十卷年譜一卷

江寧朱述之合各本校定，並采取類書所引爲之考異。零篇斷句，無不掇拾，廿年心力，萃於是編。中更兵燹，其子桂模奔馳南北，尋副本鈔校以成完書，可謂曹集定本。然敘録中采取《平津館鑒藏書記》藏郭萬程本，有朱長文印云「郭雲鵬，明人，不應有朱樂圃印，乃書賈作僞以炫人者。」然檢陳刻《平津館記》作「吴氏連星閣藏書記」朱文長印，並非朱長文印，以不誤爲誤，亦千慮之一失。他年刻本時宜削此條，免爲全集之玷。

稽中散集十卷

明程榮刊本。嘉靖乙酉黄省曾序。

晉二俊文集二十卷

陸士衡十卷，士龍十卷，明汪士賢刊本。前有慶元庚申徐民瞻《晉二俊文集敍》，後有正德乙卯都穆跋。蓋出自陸元大本而行款已改。

陶靖節集十卷

明嘉靖戊申大中丞傅印臺刻於九江郡齋本。晉陵華雲序，九江府知府王廷幹跋。有梁昭明太子《序》，《總論》九葉，詩四卷，文四卷，《羣輔》兩卷，附《靖節徵士誄》序，録集私記，集後書詩文，句下略有箋釋。間采東坡、山谷、趙泉山、韓子蒼、湯東澗、張縯、胡仔諸人之論，附於詩文後。行款與元刊李公焕集録本同。序言取宋蔣氏本翻雕，「殷」、「敬」、「徵」、「真」、「竟」皆缺筆，則出於宋本無疑。每半葉九行，每行十八字。

謝康樂集四卷

明萬曆癸未焦竑校本。有竑自序。

謝宣城集五卷

明汪士賢刻本。前有正德辛未康海序，萬曆己卯梅鼎祚序，後有嘉靖丁酉黎晨跋。朓集五卷，爲宋紹興八年樓炤所刻。明正德辛未劉紹刻於武功，嘉靖丁酉黎晨刻於宣城，萬曆己亥司理史□再刻之。此本爲最後刻，然猶宋人編次也。

梁昭明太子文集五卷

首行「大明遼國寶訓堂重梓」，後有跋云「池陽郡齋既刻《文選》與《雙字》二書，於以示敬事昭明之意。今又得《昭明文集》五卷，而併刊焉。嗚呼！所以事於神者至矣。夫神與人相依而行也。吏既惟神之恭，神必惟吏之相。則神廟食吏禄食斯兩無媿。淳熙八年，歲在辛丑八月望日，郡刺史建安袁説友書」八行，是遼府重刻宋池陽本。每半葉八行，每行十六字。集五卷，與《梁書》本傳云集二十卷者不合。所采不出《梁書》、《文苑英華》、《類聚》、《廣弘明集》等書，亦出後人掇拾，非本書矣。惟源出於宋，究勝於明葉紹泰編輯六卷本。

貞白先生陶隱居文集二卷

傳寫明嘉靖間人鈔本。分上下卷，後又次《請雨詞》等三篇。有紹興癸亥刻書跋，題款二行「昭臺弟子傅霄編集，大洞弟子陳楠校勘鏤板」。是源亦出於《道藏》。

紀氏手跋曰：「嘉靖甲辰，文休承從玉山周生得紹興刻本，手録藏之。予亦寫此册。越十載，又得贛本，增校四首。後《請雨詞》、梁元帝撰《貞白碑》、沈約書《本傳》是也。辛酉冬日吳郡史臣紀叔載題。」

陶貞白集二卷

明黄省曾編，新安汪士賢刊本。

江文通集十卷

明汪士賢校刊本。

曲江張文獻先生文集十二卷

題後學謝正蒙編，萬曆甲申楊起元刻本。前有自序。

李翰林集三十卷

宋刊本。次行題「翰林供奉李白」，與他刻不同。每卷有目録，連屬正文，每半葉十行，每行二十字。白口。前有李陽冰、樂史、魏顥、曾鞏序，李華撰《墓志》，劉全白撰碣記，范傳正、裴敬撰墓碑。後有咸淳己巳戴覺民希尹跋，此集即覺民所刻。又有江萬里跋，大行書。

重刊分類補注李詩全集二十五卷文集五卷

明霏玉齋重刻元本。

集千家注杜工部詩集二十卷文二卷

明嘉靖丙申明易山人校刊本。

杜工部詩集五十卷

杜詩分五十卷者，止《草堂詩箋》本，而投贈詩另爲一卷。此本亦分五十卷，每卷前一行標某年某地所作，均與草堂本同。無注，無投贈詩。字畫工整，似是明初刻本。各家書目未見著録，集前序傳後跋均爲書賈割去，想以之充宋、元槧者。

王摩詰集十卷

明正德仿宋項氏刊本。每半葉十行，每行十八字。

須溪先生批點孟浩然集三卷

明活字本。有正德元年黎堯卿跋。

唐漫叟文集十卷附拾遺拾遺續

影鈔元刻本。

顏魯公文集十卷補遺一卷年譜一卷附録一卷

錫山安國活字本。首有楊一清序。瞿氏、丁氏《書目》均無《補遺》、《年譜》，此本獨全，亦可貴也。

宗玄先生文集三卷

舊鈔本。收藏有「明善堂覽書畫記」白文、「安樂堂藏書記」朱文兩長方印、「印谿黄子羽氏藏書記」朱文方印、「宣城李氏瞿硎石室圖書之記」朱文長印、「宛陵李士郇藏書印」朱文小長方印。

韋蘇州集十卷附拾遺

明沁水李瀚重刻宋本。每半葉十行，每行十八字。黑口。前有王欽臣敘，後有楊一清跋。

蕭茂挺文集一卷

此本鈔自錢塘丁氏，與《四庫》所藏不同。仁和羅千秋以《全唐文》校文，以《全唐詩》校詩。詩後《羽山》、《游馬耳山》、《□□□》、《與趙載同游焦湖夜歸作》三首爲《全唐詩》所佚，《全唐文》内有《爲揚州李長史賀立皇太子表》一首，今本所無，謹爲補入。

朱文公校昌黎先生文集四十卷外集十卷集傳遺文遺詩

元刊小字本。内十四至十七影鈔配入。每半葉十三行，每行二十三字，小字雙行。凡各本異同，各家注釋，皆以黑質白文别之。坊刻精緻，不必以改《朱子考異》舊例爲嫌也。收藏有「胡小琢藏」朱文方印、「遂性草堂胡氏所藏」朱文長方印。

朱文公校昌黎先生集二十卷外集集傳遺文遺詩

明刻本。王守溪以朱筆評點。收藏有「紅豆書屋」朱文長方印。

許氏手跋曰：「兹集既爲朱子校定，復經諸名公辨證考釋，其稱宋板善本無疑已。尤可重者，出於守溪王文恪公所批閲。迄今一百六十餘載，手澤猶新。觀其評論精確，眼明心細，一字一句，不肯輕過。有以知先輩讀書之嚴謹如此。珍爲藏書之秘，不亦宜乎。皇明崇禎辛巳歲端月莫釐許濬識。」

增廣注釋音辨唐柳先生文集四十三卷别集二卷外集二卷附録一卷

元刊本。亦每半葉十三行，每行二十三字。收藏有「孫印終和」白文、「賓江主人」朱文兩方印。缺二十三至二十五。

增廣注釋音辨唐柳先生集二十卷別集外集附録

明刊本。行款與韓文同，當是一家所刻。

中山集三十卷

舊鈔本。收藏有「竹汀」朱文方印。

李文公集十八卷

明嘉靖二年黄景夔刊本。前有自序，後有景泰乙亥邢讓跋。收藏有「白隄錢聽默經眼」朱文小長方印、「南昌彭氏」朱文方印、「知聖道齋藏書」朱文長方印。

孟東野集八卷

題「唐山南西道節度參謀前溧陽縣尉孟郊，明嘉靖六年八月既望，楊謙序」。《東野集》以宋次道所編十卷本爲最，此本改編八卷。然詩五百一十篇，聯句後附讚一首，書二首，仍與十卷本同。朱筆，前人用宋本校。收藏有「香雪居」白文橢圓印。

李長吉歌詩四卷

明廣平裕參王家瑞凝貞刻本。後有弘治壬戌汝寧劉淮序。收藏有「雲山不礙樓藏書」朱文方印。

按：王家瑞，萬曆戊戌進士。此本當刻萬曆間，蓋覆刻弘治本。

附「製書雅意」四則：

一紙用清水京文古干，或太史連方稱。

一印用方氏徽墨、孫氏京墨，凡墨弗用。

一殼用月白雲綾，純厚青絹椒表，陰乾。

一裁用利刀，光用細石，俱付良工。

元氏長慶集六十卷白氏長慶集七十一卷

明萬曆甲辰馬元調寶儉堂刊本。封面有「高陽單氏紹衣堂印」朱文長方印。

樊川文集二十卷外集一卷別集一卷

明嘉靖刻本。錢遵王嘗謂近刻牧之集乃翻宋雕之佳者，與宋本相較無大異也。收藏有「怡府世寶」

朱文方印、「明善堂覽書畫記」白文、「安樂堂藏書記」朱文兩長方印、「宣城李氏瞿硎石室藏書之記」朱文長印。

丁卯集二卷

舊鈔。元大德王瑭刻本。末有「述古堂藏書」五字。收藏有「南昌彭氏」朱文方印、「知聖道齋藏書」朱文長方印、「南齋」朱文小長印、「半查」白文、「臣璐私印」朱文兩小方印、「結一廬主」白文長方印、「修伯」朱文、「朱印學勤」白文兩方印。

甫里集二十卷

宋寶祐間葉茵輯本，刊置義莊。明成化間崑山嚴春重刻之。萬曆癸卯，松江許自昌復以嚴本重刻。有葉茵、林希逸、陸釴、許自昌序。前人以朱筆校過。

桂苑筆耕二十卷

朝鮮刻本。

河東集二十卷

舊鈔本。收藏有「吴氏西齋」朱文界格小方印。

咸平集三十卷

舊鈔本。孔葒谷藏書。前有蘇軾撰序，范仲淹撰神道碑，司馬光撰碑陰記，末有「乾隆丁酉夏五月借周書昌兄《兩江遺書》本鈔」一行。收藏有「孔繼涵印」白文、「葒谷」朱文兩方印。

小畜外集七卷

原本廿卷，見《書録解題》，今存七卷至十三卷，首尾均有缺葉。吾友章小雅手鈔本，賢兄碩卿復校過。

章氏手跋曰：「甲午嘉平十九、二十兩日，用桐鄉汪氏藏鈔本校」。

武夷新集五卷

詩集五卷，舊鈔本。收藏有「麟趾」白文、「本仁」朱文兩方印。

文莊集三十六卷
傳鈔微波榭本。

春卿遺稿一卷
影鈔明天啓七年廿世孫鑛輯本。寥寥數葉。荃孫刻入《常州先哲遺書》，爲補文一篇，詩廿四首。

武溪集二十卷
舊鈔本。題款「工部尚書充集賢院學士贈尚書左僕射累贈少師謚襄公余靖」。前有周源序，後有歐陽修撰《神道碑》。紹興丁巳韓璜書後。空格提行，悉依舊第，當從宋鈔本出。每半葉十行，每行二十字。收藏有「西園蔣氏手校鈔本」朱文長印。

安陽集五十卷家傳十卷別録遺事各一卷
明正德張士隆刊本。前有曾大有序，後有宋程瑀跋。

范文正公集二十卷別集四卷言行拾遺一卷附年譜年譜補遺
宋乾道中饒州路刊本，嘉定重修。前有蘇軾序，後有乾道丁亥俞翊跋、淳熙丙午綦焕跋。每半葉十二行，每行二十字。板心有字數及刻工姓名。收藏有「笛江」朱文小長印、「章紫伯鑑藏」朱文小方印、「章綬銜印」白文、「莆笙」白文小聯珠印。序後有「瓜纑外史」白文方印、「歸安章綬銜字紫伯印」朱文大方印。

綦焕跋後銜名兩行，謹摹入

嘉定壬申仲夏重修

朝奉郎通判饒州軍州事兼管内勸農營田事宋均

朝請大夫知饒州軍州事兼管内勸農營田事趙用櫼

范文正公集二十卷別集四卷年譜一卷年譜補遺一卷言行遺事録四卷遺跡一卷義莊規矩一卷褒賢集九卷

明翻元天曆刊本。每半葉十二行，每行二十一字，蘇軾序。後有牌子云「天曆戊辰改元褒賢世家重刊於家塾歲寒堂」三行，篆書。時兆文、黄姬水、李鳳翔校，十五世孫啓乂、十六世孫惟元同校。元槧之後，以此刻爲最。收藏有「錫山蕉緑艸堂鄒氏書畫印」朱文方印、「鄒儀之印」白文、「字補山號曉庭」朱文兩方印。

司馬太師温國公文正公傳家集八十卷

明翻刻宋本。每半葉十行，每行二十字。黑口。蓋出於泉州本。

趙清獻公文集十卷

明嘉靖元年林有年、楊準刊本。

直講李先生文集三十七卷外集三卷年譜一卷

明正德戊寅南城左贊編輯，知南城縣事孫甫刊本。有甫自序。序後有「萬曆己丑孟冬建昌府重修禮吏趙伯仁監梓」一行。是此本印在萬曆後矣。

陳眉公先生訂正丹淵集四十卷拾遺二卷諸公書翰詩文一卷附年譜雜記

明萬曆庚戌吴一標重刊本。錢允治序。

鄖溪集三十卷

舊鈔本。

安岳馮公太師集十二卷

舊鈔本。收藏有「大興朱氏竹君藏書之印」朱文長印。

南豐先生元豐類稿五十卷附一卷

明巡按直隸御史黄希憲重刊本。嘉靖□□陳克昌重修。

南豐先生元豐類稿五十卷附一卷

明巡按湖廣御史王忬重刊本。

宛陵先生集六十卷拾遺一卷

明萬曆丙子宣城令姜子奇刊本。

文潞公集四十卷

傳鈔明嘉靖刻本。明刻訛字太多，荃孫撰《校勘記》一卷。

南豐曾文昭公曲阜集三卷附一卷

舊鈔本。萬曆己亥十九世裔思孔所輯。思孔自序，南豐常侍裔吉水同亨序。收藏有「謙牧堂藏書記」白文方印、「韓氏藏書」白文方印、「玉雨堂印」朱文方印、「結一廬藏書印」朱文界畫方印。後有「謙牧堂書畫記」朱文方印。

南豐曾先生文粹十卷

不著編輯姓氏。惟題「盱江張光啓校，無錫安如石刊」，嘉靖己酉刊本。

濂溪集六卷

明正德間刊本。

節孝先生文集三十卷

元皇慶刊本。吴焯《薰習録》云：「曝書亭本有皇慶癸丑玉霄賓序，元刻增節孝像及題贊。明刻又增《祠堂記》。此本前有像，大德丙午趙良珏《贊》，皇慶癸丑玉霄賓書，又有大德丁未無髮士祖可敬、大德丙午李士發兩《贊》，而無《祠堂記》。其爲元刻無疑。」《薰習録》所云「玉霄賓序」則「書」字之誤也。收藏有「汪印士鐘」白文、「閬源真賞」朱文兩方印。

歐陽文忠公全集一百五十三卷附録五卷

明嘉靖丁酉重修天順本。有詹治跋。收藏有「深秀堂收藏書畫印記」朱文方印、「古吴潘介祉叔潤氏收藏書畫印記」朱文方印。

歐陽先生文粹二十卷

明郭雲鵬刊本。後有「吴郭雲鵬校刊梓行」小牌子。陳亮《後敘》，後又有「吴會郭雲鵬校勘刻於寶善堂」小牌子。

歐陽先生遺粹十卷

明郭雲鵬輯。自跋，後有「嘉靖丁未中元刊行小牌子」。

范忠宣公文集二十卷

元天曆刊本。每半葉十二行，每行二十字。行款與嘉定本《文正公集》同，但字體有方圓之别耳。收藏有「汪士鐘字春霆號朖園書畫印」白文長印、「元本」朱文小印、「張印月霄」、「愛日精廬藏書」兩朱文方印、「臣松年」朱白文方印。

新刊臨川王先生荆公文集一百卷

明萬曆壬子廿二世孫鳳翔刊本。李光祚校，有序。

廣陵先生文集二十卷拾遺一卷補遺一卷附録一卷

舊鈔足本。收藏有「黄模朱」白文小連珠印。

廣陵先生文集三十卷附録一卷

傳鈔足本。用禦兒吕氏本校，又借夏閏枝藏懷德堂鈔本覆校過。

蘇文忠公集一百一十五卷

明刊七集本。錢求赤點校，惜殘缺過半。收藏有「彭城」朱文小印、「天啓甲子」朱文方印、「匪庵」朱文長印、「求赤氏」、「錢印孫保」兩白文方印、「錢印興祖」朱文方印。

欒城集五十卷後集二十四卷三集十卷

明嘉靖辛丑蜀府活字本。前有劉大模、王珩兩序，後有崔廷槐序。

豫章黄先生文集九十七卷

明嘉靖丁亥分寧周季鳳鈔自内閣，巡按江西蜀岱，屬知州喬遷刻之，猶不失宋本之遺。收藏有「鷗寄室王氏收藏」朱文方印。

豫章黄先生遺文十二卷

舊刻本。

淮海集四十卷後集六卷詞三卷

明嘉靖己亥南湖張綖倅鄂州所刻本。卷第與宋本同。

濟南集八卷

傳鈔本。

西塘先生文集十卷

明刻本。文八卷，詩一卷。附録傳、志、謚議、祭文、祠記等作。前有萬曆己酉同里葉向高序，謂秘閣有《西塘先生集》，乃宋隆興間公孫嘉正知建昌軍時所刻。書尚完善，因鈔録授同郡董崇相、陳元凱、曹能始校刻之。惜汰爲九卷，不得睹宋本之舊第矣。

寶晉英光集六卷

舊鈔本。得月樓藏書。

李氏手跋曰：「序稱《山林集》百卷，今所會稡附益未十之一，正謂止六卷也。焦氏《館閣書目》稱《寶晉集》十四卷，豈别有書與？又坊間宋元名人刻米詩强半在此集外，其與此合者，或不免字句之異，未知所從本也。百卷、十四卷俱不可得見，且存此六卷而已。不必雜取吴中贋跡爲貂之續矣。戒庵。」

又跋曰：「《寶晉英光集》六卷，叢書堂板舊鈔吴文定公原博故物也。已爲張青甫改竄，雜取吴中贋跡，增至十卷，將以行世。余恐其亂真，亟索故本録之。又余見王越石舟中《倪雲林集》一册，堪與此配食。然越石偏索吴中贋跡，增改不已，豈不謬哉。大率今世逋逃藪數端，而米、倪居一。不能字者，以米爲逋逃藪，强申縮其筆以爲奇。不能畫者，以倪爲逋逃藪聊點染其筆以爲趣。其禍皆始於骨董之家，目中無珠，口中有舌，自欺欺人，敗膏粱子弟不足惜也。今後無復知古人之真妙，斯歎恨無窮。余因跋此集，率連書之以垂訓。雖青甫越石之流移目我，我甘之矣。戒庵老人。」

嵩山集二十卷

舊鈔本。後有宋乾道丁亥孫晁子健記兩段，是源出宋本之證。《四庫總目》云與《景迂生集》一書兩名。商邱宋氏榮光堂藏書。

濟北晁先生雞肋集七十卷

舊鈔本。孔葒谷藏書。收藏有「繼涵之印」白文、「南洲」朱文兩方印。

吴郡樂圃朱先生餘稿十卷

傳鈔本。

姑溪居士集三册

明吴匏庵叢書堂鈔本。惜止存二十卷，缺逸大半矣。

慶湖遺老集九卷

舊鈔本。

摛文堂集十五卷附録一卷

傳鈔本。

東堂集十卷

知不足齋鈔沈叔埏校本。

沈氏手跋曰："癸卯六月二十三日，秀水沈叔埏用底本校，詩用《檇李詩繫》校補。"

鮑氏手跋曰："乾隆庚戌，借沈比部叔埏本對録。明年辛亥二月初一日校訂一過。"

宗忠簡公文集六卷

明嘉靖辛亥裔孫日刊本。前有文徵明序，後有胡應軫跋。

丹陽集二十四卷

傳鈔閣本。

莊簡集十八卷

傳鈔閣本。

翟忠惠集十卷附録一卷

傳鈔閣本。

石林居士建康集八卷

舊鈔本。版口有「毛氏正本」四字。趙素門輯寧以朱筆校。收藏有「嚴可均印」朱文、「鐵橋」白文兩方印。

趙氏手跋曰：「錢遵王《讀書敏求記》云：『葉石林《建康集》八卷。少藴兩帥金陵，故以建康名其集，蓋其涖官時所作也』。余自購書以來，唯聞望信橋吴嬾庵家有此書影宋本，未之見。此册得諸吴丈枚庵所贈。題曰『《石林居士建康集》八卷』。詩外有文，自銘、贊、書後、論、序、記、祝文、祭文、表、劄子、奏狀、啓狀、書、碑、傳、誌銘，凡十六類。不知錢氏所記，何以入諸詩集類。且未有少藴孫籥跋，謂再鎮建康時所作詩文。錢記亦但稱兩帥金陵，故以建康名其集，未析言其再鎮時所作也。豈别有詩集八卷行世與？聊志所疑於此。是册有『毛氏正本』字，疑從毛本出。枚庵得諸嚴二酉，後客楚中，攜諸行篋。故有『辛亥春漢陽葉桐封舍人借鈔』字樣。一書之源流轉徙，有可考者，因附記之於簡端。陳氏西畇草堂藏鈔本校。丙子秋記。」

簡齋詩集十五卷

舊鈔本。前有須溪劉辰翁序，後有晦齋小跋，尚出舊刻。

北山小集四十卷

舊鈔本，從宋刊本影寫。每半葉十行，每行二十字。前有葉石林序，後有鄭作肅序。

沈忠敏公龜溪集十二卷

明萬曆庚子十六世孫子木重刊紹熙本，有子木序。提行空格，悉依舊第，洵稱善本。收藏有「丹鉛精舍」朱文長方印。上下册均有「勞權之印」、「平甫」兩白文方印。

栟櫚先生文集十二卷

明十八代孫四教四維重校刊本。世行本多十六卷，此獨十二卷，編次獨異。

屏山集二十卷

明弘治刊本。題宋文靖公劉子翬著。字畫古雅，每半葉十行，每行十九字。黑口。

陵陽集四卷

舊鈔本。收藏有「檇李曹氏」朱文長方印、「曹溶」朱文、「鉏菜翁」朱文兩方印、「安樂堂藏書記」、「明善堂珍藏書畫印記」兩朱文長方印、「宣城李氏瞿硎石室圖書印記」朱文長印。

陵陽先生詩四卷

歸安鮑氏藏本。《四庫》所收即鮑氏所進，此蓋底本也。陸放翁跋其詩草，謂反覆塗乙，又歷疏語所從來。詩中往往有夾注，誠如放翁所云。荃孫先得天蓋樓藏本，紙墨較舊。戊子冬細校一過，佳處甚多。第《冷語》二首，止存其一。《十絶爲亞卿作》止存其九，轉藉此本補足。今天蓋樓本，已歸他氏矣。收藏有「歙鮑氏知不足齋藏書」、「知不足齋鮑以文藏書」兩朱文方印。

天蓋樓本，半葉九行，行二十字。此本五言絶句往往訛作五律，是從二十字本鈔出者。

鴻慶居士集四十二卷

傳鈔本。荃孫以明刻及大全集校勘一過。

孫尚書大全集七十卷

傳鈔本。

尹和靖先生文集八卷

明隆慶己巳蔡國熙刊本。收藏有「文正曾孫」、「劉印喜海」、「燕庭」三白文方印、「劉」字朱文圓印、「燕庭藏書」朱文方印。

宋著作王先生文集八卷

舊鈔本。收藏有「新安汪氏」朱文、「啓淑印信」白文兩小方印、「吴江淩氏藏書」、「淩淦字麗生一字勵生」兩朱文方印。

豫章羅先生文集十七卷

明正德丁丑姜文魁刊本。有自序。每半葉十行，每行十九字。黑口。

宋太學生陳東盡忠録八卷

影鈔明天啓丁卯朱國盛本。收藏有「錢坫私印」朱文方印。

歐陽修撰集七卷

傳鈔本。

侍郎葛公歸愚集十卷

影宋鈔本。存卷五至卷十三，增入詞一卷，爲十卷。丹鉛精舍藏書，荃孫另輯《補遺》一卷。

勞氏手跋曰："咸豐壬子正月十八日燈下，季言據吳興丁氏鈔本校。四月廿五日雨中復以曝書亭藏鈔本校，前三卷亦有誤字。季言志。"

"咸豐壬子正月廿六日補鈔畢，燈下校。丹鉛精舍記。"卷七末。"二月壬午朔燈下覆勘畢。四月十八日依曝書亭舊鈔本校文五卷。"卷十末。

大隱居士集二卷

鮑氏知不足齋鈔本，烏絲闌格，密行小字，工細雅緻。書中逸品也。收藏有"歙西長塘鮑氏知不足齋藏書印"朱文方印、次"抱經堂藏書印"白文方印、"戴氏秘笈"朱文腰圓印、"子垕所藏"朱文方印。

雪溪詩五卷附逸文補遺

知不足齋鈔本。收藏有"欽奬世守陳編之家"朱文雙龍橢圓印、"老屋三間賜書萬卷"、"歙西長塘鮑氏知不足齋藏書印"兩朱文方印。

鮑氏手跋曰："嘉慶己未四月初一日校，次日用吳石倉本重校。"

香溪先生范賢良文集二十二卷

元至順壬申刊本。有吴師道序，内已有明人補葉矣。

夾漈遺稿三卷

知不足齋鈔校本。

鮑氏手跋曰：「嘉慶己未三月校。丁卯二月二十日以南滙吴氏新刻《藝海珠塵》本校一過，謬誤極多，又在此本下矣。」

鄮峰真隱漫録五十卷

鈔本，極舊。内有塗乙，是脩《四庫》書時館臣手筆，惜官印在首葉，已失去矣。缺後五卷。

吴文肅公文集二十卷

影鈔明弘治本。巴陵方氏藏書。

東萊吕太史文集十五卷

舊鈔本。收藏有「平湖胡惠孚篴江氏珍藏書畫之印」朱文長印、「篴江鑒賞」朱文方印、「泰峰」朱文小方印。

梅溪先生文集五十四卷附録一卷

明天順刊本。前有周琰序，後有何文淵序。

樂軒先生文集八卷

舊鈔本。收藏有「埜鹿居士」朱文一印。

雙溪文集十七卷

明嘉靖癸巳裔孫懋元刊本。次行題「宋軍器大監金紫光禄大夫婺源縣開國男食邑三百户王炎著」，分兩行，猶是舊式。

象山先生全集三十六卷

明嘉靖辛酉刊本。王宗沐序。

雲莊劉文簡公文集二十卷

舊鈔。十世孫歸善縣典史劉梗天順庚辰刊本，聶遜後序。孔葒谷藏書。

定齋集十五卷

傳鈔閣本。

盤洲集八十卷

影宋鈔本。仁和勞氏藏書，收藏有「丹鉛精舍」朱文長方印、「蔣氏求是齋藏書印」朱文方印、「勞權」、「平甫」白文兩方印。

渭南文集五十二卷

明正德癸酉刊本。前有汪大章序，後有梁喬序。按：汲古閣刻《渭南集》五十卷，有《入蜀記》，無詩，乃從華氏活字本重刻。此則無《入蜀記》，有詩九卷。即子晉跋所謂紹興郡刻本也。

江湖長翁文集四十卷

明高郵刊本。李之藻校。收藏有「孫氏祠藏」白文方印，淵如先生舊物也。

信天巢遺稿二卷

第二十一世孫敬璋纂注。無刻本。卷末有「璋印」白文、「鳳哦」朱文兩小印。

高氏手跋曰：「先處士公詩稿，原刻曰《菊磵小集》二十卷，散佚已久。公妷南仲鵬飛輯之，僅存百七十章。此宋本，第一刻也。迨國朝康熙丁卯，宗人府少詹事士奇廣搜彙訂爲《信天巢遺稿》一卷，此江邨本，第二刻也。又六年癸酉，十七世孫訏編次《宋十五家詩》，以公集入其中，自爲一卷，録其全本，此又第三刻也。至於別本所採，若陳宗之起《羣賢小集》，張荃翁端義《貴耳集》，何横舟新之《詩林萬選》，黄梨洲宗羲《姚江逸詩》，吴以巽曹直《宋詩選》，厲太鴻鶚《宋詩紀事》及《咸淳臨安志》、《西湖志》等書所存，不過數篇或數十篇而止。總之不離乎遺稿者。近是江邨本，序文所録事蹟較詳，然爾日流傳絶少。至《十五家詩》中，究非耑刻，而事實又畧而弗備，亦未足以信今而傳後也。璋不揆蕪陋，間嘗廣爲搜採，加意考校，又得從子鱣相與賞析而參訂之，爲纂注二卷。謹就每題之下，次其人事、古蹟之出處。詩中不敢妄贅一語，而於首卷先爲圖，其遺像、世系、理學、詩法二派，并考訂其遺文傳略，及諸賢題贈，爲知人論世之助，以正諸當世賢人君子。私心竊欲上希先公德行文學之萬一，而尤欲與凡我宗人之讀是集者交相黽勉，以繩祖武而貽孫謀，垂令名於無窮也，則璋之厚幸也。夫歲在游兆敦牂，律中夷則閏月之朔，第二十一世孫古鹽官州敬璋半圭甫齋沐謹書。」

漫塘劉先生文集二十二卷

宋嘉熙四年趙葵序，即《天禄後目》所推爲宋版者。然字形微帶方體，又係活字，不敢遽定爲宋刻。疑《天禄》所收爲真宋本，此則明人以活字印行者。第紙墨俱古，大字活板亦決不在化、治以下，仍可貴也。收藏有「儉德齋記」朱文、「李慎勤伯甫家藏」白文兩方印。

校注橘山四六二十卷

明孫雲翼注萬曆丁未刊本。

石堂先生遺集二十卷

宋寧德陳普尚德撰。《四庫》未著録。此影寫明嘉靖本，目後有「寧德縣知縣揭陽陳世鵬、奉欽差整飭兵備分巡建寧道福建按察司僉事王批發校刊，儒學訓導新城潘鶚同校，嘉靖丙申刊」。前有沈伯咸序，後有蔣濂、陳世鵬兩跋。收藏有「淮海世家」朱文、「高郵王氏藏書記」白文兩大方印。

洛水集三十卷

明崇禎己巳裔孫重刊本。

龍川文集三十卷

明崇禎癸酉刊本。有鄒質士序。

重校鶴山先生大全集一百九卷

影鈔錫山安國本。

鶴林集四十卷

舊鈔本。

四六標準四十卷

明孫雲翼注萬曆丙辰刊本。

友林乙稿一卷

影寫宋本。

西山先生真文忠公文集五十五卷

明萬曆戊戌刊本。崇禎戊辰重修。

海瓊玉蟾先生文集六卷續二卷

明正統壬戌臞仙編。弘治間刊本。

秋崖先生文集四十五卷詩集三十八卷

明嘉靖丁亥刊本。

宋丞相文山先生別集六卷

明崇禎戊辰鄭鄤評點本。卷一《紀年録》，卷二《指南前録》，卷三《指南後録》，卷四《吟嘯集》，卷五《集杜詩》，卷六《督府忠義傳》。前有鄭鄤序。

汪水雲詩鈔一卷

舊鈔本。後有章祐庵手録牧齋跋。收藏有「章印綬銜」白文、「子柏」朱文小聯珠印、「小自在室」朱文長印、「紫伯秘玩」朱文錢印。

章氏手跋曰：「此册向爲曾伯祖給諫佑庵公所藏。嘉慶中分授成緒堂。咸豐辛酉之變，成緒以不先避，被禍最酷。殉難者少波先兄，暨其子曦堂，又幼孫一，孫女一，其擄去者復有四孫。盡室倉皇，簡編委棄。亂稍定，少波兄之季子夢梅整理殘本，售之朱小谿，挈至滬上。余得數種，是册與焉。所録牧齋記，尚是給諫手跡。謹識數語於後，時同治甲子秋八日紫伯。」

柳塘外集六卷

舊鈔本。版心有「六古堂」三字。

秋曉先生覆瓿集六卷

舊鈔本。前皇慶壬子郭應木序，陳紀行狀。後天曆壬子十世孫弘猷跋。收藏有「于氏小謨觴館」朱文長印。

佩韋齋文集二十卷

舊鈔本。收藏有「武原張氏家藏」白文方印、「王靖廷鈔書之印」朱文方印。

古逸民先生集三卷

存素堂鈔本。趙誠夫藏書，有跋。收藏有「古鹽馬氏」、「笏齋珍藏之印」兩朱文方印、「結一廬藏書記」朱文界格方印。毛扆之印係僞作。

趙氏手跋曰：「乾隆甲申，余主講龍城書院。史文忠公孫貽孫者出其所藏先人遺書見眎，檢得此册。命男焜謄録一番，置之架中，幾五閱寒暑矣。今放舟霅川，篷窗有暇，因校閲一過，偶書數語於簡末，併識歲月緣來耳。一清識。」

右別集漢至宋

藝風藏書記卷七

詩文第八下

閑閑老人滏水文集二十卷

舊鈔本。

劉太傅藏春集六卷

舊鈔校本。微波榭藏書。此集詩四卷，詞一卷，附録一卷。然詩僅七言律絶而無古詩及五言，又無雜文，未知海内完帙尚存否。

張淮陽詩集一卷

影鈔明正德刊本。前有元鄧光薦序，後有知公安縣周鉞序。

稼村先生類稿十卷

明刊本。十世孫汝立重校梓。前有萬曆癸未張譽序。缺後三卷。

郝文忠公陵川文集三十九卷附録一卷

舊鈔本。微波榭藏書。收藏有「孔繼涵印」白文方印。

張文忠公文集二十八卷

影鈔元本。邵二雲鈔贈周書昌者。

邵氏手跋曰：「乾隆四十二年，借汪氏振綺堂藏本映鈔，晉涵記。」

虚谷桐江續集四卷

舊鈔本。存四十五之四十八四卷。

寓庵集十卷

元李庭撰。庭字顯卿，華州奉先人。十六應詞賦進士舉，行省辟爲議事官。至元庚午，授京兆府教授，癸酉安西開府爲王府諮議，有《寓庵大全集》。見集後王博文撰《墓碣銘》。《四庫》未著録，僅見明《文淵閣書目》，作十卷，與此本合。然顯卿生於金季，至元癸酉與楊潛齋諮議王府事，已云養老優賢，後亦未爲他官。足跡所至，不出山、陜兩省。今詩中有宦游浙閩所作七古《哀歌行》，中有「前年江州李侯死，余侯今歲舒州没」，是詠元末事。不特南北不合，并時代亦相去遠矣。顯卿所作可考見者，約十之六七，當别寫一册，就正有道。收藏有「孔繼涵印」白文、「葒谷」朱文兩方印。

月屋漫稿一卷附補遺

舊鈔本。孝慈堂藏書。收藏有「聞遠私印」白文、「聲弘」朱文兩方印，護葉有「購書良不易，子孫守勿替」朱文長方印。

王氏手跋曰：「康熙歲乙未，偶見琴川毛氏《月屋樵吟》，假以校勘，改注增補數首，硃筆增入，并鈔古詩二翻附後。蓮涇王叔子識。」

王氏再跋曰：「雍正七年歲己酉春杪，借王乃昭鈔本，再校一過，又改正數字。蓮涇，時年六十有七。」

黄氏手跋曰：「此《月屋漫稿》，王蓮涇家物也。秋濤爲蓮涇族孫，故藏弆最多。有爲秋濤售余者，有由陶五柳居而仍歸余者。余與蓮涇若有夙契焉。甲寅冬季，秋濤攜此並舊鈔《猗覺寮雜記》諸書示余。余嫌秋濤直頗昂，因還之。至乙卯仲春，秋濤來言曰：『向所示書，今當歸子。雖薄直勿計也。』扣其故，『此幾種已爲白日偷兒竊去，跡至王府基書攤始得。豈非物有定主，吾强守之，非計也。請仍歸諸子。』余喜而收之，以志此書去而復來散而復聚之説。而後吾當爲蓮涇謹護而藏之。雖蓮涇□□未之許，偷兒與書肆又何論焉。時乙卯三月朔棘人黄丕烈書。」

静修先生文集三十卷

元至正癸未刊本。有江南浙西道肅政廉訪司下嘉興路總管府刊行牒文。凡《丁亥集》六卷，附《樵庵詞遺文》六卷，《遺詩》六卷，《拾遺》七卷。楊俊民裒録《續集》三卷，房山賈彝編《附録》二卷，皆薦牘、壙記、墓表。有明永樂間補葉，每半葉九行，每行二十字。黑口。有「汪印士鐘」白文、「閬源真賞」朱文兩方印。弘治本即從此翻出也。

剡源戴先生文集三十卷

明萬曆辛巳刊本。有後裔戴洵序，東吴周汝礪小引。

桂隱文集四卷

傳鈔明刊本。

竹素山房詩集三卷附録一卷

傳鈔本。版心有「卧雲山房」四字。

松雪齋集十卷外集一卷

元至元刊本。每葉二十四行，每行二十二字。大黑口。前有大德戊戌戴表元序，後有至元己卯何貞立跋。卷十後有跋云：「松雪翁詞翰妙天下，片言隻字，人輒傳玩。公薨幾二十年矣，而生平所爲詩文猶未鏤板。今從公子仲穆求假全集，與原誠鄭君再加校正，亟鋟諸梓，置之家塾。俾識者得共觀焉。至元後己卯良月十日花溪沈璜伯玉書。」是《松雪集》最初刻本，紙墨俱精。而序前半葉及外集目録均失去。疑售者因有先世藏印而去之耳。收藏有「咸豐庚申以後收藏」朱文長印、「烏程蔣維基記」朱文方印。

還山遺稿二卷附録二卷

傳録明宋廷佐輯本。

臨川吴文公集四十九卷附録三卷

明萬曆壬子晉江蘇宇庶刊本。有重刊序。

魯齋遺書十四卷

明萬曆丙申刊本。有張泰徵重刊序，江學詩怡愉鄭道興序。

許白雲先生文集四卷

傳鈔明天順本。有黄淮、胡廣、張洪、錢溥跋。

默庵安先生文集五卷

舊鈔本。

秋澗先生大全集一百卷

舊鈔本。福州陳氏藏書。

周氏手跋曰：「元《王文定大全集》一百卷，共十六册。詒以白金一斤，得之福州陳氏。審其行款，當出元刻影寫。誤舛缺脱，觸目都是。非得元本，無從校正也。此集爲讀元史者必不可少之書，而寫本僅傳，莫可是正，能無慨然。星詒。」

漢泉曹文貞公詩集十卷後録一卷

舊影鈔元本。前有張起巖、歐陽玄、蘇天爵、吕思誠序，後有吴全節序。摹寫極精。每半葉九行，每行十五字。收藏有「覃溪」朱文、「翁方綱」白文兩方印。

周此山先生詩集四卷

舊鈔本。收藏有「曾在李鹿山處」、「鄭氏注韓居珍藏記」兩朱文長印。

雲林集六卷

舊鈔本。紅格。版心有「震无咎齋鈔本」六字。前有洪熙乙巳陳嵦序。收藏有「曾在上海郁泰峰家」朱文長印。

勤齋集八卷

傳鈔本。

道園類稿十册

無卷數，鈔極舊。每册有「曾在汪閬源家」朱文長印。

翰林珠玉六卷

舊鈔本。收藏有「屠倬之印」白文、「琴隖」朱文兩方印。荃孫以元刻本校過。

揭文安公詩集三卷續集二卷文集九卷

傳鈔本。題款詩題「門生前進士燮理溥化校録」，文題「揭曼碩奚斯著」。

揭文安公文粹集一册

明天順刊本。士禮居藏書。黄蕘圃補録序文，有「當湖小重山館胡篴江珍藏」朱文長方印。次《揭文安公傳》，有「文瑞樓」、「家在黄山白岳之間」兩朱文方印、「金星軺藏書記」朱文長方印。目録有「太原叔子藏書記」白文長方印、「蓮涇」朱文方印、「泰峰」朱文方印。

黄氏手跋曰：「從昭文小嫏嬛福地張氏藏鈔本録補此序。道光辛巳蕘翁。」

錢氏手跋曰：「嘉慶壬戌九月，竹汀居士錢大昕向士禮居主人借讀，傳鈔一部。十一月竣事還瓻，并識。」

李氏手跋曰：「《揭文安集》，其門人燮理普化所編者。文凡八卷，今不可得見矣。此所選僅五十七首，雖不備，然所稱敘事嚴整語簡而當者，大略可見焉。明時刊本此時已不可多得，真有幸不幸耶。恐以後曼碩文遂成湮絶也。道光十五年正月李兆洛借閲因識。」

存復齋集六卷

舊鈔本。有至正九年俞焯序，韓小亭藏書。收藏有「玉雨堂印」朱文方印。

存心堂遺集十二卷

明萬曆壬子九世孫邦彥重刻本。晉陵莊起元序，仍曰《重梓校刻吴淵穎先生文集序》。

重刊黄文獻公集十卷

明嘉靖辛卯刊。有張儉重刊序。

圭齋集十五卷

明成化庚寅刊本。

燕石集十五卷

傳鈔校本。方氏碧琳瑯館藏書。

薩天錫分體詩二册二百三十九首

明弘治癸亥李舉刊本。黑口，極古雅。版心有「前」字，必有後集，惜未之見。收藏有「白隄錢聽默經眼」朱文小印。

傅與礪文集十一卷附録一卷

舊鈔本。前有洪武甲子梁寅序。收藏有「楝亭曹氏藏書」朱文長印、「長白敷槎氏堇齋昌齡圖書印」朱文方印、「敦夙好齋」朱文方印。

秋聲集四卷

明刊本。

滋溪文稿三十卷

舊鈔本。抱經堂藏書。卷中朱筆皆盧召弓先生點校。收藏有「抱經堂印」朱文方印。借莫楚生元刻，自二十五卷至末，校勘佳處甚多。

瓢泉吟稿五卷

舊鈔本。前有陵陽牟巘序。收藏有「愛日精盧藏書」朱文方印、「東武鎦氏味經書屋藏書印」朱文長印、「結一廬藏書記」界格朱文方印、「張印月霄」朱文方印、「劉」字朱文圓印、「燕庭藏書」朱文方印。

周翰林近光集三卷扈從詩一卷

舊鈔本。勞季言以惠紅豆藏本校一過。收藏有「勞格季言」朱文聯珠方印。

經濟文集六卷

傳鈔本。

蛻庵集二卷附録一卷

勞季言校本，附録即季言所輯。收藏有「權」字一朱文小方印。

栲栳山人集三卷

傳鈔經鉏堂本。

僑吴集十二卷

明弘治丙辰張習重刊本。前有至正庚子謝徽序。字跡古雅，紙背皆明人箋翰簡帖。宋元舊本往往如是。裝匣皆讀未見書齋之舊。收藏有「士禮居藏書」白文方印、「廣圻審定」朱文方印、「汪士鐘藏」白文長印。

刊僑吴集録

遂昌鄭明德先生爲吴中碩儒，致聲前元。其著述甚富，有《遂昌山人集》二十卷，僅分詩與文，而無類敘，皆漫稿也。又有《僑吴集》者，編次固當，然多繁蕪重出。生通録之，得其詩文之精純者，併爲十二卷，仍名「僑吴」用以傳。若先生履歷之詳，德學之盛，已具蘇編修《墓誌銘》、盧中舍《郡志傳》。好古君子苟觀是集，則自得先生之所藴。庸何加喙耶？弘治丙辰秋八月望，吴下晚生張習識。

顧氏手跋曰：「朱三丈故物今在周香嚴家，較此本多十一卷之六葉，其第五葉仍闕如也。蕘圃借歸，囑予影寫補入。而去所附録宋氏鈔本之半，仍留前一葉，俟他本以續完璧云。八月廿四日澗蘋記。」

黄氏手跋曰：「右鄭元佑《僑吴集》十二卷，乃弘治中張習重刊本也。就張跋語，鄭有《遂昌山人集》、《僑吴集》，是元時實有兩本，今不可得見。所存者，重編本耳。余於數年前觀書朱丈文游家，見此書張刊者。其時不喜購文集，因忽之。後往蹤之，而已散去矣。去年從書船買得宋元人文集數十本，皆是太倉宋蔚如校鈔者。《僑吳集》亦在焉，然非刻本行款，未敢信之。近有書賈買得海虞故家書，攜至余家，内有此集刊本，字蹟古雅，與所藏張來儀、徐北郭諸集悉同。惟紙背皆明人箋翰簡帖，雖非素紙印本，然古氣斑斕，亦自可觀。宋元舊本往往如是，又何傷也。第十一卷《前平江路總管道童公去思碑》脱去五、六兩葉，惜無刊本可録，仍當闕之。又恐讀者不能卒其文，復取宋氏校鈔本，照此集行款録附於後，可云慎之至矣。抑有巧者，余向得《皇明詩選》，前後部葉紙背多係明人箋簡，爰取此以補此集缺葉，而餘者書余跋語，以無用爲有用，天下事又若相待焉。故並志之。嘉慶三年，歲在戊午，秋七月處暑後八日，棘人黄丕烈識。」

潘鄭盦師手跋曰：「《僑吳集》精妙已極，令人愛不忍釋。卅年塵土，安得見此？癸未九月下旬潘祖蔭識。」

葉氏手跋曰：「此《僑吳集》十二卷，雖明中葉刻本，字畫古雅，猶有宋槧遺意。舊爲潘笏盦明經所藏，建翃太史以古幣數十易得之，亦藝林佳話也。辛卯中秋後一日昌熾。」

僑吳集補遺一卷

傳鈔知不足齋輯録本。

貢禮部玩齋集十卷拾遺一卷

明嘉靖乙未修補天順本。有西蜀徐萬璧建安李默修板跋。收藏有「胡氏茨村藏書」朱文長方印。

羽庭集六卷

舊鈔本。收藏有「當湖胡篴江珍藏」白文長方印。

鹿皮子陳先生文集四卷

舊鈔本。前有正德戊寅周旋序，文登于氏藏書。收藏有「于秋溟家秘本」朱文長印。

師山先生文集八卷遺文五卷附録一卷

明嘉靖刊本。附録内有嘉靖壬午裔孫崐識語，刻當在其後。

師山先生文集八卷遺文五卷附録一卷

傳鈔澹生堂本。

北郭集四卷補遺一卷

趙曦明手鈔本。

一山文集九卷

傳鈔本。

江月松風集十二卷續集一卷附補遺

知不足齋鈔本。收藏有「世守陳編之家」雙龍朱文橢圓印、「老屋三間賜書萬卷」、「歙西長塘鮑氏知不足齋藏書印」兩朱文方印。

龜巢集二十卷

舊鈔本。較《四庫》本多三卷。

山窗餘稿一卷

影寫本。士禮居藏書。

黄氏手跋曰：「甘復《山窗餘稿》見諸《讀書敏求記》中，從未見其書也。頃過胡葦洲書肆，談及近有此書明刻本，爲王迂樓所收。因借歸，倩友影寫，聊以厭所欲耳，亦自覺可笑也。庚辰十二月東坡生日，蕘夫識。」「此刻遇衍字加點於旁，或即以所改字注於旁，遇脱字亦如之。此法甚善。古書每行字不齊，故有時擠下幾字，拔疏幾字以遷就之，從未有如此刻例之旁注者。吾謂刻書之法此可取，則省修板剜損之虞。且古帖有如此刻者，何獨不可施諸書耶。越一日晨起又識。」「是書刻手古拙，想寫樣人亦出讀書人，故時帶行。然印本已後，故字跡筆畫多損壞，讀者當自辨也。後有劄補處，鈔寫甚工。又有空行，不知所補何據，所空何故也。其間有墨釘無字處，想板損又無別本可補，故仍之。噫，一元集明刻本耳，尚如此難獲，其全書顧可忽視哉。蓋余鈔此雖可笑，余鈔此書之意，則甚有裨也。願以諗來者。同日識。宋廛一翁。」

夷白齋集三十五卷外集一卷

舊鈔本。收藏有「嘉蔭簃藏書印」朱文方印、「朱學勤印」、「修伯過讀」兩白文方印。

夷白齋集十二卷

明弘治乙卯張習刊本。有跋。收藏有「檇李曹氏」朱文方印、「曹溶」白文、「鑒躬」朱文兩方印。此刻前《僑吴集》一年，字蹟彷彿名刻也。

刊夷白集録

天台陳敬初先生生元季，爲金華黄文獻公門人，來寓吴，以文學致，聲重當時。雖仕僞邦，歷官至學士。然入我熙朝，與宋承旨、王待制有同門好。用薦徵修《元史》畢，仍還吴以令終。有文集名《夷白》者三十四卷，留吴下士夫家，秘不傳。習慕先生嘗鈔數篇於卷册間。邇聆一十有，而靳不肯假。用購之，猶逸其半。問陳思耘，得先生手筆數十篇，又於友處借百篇，併爲十二卷。躬録鍥諸梓，不惟襮揚鄉先生，亦庶乎副欲觀者之意也。尚矜念之哉。弘治八年，歲乙卯秋八月望，吴下晚生張習志。

所安遺集一卷

嘉慶甲戌戴光曾手鈔本，從明刻本出。有「松門手書」朱文、「戴印光曾」白文兩方印。

清秘閣遺稿十五卷

明萬曆庚子刊本。

東維子文集三十卷附録一卷

傳鈔本。

鐵崖先生古樂府十六卷

明成化己丑沈禮翻元刊本。前王益序,後劉儆識。明版之佳者。

北游詩一卷

釋梵琦撰。味夢軒手鈔本。收藏有「錢印天樹」白文、「味夢軒」朱文兩方印、「古磚精舍」朱文長印。

宋學士文集八編七十五卷明人集止録大家及鄉先輩之少流傳者

明正德甲戌張縉重刊本。凡《鑾坡集》十卷、後集十卷、《翰苑續集》十卷、別集十卷、《芝園前集》十卷、後集十卷、續集十卷、《朝京稿》五卷。收藏有「張印紹仁」白文、「學安」朱文兩方印、「三山陳氏居敬堂圖書印」朱文長方印。

太師誠意伯劉文成公集十八卷

明嘉靖丙辰樊獻科刊本。有餘姚李本序，獻科自序。

王忠文公文集二十四卷附録二卷

明萬曆甲辰張維樞校刊本。維樞自序。

翠屏集四卷

舊鈔本。從明成化庚子嗣孫張淮刊本過録。文登于氏藏書。

丹崖集八卷附録一卷

傳鈔明天順刊本。有洪武乙卯申屠衡息來稿序。

蘇平仲文集十六卷

明正統壬戌黎諒重刊本。諒自序。

斗南老人詩集六卷

影寫明初刊本，精妙無匹。曝書亭、微波榭先後藏書。收藏有「暴書亭珍藏」朱文圓印、「莊谷」朱文方印、「斵冰詞客」白文方印。

遜志齋集二十四卷

明萬曆壬子刊本。有孫如游序。

杜東原詩集一卷補遺一卷

虞山王乃昭手鈔本。

王氏手跋曰：「康熙十六年歲丁巳二月五日，七十懶髯叟録於豁爾間。」

白沙先生全集二十卷

明嘉靖辛亥刊本。有湛若水重刊序。

康齋文集十二卷

明嘉靖丙戌刊本。有徐岱重刊序。

商文毅公集十一卷

明隆慶壬申莆田鄭應齡編輯，有徐楚序。

楓山章先生文集四卷

明嘉靖壬寅虞守愚刊本。有從子拯序。

匏翁家藏集七十七卷

明正德己巳刊本。有李東陽、王鏊序。收藏有「家在黄山白岳間」白文方印、「金星軺藏書記」朱文長方印。

空同先生集六十六卷

明萬曆戊寅刊本。前有高文薦、黄省曾序。

大復先生集三十八卷

明嘉靖戊午刊本。

瞿文懿公集十六卷制科集四卷

明萬曆刊本。有王世貞、王錫爵序。

太史升庵文集八十一卷外集九十九卷

明萬曆壬午蜀中刻本。有宋仕、張士佩序。《外集》萬曆丙寅刻本。

方山全集二十二卷

傳鈔本。

方山全集六十八卷

傳鈔本。兩集互有詳略。

重訂校正唐荆川先生文集十二卷

明重刊無錫本。集後有牌子云「嘉靖癸丑仲冬浙江葉寶山堂」兩行。收藏有「好古堂圖書記」朱文長方印。

甘泉先生文録類稿二十一卷

明嘉靖己丑刊本。前周孚先序，後吕懷序。

張水南集十一卷

明隆慶丁卯刊本。范惟一序。收藏有「朱印彝尊」白文、「竹垞」朱文兩大方印、「陽城葉氏水心齋印」朱文長印。

滄溟先生集三十卷

明隆慶壬申刊本。晉陵張弘道成孺校，張佳胤序。

龍溪王先生全集二十卷

明萬曆戊子刊本。有王宗沐序，門人周怡查鐸編。

鴻泥堂小稿八卷續稿十卷

傳鈔嘉靖本。有都穆序。《續稿》張袞序。

王百穀詩文稿一册

從手稿録出。

龔氏手跋曰：「王穉登《南有堂集》四册，未見梓本。此其手稿，壬寅元日起，至除夕《亡兒之戚詩》止，未過第二歲。名則四册，乃壬寅一歲之詩文，平生之一鱗甲也，其富如此。詩接武徐昌穀、高叔嗣無媿色，文亦完密有意度。此集不流傳，惜哉！如有肯梓行之者，即不分詩文排比，一則存其本真，二則唐賢《笠澤》有此例也。默深以爲何如？道光辛丑，距此集成之二百四十年，仁和後學龔自珍盥手識於揚州魏默深舍人之寓園。」「如珍因壬寅一集推廣蒐輯，則穉登書畫跋及題畫詩，平生所遇，不過數數，亦足補滄溟之涓流也。當録十數事寄默深。珍又識。」

右明王百穀詩文二册，邵陽魏默深所藏。今歸吾友蒯禮卿檢討。詩文雜次，塗抹鉤勒，字跡亦疏雋有致，蓋手稿也。後有仁和龔定庵先生跋。因首册之首題云「《南有堂集》壬寅元日起」，次册之尾題云「除夕正值亡兒之戚止」，定爲壬寅一歲之詩。按百穀刻本，詩文各署集名，曰《晉陵集》二卷，《金昌集》四卷，《燕市集》二卷，《青雀集》二卷，《客越志》二卷，《竹箭編》二卷，《梅花什》一卷，《明月編》二卷，《雨航紀》一卷，《清苕集》二卷，《越吟》二卷，《荆溪疏》二卷，《延令纂》二卷，《采真編》二卷，《法因集》四卷，《丹青志》一卷，《虎苑》二卷，《吴社編》一卷，《生壙志》一卷，《苦言》一卷，《謀野集》八卷，共四十六卷，獨無《南有堂集》。因借録副，通校一過，方知後册乃辛丑冬日所作，其子殁於辛丑之冬。前册乃壬寅春日所作，故第一首《元日詩》云：「舐犢空憐病裏身。」《穀日詩》又云：「失雛憐老鶴，舐犢悼亡麟。東郭人空老，西河痛莫伸。」又有《亡兒五七禮佛拜懺文》，並非一年之事。賈人得零稿數册，强合爲一，以充完善。定庵先生亦未細閱也。考次册第二首《恭讀立皇太子詔志喜》，按：明史辛丑爲萬曆二十九年，立皇長子常洛爲太子在十月己卯。是次册應改爲首册，從辛丑十月起。首册末數葉有《祭陳大司馬文》云：「維萬曆壬寅歲五月丙午朔。」是首册應改爲次册，至壬寅五月止，前後八月得詩一百八十四首，文三十二篇，不可謂之不富。第不得總名《南有堂集》耳。而辛丑所作，又不知他集有之否。《百穀集》廠肆常見，未購歸。鄉人金湝生有之，當取以相校也。

百穀，江陰人，僑寓吴中，負盛名。《江陰志傳》：「嘉靖末游京師，客相國袁煒第。煒試諸庶吉士《紫牡丹詩》，不稱意，屬穉登爲之，大稱賞。將薦之朝，未果。煒卒，穉登哭其墓。」集中《光禄少卿行甫吴公誄》云：「世皇帝恭默求神仙，海宇寧謐。丞相修平津故事，召致賓客。都門客最盛，乃設史局校書，得以青衿給筆札，如漢蘭臺石室矣。余以文榮相薦，公以江陵薦，先後並直史館。文榮薨，左相擯余，弗獲拜一爵。」志傳又云：「申時行以元老里居，特相推重。王世貞與同郡友善，顧不甚推之，穉登亦不爲之下。及世貞殁，其子坐事繫獄，穉登傾身救援，人以是益重其風義。」《集》中有《申少師適圃雜詠詩》、《簡中少師詩》、《和申少師除夕元日二詩》，又有《重過琅琊長公宅問王房仲病詩》。有云：「弇公真天人，名高道何尊。白骨尚未寒，魚肉其後昆。昨日青宫開，四海皆蒙恩。云胡佳公子，獨不免覆盆。未釋城旦舂，猶然鉤且髡。」皆與志傳合，其爲人亦可見矣。光緒丙申邑後學繆荃孫識於金陵鍾山講舍。《野獲編》：「申文定罷相歸，元旦必作一七言律以示王，王即和而答之。旋以兩詩黏壁間。次年元旦，申再有詩及和，揭其新者，舊者始除去。自辛卯文定返里，壬辰至壬子，歲歲皆然。此壬寅元日詩，文定歸里之十一年也。

弇州山人四部稿一百七十四卷續稿二百卷

明萬曆五年新都汪道昆序。《稿》祇賦、詩、文三部，而無説部，乃致仕以後手自裒輯。授其少子仕驌。崇禎中其孫始爲刊行。有王錫爵、劉鳳、李維楨序。

蟣蠓集五卷

明萬曆壬寅刊本。有張其忠重刻序。

賜餘堂集十四卷

明萬曆庚子刊本。有兄可行序，管志道序。

快雪堂集六十四卷

明萬曆丙辰刊本。有李維楨、焦竑、朱之蕃、顧起元、黄汝亨序。

消暍集三十二卷

江陰夏樹芳撰。此集罕見印本，從邑中故家湊集而成，内鈔配數十葉，亦舊鈔也。

素蘭集一卷

常熟翁孺安撰。即《列朝詩》之羽素蘭也。中山計隆序並小傳，《虞山翁氏叢鈔》本。

右　别　集元明

增修詩話總龜集前集四十八卷

明宗室月窗道人刊本。前有嘉靖甲辰海鹽張嘉秀序，鄱陽李易序。

韻語陽秋二十卷

明正德丁卯葛湛重刊乾道本。前有沈洵序、徐林序、立方自序，明都穆重刊序。湛後識。每半葉十行，每行二十字。卷四缺五、六兩葉，各本同。

韻語陽秋二十卷

明刊本。行款、序跋、缺葉與前書同，惟版心上有「韻語陽秋」四字。

全唐詩話六卷

明正德重刊宋本。前自序云「咸淳辛未重陽遂初堂書」。按：尤文簡不得至咸淳，錢塘丁氏書目校《齊東野語》，定以爲賈秋壑所著，真特識也。

蛩溪詩話十卷

舊鈔本。後有朱彝尊跋。收藏有「王氏東始山房印記」朱文長方印。

朱氏手跋曰：「《蛩溪詩話》十卷，宋黄徹常明撰。《書録解題》謂是莆田人，而《八閩通志》則云邵武人，舉紹興十五年進士，殆家本莆田而占籍於邵武者也。編中持論多本少陵□□辰沅逾年。顧志州郡官師者不載姓氏，集亦失傳。其《送弟詩》云『就舍弗令人避席，過江莫與馬同船。』語淺情真，不失風人之旨矣。小長蘆朱彝尊識於曝書亭。」

西清詩話二卷

舊鈔本。收藏有「丹鉛精舍」朱文長方印。

孫氏手跋曰：「陳直齋《書目解題》曰：『《西清詩話》題無爲子，或曰蔡絛使其客爲之也』。遂假且且齋本，寫於華亭集賢泗北村居且喫茶處。時洪武五年，歲在壬子，四月七日甲申映雪老人謹誌。年七十有六。」

文則一卷

明甬東屠本畯刊本。

存餘堂詩話一卷

舊鈔本。收藏有「四明盧氏抱經樓藏書印」朱文方印。

右詩文評

類編草堂詩餘四卷

武陵逸史編次，開雲山農校正。書名見於《野客叢書》，則編在慶元以前。詞分小令、中調、長調，實始此集。明嘉靖庚戌何良俊序云：「顧子汝家藏宋刻本，比世所行本多七十餘調，不可以不傳」。是此本原出宋刻也。

樵歌三卷

舊鈔本，吴枚庵藏書。

拙庵詞一卷

舊鈔本。

桂洲詞十卷

吴萊編，萬曆丁亥刊本。萊自序緣起，有吴一鵬、費宷、史道三序。

新刻張小山北曲聯樂府三卷外集一卷

舊鈔本。收藏有「蔣印維基」、「茹古主人」兩朱文方印、「秘册」朱文小印。後有「蔣氏茹古精舍鈔本」朱文長印。

金董解元西廂四卷

明閔刻朱墨套印本。

右詞曲

藝風藏書記卷八

藝術第九

東觀餘論二卷

舊鈔本。收藏有「謙牧堂藏書記」白文、「嗛牧堂書畫記」朱文兩方印。

書史會要九卷補遺一卷續編一卷

舊鈔黑格本，極精。前有宋濂、曹睿序，後有鄭真序。

畫史會要五卷

舊鈔黑格本，與前書一手鈔成。前有朱謀垔自序，後有朱寶符跋。

畫史會要五卷

舊鈔本。朱筆添改極多。首卷前缺十葉，後缺第五卷。靈石楊氏藏書，書衣爲張月宵先生手書。收藏有「水村主人」朱文方印。

圖繪寶鑑五卷續一卷

明正德己卯錦衣衛指揮苗增刻本。黑口。前有夏文彦自序，楊維禎序。續編滕霄序。亦靈石楊氏藏書。

法帖釋文十卷

元刊本。每半葉十三行，每行廿三字。黑口。有「玉蘭堂」朱文方印。

蘭亭考十二卷

舊鈔本。有「不夜于氏藏書印」白文長印。

法帖釋文考異十卷

明刊本。顧從義編并自書，字大說目，繕刻尤爲工雅。前有王穉登序，新都王常書。

羯鼓録一卷

舊鈔本，士禮居藏書。收藏有「黄印丕烈」、「蕘圃」兩朱文方印。

重修考古圖十卷

宋吕大臨撰。元大德間茶陵陳翼采諸家辨證，附其下刻之，故曰重修。此明鄭宏經重刻本。黑口，版式甚雅。有大臨自記，陳才子陳翼序，宏經序則佚去。蓋賈人欲以充元槧也。收藏有「東皋黄氏珍藏」朱文方印。

茶苑二十卷

明毘陵黄履道輯舊鈔本。諸家書目未見著録，《武陽志》亦無其人。此書搜采淹博，鈔寫古雅，疑是稿本。前有弘治二年張楫序。收藏有「華亭朱氏」白文方印、「謙牧堂藏書記」白文、後有「嗛牧堂書畫記」朱文兩方印。

酒譜二卷

會稽北硯童岳薦撰，稿本。

童氏食規四卷

童岳薦撰。邊闌有「巖居叢録」四字，與上一種同，疑不止此二種。收藏有「碧琅玕館」朱文長方印、「胡氏子岐鑒賞」朱文小方印、「昭陽胡氏珍藏金石書畫印」朱文方印。

醯略四卷

仁和趙信意林撰，傳鈔本。有自序、厲鶚序、汪桂保跋。並補十八條。

小說第十

世説新語三卷

明萬曆己酉周氏博古堂重刊袁本。

劉賓客嘉話録一卷

明高承埏稽古堂刊本。

隋唐嘉話三卷

稽古堂刊本。

雲溪友議十二卷

傳鈔本。後有跋云：「唐賢小説家若雲溪子《友議》，最可觀者。攄子七歲能詩，世傳家學，見《郡閣雅譚》。兹本傳俞約齋先生家藏本。後宋九霞飛卿得宋刻本，止三卷，上、中、下，編者洞庭山人。陸元大借校。因其訛舛反多於舊，予參校同異，嘉靖庚寅因置二本，力疾重録一過。俞本爲佳，陸本次之，是知金銀魚魯，在宋已然，覽者自得之矣。東吴柳僉謹志。」

另一行云：「嘉靖乙未仲冬吉庵王良棟録藏。」

教坊記一卷

鈔校本。

雲仙散録十卷

稽古堂刊本。收藏有「檇李曹氏藏書」朱文橢圓印、「退齋居士守素堂圖書印」、「櫟農鑑賞」朱文連珠印。

燈下閑談二卷

江鄭堂手鈔本。余蕭客校。《館閣書目》載：「《燈下閑談》二卷，不知作者。載唐及五代異聞，陳道人書籍鋪刊行」。

馮氏手跋曰：「崇禎甲戌，借葉林宗本録。仲昭所書。七月初二日孱守居士。」

葉氏手跋曰：「崇禎戊寅，得於書賈吴姓者。價用六分。十二月初十日葉石君。」

江氏手跋曰：「乾隆丙申，假滋蘭堂本粗録一過。十月初三日江水松。」

吾氏手跋曰：「良月四日校於伴月樓，吾子華記。」

錢氏手跋曰：「《燈下閑談》二卷，乃唐末人小説彙刻。書中尚無此一種，即《四庫書目》亦未收及。此本乃葉石君從影宋刻鈔本録出，尚有原缺字，無從補得。雖係小説家，然流傳甚少，可不珍之？七十叟聽默識。」「此書乃汲古閣從葉林宗處借鈔本，余歸之滋蘭堂朱氏。余蕭客館於江氏時，託余借出，命弟子鄭堂手録者。幼時字蹟如此，然校正頗精。將命善書，别録一本傳之。聽默又記。」

游仙窟一卷

寧州襄樂縣尉張文成作，日本慶安五歲刊本。《四庫》未著録。

開元天寶遺事二卷

日本寬永十六年重刻紹定本。後有跋云：「此書所載明皇時事最詳，至一話言一行事，後人文字間所引，大抵出於此書者多矣。紹定戊子，刊之桐江學宫。山陰陸子遹書。」

默記三卷

舊鈔本。收藏有「謙牧堂藏書記」白文、後有「嗛牧堂書畫記」朱文兩方印。

邵氏聞見録二十卷

精校本。張訒庵藏書。訒庵據元人鈔本，手校於《津逮》本上。卷五缺一則，卷十六缺兩葉，均鈔補。其他添注不止數十處，真善本也。收藏有「執經堂藏善本」朱文長方印、「張印紹仁」白文、「學安」朱文兩方印。

桯史十五卷附録一卷

明成化江沂刊本。空格均依宋本，行款上有小字批，又有小字旁注。沂跋失去，目録末葉鈔配。蓋書賈作僞以充宋槧者。

山房隨筆一卷

舊鈔本。較知不足齋本多二十餘條。

南村輟耕録三十卷

明刊本。此本於應擡寫之字均空格，邊闌下每葉有「玉蘭草堂」四字，再下匠人姓名。

異苑十卷

明鮑山校刊本。收藏有「潞國敬一道人世傳之寶」朱文大方印、「嗛甫」白文小方印，蓋潞府物也。

宣室志十卷補遺一卷

校《稗海》本，荃孫另輯《補遺》兩卷。

闕史二卷

舊鈔本。朱筆校改，朱竹垞藏書。收藏有「小長蘆釣魚師」朱文腰圓印、「南書房謫史記」朱文方印。

幽怪録四卷續録一卷

唐隴西牛僧孺編，續李復言編。次行題「書林松溪陳應翔刊」，似元時刻。收藏有「寶綸堂印」白文方印、「周玉齊金漢石之館」朱文長印、「揚州汪喜孫孟慈甫印」朱文方印。

太平廣記五百卷

明嘉靖丙寅談愷刊本。有《緣起》。

新刻夷堅志十卷

舊鈔本。分甲乙丙丁戊己庚辛壬癸十集，每集一册，首行「新刻《夷堅志》一卷甲集」，次行「明姚江吕胤昌校」，寫本匀整。以《賓退録》所載三十一《序》校之，甲集鈔本無序，乙集序乃支乙序，丙集序乃支丙序，丁集序乃支丁序，戊集序乃支戊序，己庚集脱序，辛集序乃三志辛序，壬集序乃三志壬序。原書四百二十卷，今存於世者，甲至乙八十卷，支甲至支戊五十卷。己庚脱序，或是支己、支庚，辛壬癸均三志，尤未之聞也。

重刊湖海新聞夷堅續志前集二册後集二册

鈔校本。首行「重刊湖海新聞夷堅續志」，次行「澄江河東思善堂」。前集八門曰「人倫」、「人事」、「符識」、「珍寶」、「拾遺」、「藝術」、「警戒」、「報應」二百二十一條。後集九門曰「神仙」、「道教」、「佛教」、「文學」、「神明」、「怪異」、「精怪」、「靈異」、「物異」二百八十八條。第一條曰「大元昌運紀元太祖太宗世祖餘事」，紀宋元雜事，間及前代，然不及十之一。荃孫在鄂，見宜都楊惺吾學博所藏《前集》鈔本，《後集》元刻本，字極精。《前集》九門曰「人倫」、「靈異」、「符識」、「拾遺」、「人事」、「治道」、「藝術」、「警戒」、「報應」一百八十四條，校此本增一門，無「珍寶」門，多「靈異」、「治道」兩門。而少三十七條。《後集》七門，短「靈異」、錯出前集。「物異」兩門二百五十八條，多寡殊異。次行署款「江陰薛澄汝節刊」。澄江，江陰古名。河東，薛郡名。一題名，一題堂名，亦相符合。《李申耆先生集》有是書跋云：「目録末有澄江河東思善堂書，次行江陰薛詡汝節刊」，又與兩本不同，而止見前集，係元刻本。此本多於楊本，然取楊本《前集》對校，亦多出四十一條，輯爲補遺。「心有山水」下補「蜈蚣孕珠」、「巨蛇吐珠」兩條，目有書無。尚有兩本均缺處。轉疑均非足本，惜皕宋樓本不能借校，無由抉其蔽也。李跋以薛詡汝爲雙名，誤。又以爲元好問書，亦誤。

酉陽雜俎二十卷

《津逮》本。用宋本校過。

録鬼簿一卷

明尤貞起手鈔本。前有《緣起》。字蹟近松雪翁。收藏有「尤貞起印」朱文方印、「溪南尤氏所藏」白文長方印。

北里志一卷

傳鈔勞季言校本。《類説》「采一畫連心細長謂之連頭眉，又曰仙蛾妝」一條今本無。

青樓集一卷

鈔本。與《教坊記》、《北里志》合訂一册。舊題「雪蓑漁隱記元人坊曲中事」。

蓮臺仙會品　秦淮士女表　曲中志　金陵妓品

鈔本。合訂一册。前二種金陵曹大章撰，後二種天都潘之恒撰。

□竹藏板三教源流搜神大全七卷

元刊本。有畫象。每半葉十四行，每行二十四字。

藝風藏書續記

藝風藏書續記目録

藝風藏書續記緣起

光緒庚子，拳匪四起，聯軍入國。荃孫迺撰《藏書記》八卷，匪矜多藏，懼其不爲我有也。辛丑持印本謁張文襄公，公閲之以爲善。復謂之曰：「不畏人指名而索耶？」荃孫應之曰：「本是待賈而沽耳。」相與輾然。閲十年，至庚戌，先後游日本東西京，又觀書於四明天一閣，領江南學部兩圖書館，頗見異書。有購者，有易者，有傳鈔者，有影摹絶精者，所聚與前相埒。重循前例，再編八卷。刻未斷手，金陵傾覆。時在都門，婦孺踉蹌竄上海，書籍四百篋，重貲託東人轉運至滬。有全失者，有失數帙者，有污損不堪者，有友人借閲未及收回者，十中約去其一。然聞金陵藏書各家，有爇以供爨者，有搥以造甲者，有大擔論觔者，并有棄之溝瀆者。余書未罹此厄，洵屬至幸。僑居海上，生計毫無，不得不出以易米。真有指名以索者，亦有待賈而沽者。昔也戲言，自嗚曠達。今也實踐，不無繫戀。猶幸得者均屬同好，珍重什襲，並可轉借。況南之持靜，北之意園，萬帙牙籤，狼籍市肆。無論身後生前，聚散同之。即士禮居之儲藏，晚年亦有去刻留鈔之歎。隱湖之易參，虞山之揮淚，前型具在，何敢怨尤。至於書去目存，昔賢以之慰張金吾者，吾亦藉之以自慰也。癸丑重四，江陰繆荃孫識於海上僑居之聯珠樓。

藝風藏書續記卷一

經學第一

周易兼義九卷略例一卷音義一卷

明閩刊本。每半葉九行，行二十一字。口下有刻工姓名。前行題「周易兼義上經乾傳第一」，次行題「魏王弼注」，三行題「唐孔穎達正義」。《繫辭》以下題「晉韓康伯注、唐孔穎達正義」。《略例》題「魏王弼撰」。附刻《音義》，首行題「經典釋文」，次行題「唐國子博士兼太子中允贈齊州刺史吴縣開國男陸德明撰」。經文每節提行，下連注疏，次低一格，注則夾行。前有《周易正義序》，蓋明大理太和李元陽，世稱中溪先生，爲楊升庵戍滇之畏友，於巡按福建時所刊。謂之閩本，又謂之九行本。北監與汲古所刊，皆從之出。「兼義」者，儀徵阮氏謂兼併《正義》而刻之，以别於單注本。陳仲魚謂他經義附每節注後，獨《周易》總附卷末，故題爲「兼義」，而不稱附音。似阮説爲長也。

周易略例一卷

明刊范氏奇書本。天一閣書。目云「少司馬范欽訂刊」。按范欽字堯卿，號東明，鄞縣人。明嘉靖十一年進士，官兵部右侍郎。此書極不易得。

周易舊疏考正一卷

稿本。儀徵劉毓崧撰。毓崧字伯山，文淇之子，道光己酉優貢。伯山有《左傳舊疏考正》，已刻。此與《尚書》皆未刻之稿。蓋唐人《正義》皆取六朝舊疏，攘爲己説。此考專於前後矛盾處求之。

周易舉正三卷

明刊本。范氏奇書二十種之一。

周易古占法一卷

明范氏刊本。《四庫總目》云「此書世無刊本，乃於范氏書中得之」。

周易經傳二十四卷

明刊本。前有程子《易傳序》，朱子《周易本義序》，次上下篇《義》，次《經傳總目》，次《圖説》，次《五贊》，次《筮儀》，次上下《經》二十一卷，次《繫辭上下傳》二卷，次《説卦傳》、《序卦傳》、《雜卦傳》共一卷。惟經文《傳》及《本義》均接刻，不提行。《傳》則圓規標白文「傳」字，《本義》則橢圓規標白文「本義」字。每半葉九行，《傳》、《本義》夾行，每行均十七字，嘉靖十一年刻，極爲精核。首葉有「慈谿耕餘樓」白文長印，「馮氏辨齋藏書」朱文方印。

牌　子

福建等處提刑按察司爲書籍事，照得五經四書，士子第一切要之書。舊刻頗稱善本，近時書坊射利，改刻袖珍等板，款制褊狹，字多差訛。如「巽與」訛作「巽語」，「由古」訛作「猶古」之類，豈但有誤初學，雖士子在場屋，亦訛寫被黜，其爲誤亦已甚矣。該本司看得書傳海内，板在閩中。若不精校另刊，以正書坊之謬，恐致益誤後學。議呈巡按察院詳允。會督學道選委明經師生，將各書一遵頒官本，重複校讐，字畫、句讀、音釋俱頗明的。《書》、《詩》、《禮記》、《四書》傳説款制如舊。《易經》加刻程傳，恐只窮本義，涉徧廢也。《春秋》以胡傳爲主，而《左》、《公》、《穀》三傳附焉，備參考也。刻成，合發刊布。爲此牒仰本府，著落當該官吏，即將發去各書，轉發建陽縣，拘各刻匠書户到官。每給一部，嚴督務要照式翻刊。縣仍選委師生對同，方許刷賣。書尾就刻匠户姓名查考。再不許故違官式，另自改刊。如有違謬，拿問重罪，追板劖毁，决不輕貸。仍取匠户不致違謬結狀，同依准繳來。

嘉靖拾壹年拾貳月日故牒建寧府。

像象管見五卷

明萬曆甲辰刻本。《四庫》著録，有錢一本自序。前又有《序測》一篇、《略例》一篇。此即刻成時印本。紙白墨黑，字類顔體。

三墳一卷

明刊本。范氏奇書二十種之一。前有毛漸正仲序，謂元豐七年奉使西京，歷唐州之泌陽，寓於民舍得之。間出以示好事，往往指爲僞書。世人徒以漢時已亡，非後世之宜有。然《尚書》當初重購而弗得，武帝時方出於屋壁間，詎可遂爲僞哉？晁氏陳氏書志並載之。

乾坤鑿度二卷

明刊本。范氏奇書二十種之一。

周易乾鑿度二卷

明刊本。范氏奇書二十種之一。

監本纂圖重言重意互注點校尚書十三卷

宋刊宋印本。每半葉十行，行大字十九，小字二十四。高六寸六分，廣四寸二分。白口，雙邊。板心首葉末葉無字，中作「尚書一書一尚書一卷」，並是行書。前刊《書學傳授圖》、《唐虞夏商周譜系圖》、《堯制五服圖》、《禹弼五服圖》、《伏生洪範九疇圖》、《劉向洪範傳圖》、《日永日短圖》、《隨山濬川圖》共八圖，重言重意，互注釋文，皆用單綫以別之。首行「監本纂圖重言重意互注點校尚書卷第一」。次行頂格題「堯典第一」，越四格題「虞書」，又越三格題「孔氏傳」。按孔氏序云「凡五十九篇，爲四十六卷」，然《隋志》著録已作十三卷，《釋文》載徐云本《虞書》總爲一卷，凡十二卷。今依《七志》、《七録》爲十三卷，則合併已在隋前矣。曰「重言」者，本經相同之句；曰「重意」者，句似而意同之文；曰「互注」者，他經所引之語。陸元輔謂宋人帖括之書每如此。以今本校之，《大禹謨》「降水警予」不作「洚水」，「奉辭罰罪」不作「伐罪」，「益稷州十有二師」不作「州有十二師」，「敖虐是作」不作「傲虐」。《禹貢》「北過降水」不作「洚水」，「東迆北會于匯」不作「爲匯」。《五子之歌》「懍乎若朽索之馭六馬」不作「凛乎」，「峻宇雕牆」不作「彫牆」。《伊訓》「檢身若不及」不作「撿身」。《太甲中》「視乃厥祖」不作「烈祖」，「咸有一德厥德匪常」不作「靡常」。

《盤庚中》「則惟汝衆自作弗靖」不作「爾衆」。《説命上》「台恐德弗類」不作「惟恐」。《泰誓中》「無辜籲天」不作「籲天」。《武成》「師逾孟津」不作「師渡」。《洪範》「明作哲」不作「作哲」。《金縢》「惟朕小子其新迎」不作「親迎」。《旅獒》「太保」乃作《旅獒》不作「大保」。《酒誥》「厥心疾很」不作「疾狠」，又「惟殷之迪諸臣惟工」不作「百工」，「弗蠲乃事」不作「汝事」。《多士》序「周公以王命誥」不作「命告」，「今爾又曰」不作「其曰」，《君奭》「越我民罔攸違」不作「曰我」，「天休滋至」不作「茲至」。《君牙》「亦惟先王之臣」不作「天正」。《吕刑》「度作刑以詰四方」不作「以詰」，「其罪惟鈞」不作「惟均」。《文侯之命》「即我御事」不作「既我」，「汝克昭乃顯祖」不作「克紹」。《費誓》「勿敢越逐」不作「無敢」。皆與唐石經及宋相臺本合。《天禄琳琅》、《楹書隅録》所收《毛詩》，均出監本，同是中等字。至於《尚書》，《天禄琳琅》所載則麻沙本。《經籍跋文所載，則婺本也。毛居正《六經正誤》多較正監本之譌，以《盤庚中》「乃祖先父」監本譌「乃」，此本亦譌。而《文侯之命》「即我御事」，「即」不譌「既」，「汝昭乃烈祖」，「昭」不譌「紹」，又與所舉監本不同。可見監本亦非一版，「匡」、「恒」、「慎」、「敦」皆缺筆，每葉左方闌綫外標篇名。此書得自日本西京芳華堂。

附釋音尚書注疏二十卷

宋十行本。每半葉十行，行大字十七，小字二十三。高六寸三分，廣四寸四分。單邊，白口。首行「附釋音尚書注疏卷第一」，次行「國子祭酒上護軍曲阜縣開國子臣孔穎達等奉敕撰」，三行「國子博士兼太子中允贈齊州刺史吴縣開國男臣陸德明釋文」。疏口作「書疏一二」。上有大小字數，下有刻工姓名。小耳記序、記篇名。補刻分三次，改爲黑口，無大小字數，無刻工姓名，無小耳。字畫蒼勁，是第一次補刻。有刻「正德十二年」者，亦無大小字數、刻工姓名及小耳，是二次補刻。有上刻「閩何校」，中刻「鄉林重校」，中作「書疏一」，下有刻工姓名，是三次補刻。均無小耳。是本爲日本島田重禮所藏。卷一末有「以秘府御本宋本單疏校過」一行。校用藍筆，上有「大學藏書」朱文大方印、「佐伯侯毛利高標字培松藏書畫」之朱文大方印。

尚書注疏二十卷

明閩刊本。題「漢孔氏傳唐孔穎達疏」。前有孔穎達等序，行款與《周易》同。陸德明《音義》附入書中，不另行矣。

尚書舊疏考正一卷

劉毓崧撰，稿本。考孔穎達《正義》撰於唐時，而《舜典》「鞭作官刑」、《武成》「罔有敵於我師」、《吕刑》「宫辟疑赦」三條，均稱「大隋」，非唐人語所宜。其實皆取之顧彪、劉焯、劉炫等書。三人皆隋人，故未經删潤處，元文猶有存者。

東坡先生書傳二十卷

明焦弱侯《兩蘇經解》本。與《書録解題》卷數合。《四庫》本十三卷。

書集傳六卷

元刻本。宋蔡沈《集傳》，元鄒季友音釋。每半葉十二行，行二十一字。高七寸六分，廣四寸三分，黑口。音釋以方匡別之。《經傳》以圓規標白文。前書説綱領，次纂圖，後有書序。書亦習見，然印本極清朗。題籤猶是江建霞手迹。

尚書今古文集解三十卷

稿本。劉逢禄撰。逢禄字申受，武進人，文定公之孫。嘉慶甲戌進士，官至禮部儀制司郎中。傳莊氏之學，爲經學大師。此書先得於廠肆，面題「尚書今古文集解」。鈔精校細，似著作家定本，特未標名字，不知何人所著。歷采前人馬、鄭僞孔諸説及國朝人著述而折衷之，頗爲精審。後讀《劉禮部集》，内有《集解自序》，方知劉禮部所撰。爰録書與序，寄王長沙師於江陰，刻入《續經解》中，此書始顯。首有「姚氏仲子秘寶」界格朱文方印。

毛詩正義四十卷

影宋鈔本。每半葉十五行，行廿五字。高七寸四分，廣五寸。首行「毛詩正義卷一」，次行「唐國子祭酒曲阜縣開國子臣孔穎達等奉敕撰定。」後有初刻重刻官銜。原書藏日本東京竹添井井居士家。荃孫與竹添君己卯年見於京師，越廿五年再見於東京。因得盡窺所藏，此爲中土未有之書。屬其影鈔，越二年始成。庋之齋中，寶同球璧。我國單疏止有《儀禮》、《爾雅》及《穀梁》半部，今搜得《周易》、《尚書》兩種，《左傳》、《禮記》不完者兩種。此書亦缺前七卷，然得三十三卷，與《儀禮》缺五卷相等，非《左傳》、《禮記》比矣。

廣文館進士臣韋宿書
鄉貢進士臣陳元吉書
承奉郎守大理評事臣張致用書
承奉郎守光禄寺丞臣趙安仁書
勘官承奉郎守大理評事臣秦奭
勘官徵事郎守太子右贊善大夫臣胡令問
勘官承奉郎守太子左贊善大夫柱國臣解貞吉
勘官中散大夫國子博士同判國子學柱國臣解損

都勘官朝請大夫守國子司業柱國賜紫金魚袋臣孔維
詳勘官將仕郎守開封府雍丘縣主簿臣孫俊
詳勘官許州觀察支使登仕郎試大理寺丞兼監察御史臣王元貞
詳勘官登仕郎守將作監丞臣尹文化
詳勘官登仕郎守光禄寺丞臣牛韶
詳勘官儒林郎守大理寺丞臣畢道昇
朝請郎守國子學丞臣劉弼再校
奉直郎守太子右贊善大夫臣畢道昇再校
朝請郎守殿中丞賜緋魚袋臣胡令問再校
中散大夫守國子祭酒兼尚書工部侍郎柱國會稽縣開國男食邑三百户賜紫金魚袋臣孔維都再校
宣德郎守尚書水部員外郎直史館兼判國子學柱國賜緋魚袋臣李覺都再校
淳化三年壬辰四月□日朝散大夫給事中參知政事柱國賜紫金魚袋臣李沆等進
正奉大夫給事中參知政事上柱國襄陵郡開國侯食邑一千户賜紫金魚袋臣賈黄中
推忠協謀佐理功臣金紫光禄大夫尚書吏部侍郎同中書門下平章事上柱國清河郡開國侯食邑一千
户食實封貳伯户臣張齊賢

推忠協謀同德佐理功臣金紫光禄大夫尚書右僕射兼中書侍郎同中書門下平章事監修國史上柱國

隴西郡開國侯食邑二千一百户食實封陸伯户臣李昉

紹興九年九月十五日紹興府雕造

校對官右迪功郎監潭州南嶽廟韓彰

校對官右迪功郎監潭州南嶽廟穆淮

管幹雕造官右文林郎紹興府觀察推官曾掞

管幹雕造官右承直郎紹興府觀察判官白彦良

詩經注疏二十卷

明閩刻本。題「漢鄭氏箋唐孔穎達疏」。「毛詩國風」四字，汲古閣本在第四行，此本在第二行。漢鄭氏箋上前有《詩譜序》、孔穎達《毛詩正義序》，陸德明《音義》附於書中，而不别出其名。行款與《尚書》同。

詩集傳二十卷

明《兩蘇經解》本。宋蘇轍撰。

詩傳通釋二十卷

元刊本。元劉瑾撰。每半葉十二行，行二十一字，高六寸三分，廣四寸一分。黑口，雙邊。首行「詩卷第一」，次行「朱子集傳」，三行「後學安成劉瑾通釋」。首有綱領序及愚案，引用書均作陰文。第一卷後有「至正壬辰仲春日新書堂刻」牌子兩行。缺卷二、三又十二之十八。

至正壬辰仲春日新書堂刻梓

詩傳音釋十卷詩序一卷詩圖一卷

元刊本。元許謙撰。每半葉十行，行二十二字。高七寸九分，廣五寸八分。單邊，黑口。字大悦目。前後均缺一葉。是書專爲《朱子集傳》作音釋，《詩傳綱領》、《詩圖》、《詩序》附焉。罕見著録，只《持志堂書目》有之。注：元刊本大約只此一刻。

吕氏家塾讀詩記三十二卷

明刊本。嘉靖辛卯明御史傅應臺氏刻於南昌。前有淳熙壬寅朱子序，又有陸釴序。此本盧抱經推爲不易得者。萬曆本卷二十七脱兩葉，此不脱，以分優劣。後五卷影鈔亦極精。

毛詩品物圖考三卷

日本刊本。浪華岡元鳳纂輯，天明五年。前有西京那波師曾序，元鳳自序。元鳳字公翼，精於醫，其於本草極精極博。此圖考核不苟，繪刻均佳。指示兒童，一覽易曉。前有「高須氏圖書記」陽文長方印。

儀禮十七卷

明刻本。前有正德辛巳陳鳳梧序。鳳梧先刻經文於湖南，既於汴中復刻此鄭注本。

儀禮十七卷

明刻本。嘉靖時翻刻岳本《三禮》之一。八行十七字本，每卷後有「經若干字注若干字」兩行。

儀禮注疏十七卷

明閩刻本。每半葉九行，行二十一字。板心下刻字人姓名，題「漢鄭氏注唐賈公彥疏」。前有賈公彥《儀禮注疏序》，結銜汲古閣本作「唐散騎大夫」，此本作「唐朝散大夫」，與宋本《五經正義表》合。

周禮十二卷

明嘉靖翻刻岳本《三禮》之一。

周禮注疏十二卷

明閩刻本。題「漢鄭氏注唐賈公彦疏」。鄭氏注下題「陸德明釋文」，爲他經所無。前有賈公彦《周禮正義序》，結銜亦作「唐朝散大夫」。行款與《詩經》同。

周禮集説十一卷

明刻本。元陳友仁因舊本重輯。原佚《地官》二卷，卷首有《總綱領》、《總論》。凡例後附俞庭椿《周禮復古篇》。成化辛未張瑄跋。

禮記白文二册

明刻本。三百零八葉，不分卷，字畫極精。武進張皋文先生幼時讀本。有其子張彦惟跋。張氏手跋曰：「此先子幼讀本。乙丑五月，偶翻遺簏，檢得之。反復悽愴，不能終卷。敬綴數言，以重手澤。成孫。」

禮記注疏六十三卷

明閩刻本。首行題「漢鄭氏注唐孔穎達陸德明釋文」，次行題「明御史李元陽提學僉事江以達校刊」。此款初印本有之，後削去。首有孔穎達序，行款與《詩經》同。

禮記集説三十卷

明苕溪范翔刊本。每半葉九行，行十七字。白口，口上有字數及匠人名字。據翔序，五經合刻今只存一種。首缺五葉，鈔配陳氏《集説》，以十六卷爲原第三十卷次之，今并成十卷，則最後矣。

禮記集説三十卷

明吴勉學刊本。

太平經國之書十一卷

明刻本。宋鄭伯謙撰，嘉靖丙申山西布政司刊本，高叔嗣序。

重校禮記釋文一卷

嘉慶丙寅，陽城張氏覆刻宋淳熙撫州公使庫本《禮記》，附《釋文》一卷、《札記》二卷。顧千里校，刊板精美。惟《釋文》仍以通志堂本付雕，至庚辰，始見宋本《釋文》，修改盡善。後有「嘉慶廿五年庚辰宋本《釋文》再校修改訖印行」十八字。《考異》復有改動，是《釋文》以後印爲佳，而紙墨迥不如前矣。荃孫得初印本，假後印本專校此《釋文》，庶幾兩全其美。

文公家儀禮節八卷

明刻本。明丘濬撰。前有朱子原序及黄氏幹《諸儒》説。書本五卷，瓊山先生復衍以圖式，參酌編次。一通禮，二冠禮冠圖，三婚禮婚圖，四喪禮喪圖，五喪葬喪圖，六喪虞，七祭圖，八雜録，序而行之。又經楊廷筠所訂。案：元應氏《家禮辨》其文不傳，僅見於是書。

春秋經傳集解三十卷

宋刊本。每半葉十行，行十八字。注文雙行，行二十二字。中版高四寸八分，廣三寸四分。白口，單邊。淳熙三年閩山阮氏種德堂刊本。首題「春秋序」，次題「唐國子博士兼太子中允贈徐州刺史吴縣開國男陸德明釋文」，附分卷，同唐石經。首行題「春秋經傳集解隱公第一」，下接釋文，至三行止。四行低八格題「杜氏」，越二格題「盡十一年」。與阮文達《校勘記》所載淳熙小字本正同。惟是本前序後載有《春秋圖説》。首《春秋諸國地理圖》，次《三皇五帝世系》，又次《周及各國世次》，凡二十國，視岳本所載年表，多燕虞二國，少小邾一國。又次《春秋名號歸一圖》二卷，又次「諸侯興廢」，又次「春秋總例」，又次「春秋始終」，而以公羊、穀梁、左氏三家傳授終焉。阮本止有《名號歸一圖》二卷，且附於末，與《識語》所稱兼列圖表於卷首者不合，似不若是本爲完整矣。是本佳處，如書中莊六「後君噬齊」作「噬臍」，廿三「懷與安」作「懷其」。宣十二「楚軍討鄭」「軍」作「君」，「屈蕩尸之」「尸」作「户」。襄廿八「武王有亂臣十人」無「臣」字。昭八「臣必致死以息楚」「楚」下有「國」字。定八「晉師將盟衛侯于鄟澤」「鄟」作「剸」。皆足正明監本及坊本之失，阮氏定爲宋刻善本，有以也。此書瞿氏書目極其推重，近人輕視之。然雖非宋印，而補版無多，佳字全在，亦屬宋本乙等。序缺半葉，鈔配。有「兩罍子」朱文、「吴雲平齋過眼金石文字書画印」白文兩方印。

> 謹依監本寫作大字，附以《釋文》，三復校正刊行，如履通衢，了亡室礙處，誠可嘉矣。兼列圖表於卷首，迹夫唐虞三代之本末源流，雖千歲之久，豁然如一日矣，其明經之指南歟。以是衍傳，願垂清鑑。淳熙柔兆涒灘中夏初吉閩山阮仲猷種德堂刊。

「室」似「窒」字之誤。

春秋經傳集解三十卷

明嘉靖翻岳本。

春秋經傳集解三十卷

日本活字本。半葉八行，行十七字。不附《釋音》。末有「經凡一十九萬八千三百四十八言，注凡一十四萬七百八十八言」，與《訪古志》所稱聞人模本相合。其出於聞人本歟？「昭二十年傳」注「皆死而賜謚」，無「未」字。「襄十六年石乞曰此事克則爲卿」，無「也」字，均與宋本合。不注字母。日本如此寫刻本均極佳，可作宋本觀。

附釋音春秋左傳注疏六十卷

宋刊本。行款與《尚書》同。首行「附釋音春秋左傳注疏卷第一」，次行低二格「國子祭酒上護軍曲阜縣開國子臣孔穎達等奉敕撰」，「敕」字提行。四行「國子博士兼太子中允贈齊州刺史吴縣開國男臣陸德明釋文」。補版候吉劉校之外，又有懷陳校，中刻「鄉林重校」。口上有作「春秋疏第幾」、有作「秋亢第幾」，并有作「火亢第幾」者。藏印與《尚書》同。

春秋左傳注疏六十卷

明閩刊本。首行題「春秋左傳注疏」，次行「晉杜預注陸德明釋文」，三行「唐孔穎達疏」。行款與《詩經》同。

春秋集傳纂例十卷

明嘉靖翻雕慶曆本，唐陸淳撰。每半葉十行，行二十字。此書錢衎石以墨筆校訂，非玉玲瓏閣刻可比。首葉有「師簡堂圖書印」朱文長方印。

春秋圖説年表一卷

明刊本。《春秋諸國興廢説》一篇，《東坡指掌春秋列國圖》一篇，《春秋十二國年表》一篇。案《敏求記》，南宋本《春秋經傳集解》首列《圖説》，《二十國年表》在《經傳》之首。此明人覆本《春秋》，僅存此首册。字跡古雅可愛。

春秋集解十二卷

明刻《兩蘇經解》本，宋蘇轍撰。

音注全文春秋括例始末左傳句讀直解七十卷

元刊本。宋林堯叟撰。每半葉十二行，行二十一字至二十四字不等。小注同。高六寸，廣四寸，經傳、音注、本文皆陰文。其經文某公某侯旁注，謚法間有旁注，音義亦有不旁注者。三卷以下十三十四行不等，并有十一行者。後小耳皆某公幾年，坊間翻宋本也。首杜序，次全書綱領。

春秋諸傳會通二十四卷

元刊本。元李廉撰。每半葉十二行，每行二十三字。高六寸五分，廣四寸四分。黑口，雙邊。書名陰文加綫刻，印極精。至正九月豐城揭恭刊。李廉自序。首《凡例》，次《讀春秋綱領》，次各家序，字畫精整。首有「毛表之印」朱文、「華伯氏」白文兩印，「看到子孫能幾家」朱文長方印。

春秋屬辭二十五卷春秋補注十卷春秋師説三卷

明洪武元年海寧商山義塾校刻本。明趙汸撰。半葉十三行，行二十七字，字跡古雅。

程氏手跋曰：「右《春秋屬辭》一十五卷，序目跋尾共該板三百二十三片。《左氏傳補注》十卷，共該板一百片。《春秋師説》三卷，附録二卷，共該板六十九片。總計板四百九十二片。初商山義塾奉命以是書刻梓，自庚子迄癸卯，計會、廩膳、賦輸之餘，膳本鳩工，刻板一百一十片，皆直學黄權視工。甲辰春，縣主簿張君興復命句考續工，而《屬辭》一書告成。是年秋，縣丞胡君仲德復奉命併刻《師説》、《補注》二書，始屬性董其事，因得修完。《屬辭》訛闕。迄歲乙巳，學事既廢，刊書亦結局矣。紙墨之費，則有星谿程君道，江君光大，同邑程君仁及子宗先後所助，可漸模印。其《集傳》一十五卷又謀陸續梓行，以備一家之言。新刻書多舛謬，讎校不時，故刊補之工亦不一而足。因修補注誤字，謹書此以志歲月。洪武元年五月朔日，諸生程性謹書。」

汪氏手跋曰：「海寧商山義塾承總制官和陽王公命，以趙子常先生《春秋集傳屬辭》等書，能發聖經不傳之秘，下本塾刻梓，以廣其傳。自庚子迄癸卯，會計、稟膳、賦輸之餘，謄本鳩工。甲辰春，縣主簿張君桌復奉命句考出入，而督其竣事。於是《春秋屬辭》十有五卷，與序目俱完，可模印。乃若總制公尊經敬學之意，宜與是書俱傳云。商山諸生汪文拜手謹識。」

唐荆川先生編纂左氏始末十二卷

明刊本。分后、宗、宦、倖、奸、弑、逐、亂、盜、鎮、戰、戎、名臣、禮、樂、方技十六門，多分門類，未盡曲當。采取《左傳》、《國記》、《史記》聯屬事跡，而采《左氏》爲多。首有嘉靖壬戌冬十月族孫一麐序。有「古吳白鹿山房王氏之印」朱文方印。

公羊正義二十八卷

明閩刊本。題銜首行題「春秋公羊傳注疏」，次行「漢何休學」，下空五格有「疏」字。次行「明御史李元陽提學僉事江以達校刊」。行款與《詩經》同。經前有景德牒文，他書罕見。

中書門下

牒奉

敕國家欽崇儒術，啓迪化源，眷六籍之垂文，實百王之取法。著於緗素，皎若丹青。乃有前修，詮其奧義，爲之疏釋，播厥方來。頗索隱於微言，用擊蒙於後學。流傳既久，譌舛遂多。爰命校讎，俾從刊正。歷歲時而盡瘁，探簡策以維精。載嘉稽古之功，允助好文之理。宜從雕印，以廣頒行。牒至准

敕故牒

景德二年六月　　日牒

工部侍郎參知政事馮

兵部侍郎參知政事王

兵部侍郎平章事寇

兵部侍郎平章事畢

穀梁注疏二十卷

明閩刻本。首行題「春秋穀梁注疏隱公卷第一」，次「晉范寧集解」，三行「唐楊士勛疏」。行款與《詩經》同。

孝經注疏九卷

明閩刻本。首有邢昺序，官銜「翰林侍講學士朝請大夫守國子祭酒上柱國賜紫金魚袋臣邢昺等奉敕校定」。注疏隔一行，低半格題「成都府學主鄉貢傅注撰」。篇首題「孝經正義」，頂格。次行「宋邢昺注疏」。三行空白。行款與《詩經》同。

四書合刻三十六卷大學中庸或問二卷

明巡按福建監察吉澄校刊。《四書》末葉、《或問》末葉均有牌子兩行。《四書》附《學庸或問》。原有宋本，見《鐵琴銅劍樓書目》，即此所從出歟？至宋本佳處，僅存「考諸三王而不繆」不作「謬」，「沒階趨翼如也」無「進」字，「無自辱焉」不作「毋」，「吾惛」不作「惽」，「塞於天地之間」不作「乎」，「太誓曰」不作「泰」，「好勇鬬狠」不作「很」，《中庸注》「上天之事」不作「之載」數處，餘悉與坊本同矣。書版沿革，亦以漸致也。

論語二十卷孟子十四卷

明經廠本。每半葉八行，每行大十五字，小十八字。黑口。《四書》合刻，缺《大學》、《中庸》一册。

石鼓論語問答三卷

舊鈔本。宋戴溪撰。此書罕見，中缺半卷。

七經孟子考文補遺三十二卷

日本刻本。山井鼎撰，物觀補遺，物茂卿序，享保十一年刊。

孟子白文二卷

宋刊小字本。每半葉二十行，每行二十七字。高五寸，廣三寸三分。上有字數，下有刻工姓名。

孟子注疏解經十四卷

明閩刊本。首行「孟子注疏解經」，次行「漢趙氏注」，三行「宋孫奭疏」。行款與《詩經》同。

蘇批孟子二卷

明刻本。原分朱墨筆，今一概墨印，以◎△▭▯爲朱，以○、一丨爲墨以別之。

疑孟子一卷

舊鈔本。宋司馬光撰，只十三條。首葉有「玉函山房藏書」朱文方印。

孟子師説七卷

傳鈔本。《四庫》作二卷，此本照《孟子》分七卷。梨洲傳其師蕺山之學。其曰「師説」者，仿趙汸述黄澤《春秋》之學題曰「春秋師説」例也。

七緯三十八卷附補遺

候官趙在翰鹿園輯。《七緯》者，《易》、《書》、《詩》、《禮》、《春秋》、《樂》、《孝經》也。鹿園據各書采輯逸文，並訂孫瑴之誤。金山顧尚之先生詳校，删所未當，補所未及，即尚之《傳》中所云「七緯拾遺」也。

小學第二

爾雅注疏十一卷

明閩刻本。序銜一行「翰林侍講學士朝請大夫守國子祭酒上柱國賜紫金魚袋臣邢昺等奉敕校定書」。第一葉首行「《爾雅注疏》卷第一」，二行「晉郭璞注」，三行「宋邢昺疏」。行款與《詩經》同。

爾雅補注四卷

傳鈔稿本。周春撰。春字芚兮，浙江海寧人，乾隆甲戌進士，官廣西岑溪縣知縣。前有齊召南、王鳴盛序。末有朱筆「乾隆丁未五月十二日盧抱經閱」一行。

姚氏手跋曰：「右《爾雅補注》四卷，海昌周松靄撰。於郭、邢外樹一幟，采摭精博，其大端已見前序。西莊先生謂此書之美，『補注』二字未足以盡之。欲以『廣疏』易名，誠哉是言。光緒戊子春，從吳門蔣鄰生太守假讀，兼録副本。太守博學多聞，善鑒别古書。蕘圃、藝芸之後，此其嗣響。插架秘籍甚富，愛護甚于珠玉。然遇同志，輒假借不少吝，亦可謂善藏書者。歸安姚覲元記。」

新刊釋名八卷

明畢效欽刊本。

匡謬正俗八卷

臨校盧本。唐顏師古撰，何義門校。

何氏手跋曰：「康熙戊戌二月燈下讀此書。既無他本可以借校，而自愧見書不多，遇有所疑，不能決定。僅略考其所知者，異日子弟中向學者，其爲我成之，亦以補《家訓》《書證》、《音辭》二篇所缺，後人當有志於希賢也。焯。」

説文解字三十卷

孫氏刻小字本。張大令行孚引他書所引校之。

張氏手跋曰：「案以諸書所引《説文》，署於書眉，非謂盡可以訂正《説文》也。正以明諸書所引，參錯不一，不可驟據以校《説文》爾，然亦非竟無數條長於《説文》者，是在人之善擇焉。光緒十二年十月二十七日，以《廣韻》校讐一過畢。安吉張行孚識。」

行孚字□□，浙江安吉人，同治庚午舉人。通小學，曾在揚局校刻毛氏四校《説文》者。其所注與姚文僖公《羣書引説文考》相仿。姚書徵引甚博，係草稿，塗乙滿紙。文孫方伯覲元寶同拱璧。荃孫入川東幕，方伯屬荃孫指示寫官録出清本，復交遵義鄭伯更詳校，成書八册，欲刻未果。近年姚氏書盡出，此書亦在内，但注「鈔本」，不知先代著撰矣，可勝慨哉。

説文解字補義十二卷

景寫本。元包希魯撰。《四庫》未著録，研經室補録進呈，仕履見《外集》提要。此書明永樂十八年刊板，胡儼序，藏於張氏愛日精廬。何夢華見之，擊賞不置。張氏倩善書者録副以贈，白紙烏絲，字畫圓湛，景寫之至精者。首有「秘册」朱文小長印、「張印月霄」朱文方印、「愛日精廬藏書」朱文方印、「泰峰」朱文小方印。

張氏手跋曰：「元包希魯撰。希魯字魯伯，進賢人，學問該博，操行高潔。門人受業者，必先學問而後文藝，士習爲之一新。稱之曰忠文先生。是書前有至正乙未自序，止存末葉一葉，而畏天憫人之心，居今反古之志，一篇之中三致意焉。若不求聞達，屏絶私欲，皆粹然儒者之言。讀其序，可以知其書，且可以知其人也。其書依《五音韻譜》例，分四聲編次。凡上平、下平各二卷，上聲四卷，去聲一卷，入聲三卷。釋『位』字云：『《論語》曰「不患無位，患所以立」。故有位者，人之所當立。故从人立。』釋『利』字云：『「天以美利利乎人，莫大乎五穀。禾，五穀之總名也。然必銍又而後成其利也，故从刀，从禾。』其説皆極精核。釋『毋』字云：『《春秋傳》曰「女德無極」。《詩》云「女也不爽」。蓋爲女子者，當不亂其德，而戒無厭也。故从女。一者，一其心而使不二也；一者，端純之義也。惟執一而後能禁止其無厭之德而不爽也。故从女从一。有奸之者，其説戾於理。』釋『家』字云：『家古文从宀从众。众，三人聚處也。蓋人之爲家，必有父母、夫婦、子孫，始可成家。此所以从众也。蓋众字與豕字相類，皆以六筆成字。後世傳寫之變。』

釋『王』字云：『普天之下莫非王土，一土爲玉。』其説雖與許君違異，然皆有義可通，足資參考。至若釋『從』字而指字之義明，釋『離』字而假借之説著，釋『東』字而轉注之類顯，釋『工』字而會意之屬通。知其究心於六書者深矣。至其借字義以寓箴規，若官則勵以芘民，恤下才則勉以論道經邦，斥自暴自棄之不得爲人，論記誦詞章之不可稱儒。於俗字則諄諄乎移風易俗之原，於仁字則競競乎天理人欲之分。此又作者微意所在，欲後人深思而默會者也。焦氏《經籍志》、《傳是樓書目》、錢氏《補元史藝文志》俱著録。此本猶是元時舊槧，予從李松門書坊中，以廉值得之，如獲奇珍瓌寶，思欲據爲帳中秘矣。適錢塘何夢華元錫先生過予，齋頭見之，擊賞不置，欲從予假録副本。予以希魯，著述甚富，見於《補元史藝文志》及《萬姓統譜》者，今皆散佚無傳，惟是書僅存。茲既幸歸予手，若不公諸同好，廣爲傳布，則雖寶如球璧，什襲而藏，於是書何裨？於予又何裨？且予喜藏書，不能令子孫亦喜藏書。聚散無常，世守難必。即使能守，或童僕狼籍，或水火告災，一有不慎，遂成斷種，則予且爲包氏之罪人。用倩善書者，録副本以贈。予之不敢自秘，正予之寶愛是書也。」荃孫曾見此書刻本，係孫同年鳳鈞所藏。惜闕卷三至卷六三卷。姚方伯覲元欲購而刻之，以價昂而止，不能與《續復古編》同傳，殊爲可惜。

説文字原一卷

元刊本。元周伯琦撰。每半葉五行，行大字九，小字雙行二十一字。高六寸，廣五寸，黑線口，單邊。

與舊藏《六書正譌》本同。首有「樂樵」朱文方印、「家本雲龍山下」朱文方印。

段氏說文注三十一卷六書音韻表二卷

初印本。段書「嘉慶二十年歲次乙亥五月刊成」，仁和龔禮部自珍於丙子冬十月讀起，至辛巳春二月止，凡三過，以朱、墨、紫三筆識之。有所可則加朱圈，有所否則恭注於下惟謹。每卷亦紀日月。其子袗則墨擲大點，縱橫滿紙矣。目録有「自珍讀過」朱文方印、後有「孝拱之印」朱文方印。

龔氏手跋曰：「自丙子冬十月起，辛巳春二月止，或加朱、墨，或加朱，或加墨，或朱、墨未加，目治不手治也。間有年月注之，共讀三周矣。其誤字則以紫筆識之。外孫自珍。」

又曰：「假借之樞，又在聲音。未有聲不類而可假借者也。故王氏懷祖伯申說經皆以聲說之是也。自珍撰《段氏說文發凡》一卷，凡十五則，擬附刻於此序之後。」

龔孝拱手跋曰：「咸豐三年十二月鄰火，缺十二篇乙不至系。十四篇金幵至亥。兩册。」

羣經音辨七卷

澤存堂本。孫潛臥園以朱、墨筆校之。

孫氏手跋曰：「乾隆癸卯仲夏，購得馬氏玲瓏山館所藏義門先生手校明人鈔本，因互勘一過。凡先生改識者，俱以朱筆録出。其有與鈔本互異者，以墨筆識之。此書可稱盡善矣。孫濳。」

光緒丙午荃孫得此書，復照皕宋樓鈔本校訖。

急就篇一卷

明胡文煥刊本。

通俗文一卷

漢服虔撰。久佚。國朝臧庸輯本。庸字在東，江蘇武進人。甘泉林慰曾序，曾刻於林氏萩勤堂，此其清稿也。

汗簡七卷

舊鈔本。宋郭忠恕撰。

復古篇二卷

舊鈔本。宋張有撰。每葉有「奇字閣寫本」五字。前有宋陳瓘序，程俱後序，元虞集跋。摹寫精緻。

首葉有「虞山陳鴻泉氏所習字學之書」白文方印。

續復古篇四卷

景寫本。元曹本撰。《四庫》未著録，研經室補録進呈，仕履見《外集・提要》。此書補吴興張有《復古編》而作。首有「潘耒之印」朱文方印、「古香樓」朱文腰圓印、「汪印文柏」白文方印，第四卷有「稼堂」朱文方印。

此書各家書目未見，阮文達從吴江潘氏鈔獲進呈，底本在湖州凌塵遺處，今歸雲自在龕。姚方伯景刻歸安皕宋樓本上正下譌二葉獨在，今皕宋已歸海外。姚本分外珍重，惜子孫不讀書，印本亦罕見矣。

班馬字類五卷

舊刊本。宋婁機撰。每半葉七行，每行大字十二，小字十七。每葉有字數。前有洪邁序，機自序，後有機自跋。顧澗翁謂《字類》有繁、簡二本，此繁本也，其足以補正叢書樓本脱誤甚夥。如平聲冬鍾韻，「鉻」字注末有「銅屑也」三字；「癰」字注「師古曰」下有「如説是也太宰即具食官」十字。支脂之韻，「氏」字注「破雍將軍焉氏」，「焉」不作「馬」；「訾」字注「讀與貲同」，「貲」不作「資」；「蠡」字注末有「《漢書・宣紀》同」五字；「施」字注「《史記・衛綰傳》」，「衛綰」不作「萬石」，「郪」字不誤「郊」；又注「《漢書》」下有

《郊祀志》「太王建國於郊梁」七字；「獻」字注「謂斗魁及杓末如勺之形」，多「及」、「末」、「之」三字；「黝」字注末有「字本作黟」四字；「丌」字注「其當作丌」，「其」不誤「六」。微韻，「幾」字注「漢」上有「《史記・留侯世家》豎儒幾敗而公事」十三字。齊韻，「伭」字注「丁」上有「回留之不能去云」七字；「犁」字注「以」下有「徑路刀金」四字；又「酒」下有「注留犁」三字。灰咍韻，「磓」字注「崇」上有「即即孟康曰」五字；「財」字注「足」下有「餘皆以給置傳」六字；「財」字注「財振貸」，「貸」不誤「貨」；「郲」字注「傳」下有「行部至」三字；「烖」字注「赦」下有「災本字」三字，無「詩遇烖而懼」五字；「蒕」字注「瀆」不作「濆」。真諄臻韻，「滇」字注「汝南慎陽」，不作「憤陽」；「鈞」字不誤「鈞」；「後」字注「約」下有「師古曰」三字；「絪」字注「傳」下有「作乘輿輦加畫繡」七字；又「馮」下有「黃金塗」三字。文欣韻，「瘽」後有「廑，《漢書・楊雄傳》『其廑至矣』，古勤字」一條。寒歡韻，「姍」字注「先」上有「勃窣」二字。先僊韻，「縣」字注無「非當借名」四字。歌戈韻，「獻」字注「古」下有「曰」字，「形」下有「也犧讀仐娑」五字。麻韻，「邪」字注末有「音蛇，《漢書・天文志》同」八字。陽唐韻，「卬」字注「態」不誤「熊」。尤侯幽韻，「繇」字不重，「繇」次「繇」後，「繇」字注「漢」下有「《書・文紀》亦無繇教訓其民」十字，無「文《袁盎傳》繇此名重朝廷」十字；「抔」字不誤「杯」，「捊」不誤「桴」；「髤」字注「於」下有「枚」字，又「漆」下無「許來反」三字，有「髤一作髹，桼俗作漆」八字；「蝚」字注「蛭蜩獲蝚」不作「蝚獲猱」。侵韻，「浸潯」字注末有「《司馬相如傳》浸潯、衍溢同音」十一字。覃談韻，「搣」字注「辰星」，不誤倒。上聲紙旨止韻，「姐」字注「傳」下有「隴西」二字，「姐」下有「旁種反，彡，先冉反，姐」八字，「紫」下有「姓也」二字；「披」字注「皮彼反」，「皮」不作「披」。麌娛韻，「掚」後有「附《史記・武安侯傳》，『蚡以肺附爲市師相。』《漢書・中山靖王傳》，『得蒙肺附』，《劉向傳》『臣幸得託肺附』。與『腑』同，本作『腑』亦作『胕』」一條。旱緩韻，「罕」字注末有「同罕」二字。篠小韻，「撟」字注末有「又《揚雄傳》『仰撟首以高視兮』，師古曰：『舉也』，音同」十八字。養蕩韻，「鞅」字注「不自足也」，「自」不作「滿」；「罔」字注「罔密文峻」，「文」不誤「又」。琰忝广韻，「嗛」後有「彡《漢書・馮奉世傳》隴西羌彡姐，先冉反，見四紙『姐』字下」一條。去聲送韻，「瞢」字注「傳」下有「棄於」二字，「瞢」下有「中」字。寘至志韻，「眎」後有「眡《漢書敘傳》『起眡事』，古視字」一條；「織」字注「傳」下有「望見單于城上立五采」九字；又「幟」下有「詩織文鳥章」五字，無「式志反」三字；「辟」字注「凡」不誤「九」。未韻，「潰」字注「古」上有「茀音弗潰」四字。遇暮韻，「遡」字注「傳」下有「揚氏」二字，「上」下有「一」字；「洿」後無「迕」字一條，有「午《漢書・劉向傳》『朝臣舛午，膠戾乖剌』，音五故反，同迕，相違背也；《禮》『午其衆，以伐有道』」一條。霽祭韻，「僻倪」不作「辟倪」；「跇」字注「里」下有「音裔，踰也」四字，無「孟康音浙」四字；「腏」字注「謂聯續而祭」，「續」不誤「讀」。隊代廢韻，「沬」字注「傳」下有「沐風雨」三字。翰換韻，「叚」不作「段」。諫襇韻，「辨」字注末有「讀作辦」三字。號韻，「溺」字注「曰」下有「尿，鳥去聲，尿俗作」七字。箇過韻，「和」字注「趨」不作「趙」。漾宕韻，「鄉」字注「讀」上有「《陳湯傳》，鄉化未醇」七字。宥候幼韻，「捄」字注「將」不誤「何」；「繇」字注「繇」下有「也」字。豔㮇釅韻，「掞」字注「明」下有「晉灼曰掞」四字；「音」上有「師古曰，麗音離，掞」七字。陷鑑梵韻，「氾」字注「漢」上有「《史記・司馬相如傳》『氾濫衍溢』」十一字，又「氾」後一條作「氾」不誤「氾」；氾字注無「《史記》」至「鑑反」十四字。入聲屋韻，「宿」字注「國」下無「有善」二字，覺韻，「蓿」上有「苜」字，「蓿」下無「目，讀作苜」四字；「僇」字注「贊」下有「困戹奴僇注」五字，無「云」字。「藐」字注「臣」不誤「巨」。質述櫛韻，「佚」字注「傳」不誤「律」。勿迄韻，「宛」後有「悲《漢書・禮樂志》『相放悲』，見上聲三十六養『放』字下」一條。陌麥昔韻，「柏」字注「弗」不作「悲」；「液」字注末不誤「來」。職德韻，「昃」後有「湵《漢書》述《武五子傳》六世耽耽，其欲湵湵，易作逐」一條；「貸」後有「貣《漢書・主父偃傳》『假貣無所得』，音土得反」一條；「冐」字注「焉」不誤「馬」。葉帖業韻，「慹」字注末有「與攝慴同」四字。雖非宋本，可作宋本觀也。

字鑑五卷

澤存堂本。朱述之臨，錢廣伯校語。廣伯名馥，海寧人。述之名緒曾，上元人。前有「朱印緒曾」朱白文小方印。

朱氏手跋曰：「余於道光二十七年在海昌假錢警石廣文所藏錢廣伯馥校《字鑑》一書，謄寫一本。羅鏡泉復假得余本録之。余本失於金陵，兹於咸豐五年三月四日假羅本重録之。朱緒曾識。」

六書精藴六卷音釋一卷

明嘉靖刻本。明魏校撰。前有校自序，後有門人徐官書字小跋、陸鼇跋、魏希明跋。此初印本。首葉有「吴翌鳳枚庵甫珍藏」朱文方印，每册有「枚庵流覽所及」朱文方印，目第一葉有「枚庵」朱方小方印。

徐氏手跋曰：「官案文字一點一畫，各有至理精藴。已正者多因古篆翻楷，未正者仍用小篆翻楷，文皆放古，弗混以俗。間有難識者，輒音俗字於書端，庶便披閲者不厭其重複云。門人徐官謹書。」

集古文韻海五卷

明景宋鈔本。宋杜從古撰。宋高宗《翰墨志》云：「先皇帝喜書，立學養士，惟得杜唐稽一人。」陶九成《書史會要》云：「從古字唐稽，官至禮部侍郎。宣和中，與米友仁、徐兢同爲書學博士。」此書諸家皆不著録，止見《平津館鑒藏書畫記》。前有杜從古自序，後有「時嘉靖癸未歲仲秋吉旦，段鈔本訂正重録。武陵伯子龔萬鍾識」一行正書。

桂氏手跋曰：「序載《永樂大典》一萬五千九百七十八卷，九震韻。初，宋芝山出示此本，疑北笘姓名不類，訪之周林汲，言《大典》作杜从古。因就四庫館互勘一過，原書十五卷，後人損爲五卷而削其《目録》、《音義》，使前人條貫不復可尋，深爲惋惜。世間或有原本，存此可讐校也。戊戌九月十一日曲阜桂馥。」

毛詩古音考四卷

明刻本。明陳第撰。萬曆丙午焦竑序，陳第自序，又跋。

屈宋古音考三卷

明刻本。明陳第撰。萬曆甲寅焦竑序，陳第自序，又跋。

藝風藏書續記卷二

諸子第三

孔子家語八卷

明刻本。明何孟春注，有自序。正德辛巳莆陽黄鞏跋。有「海鹽陳德大藏書」朱文方印。

孔子家語注十卷

日本刻本。魏王肅注，日本信陽太宰純增注。首有純自序，次王肅序。純注之次以志傳，後採毛晉跋、何孟春跋。純自序：「以本文與汲古刻同，所增者另注『增』字，以墨圈識之。寬保二年壬戌春正月江都□□嵩山房刊，中國乾隆七年也。」

荀子考異一卷

影宋鈔本。宋錢佃撰。從鐵琴銅劍樓本傳録。

子華子二卷

明刻本。每半葉十行，行十九字。高六寸五分，廣四寸五分。原出自宋。

韓非子二十卷

明趙用賢刻本。首有用賢序。

韓非子校正一卷

傳鈔本。末有「庚戌七月二十二日大興朱錫庚校正」一行。錫庚字少河，大興人，乾隆戊申舉人。朱竹君先生之子，讀書好古，能世其學。

鬼谷子陶弘景注三卷

校本《鬼谷子》，世以嘉慶乙丑石研齋刻本爲最佳，秦本出於盧抱經所據鮑渌飲藏述古堂本。秦氏又自輯古今論《鬼谷子》者爲附録，較乾隆己酉刻《道藏》本高出不啻倍蓰。壬子二月，傅君沅叔以明鈔藍格本見眎。正文頂格，注文低一格，原出《道藏》。末有「嘉靖乙巳三月九日校畢」一行，又有小字：「此本原係蘇州文氏所藏」。乾隆甲寅嚴九能有跋。明年徐北溟再校。咸豐丁巳藏勞平甫所，亦跋之，可謂善本矣。此書之注，錢氏本次行則云「東晉貞白先生丹陽陶弘景注」。弘景，梁人，非東晉。其誤不足辨。注中多避唐諱，如以「民」爲「人」，「世」爲「代」，「治」爲「理」，「縲紲」作「縲絏」之類。昔人又以爲尹知章注，因其爲唐人也。然尹注《管子》，今具存。此書《符言篇》與《管子·九守篇》大略相同，因以彼較此，譌脱甚多，注皆望文生義。果出尹知章手，豈有自注《管子》而略不省勘乎？然則今本題陶注固難信，而非尹注則無疑義。異同以朱筆志於眉端，佳字尚不少也。吾友章君式之，又補校數十字，均録於上。

鶡冠子陸佃注三卷

明刻大字本。每半葉八行，行十七字。高六寸五分，廣四寸五分。黑綫口。間有字數。《世兵篇》「三王鉦面備矣」下空白八行。他本徑接《備知篇》矣。

亢倉子一卷

明刻黑口本。何粲注，黄諫音釋。字多古體，首葉有「席鑑之印」朱白文、「席氏玉照」朱文兩聯珠印。

畢校呂覽補正二卷

傳鈔本。日本東郡松皋圓撰。按松皋姓圓名行，方其字，修文齋其別號也。此書補高氏之疏漏，正畢氏之譌舛。引用羣書以爲佐證，頗能自暢其說。

老子二卷

明吴勉學刻二十子本。完善無缺。

老子二卷	文子二卷	關尹子三卷	列子二卷
莊子三卷	司馬子一卷	譚子化書六卷	管子二十四卷
晏子四卷	孫子一卷	吴子一卷	鬼谷子一卷
素書一卷	韓非子二十卷	商子一卷	吕子二十六卷
淮南子廿一卷	荀子二十卷	楊子四卷	文中子十卷

莊子音義三卷

日本刊單行本。

右　古　子

揚子一册

世德堂本。沈寶硯以十三卷宋本校之，惜止存下册。世德堂刊五臣注，寶硯以李軌本專校李注，他不及也。

沈氏題跋曰：「絳雲樓舊藏李注《揚子法言》，序篇在末卷，未淆本書次序。後轉入泰興季氏，又歸傳是樓。」

黄氏題跋曰：「此校本《揚子法言》李注十三卷，沈寶硯先生筆也。舊藏滋蘭堂朱氏。余於己酉冬曾假歸，手録一本，而急還之。蓋文游年老愛書，即欲售去，仍復不輕與人。故借録而未議交易。後每從旁人探問消息，聞已爲桐鄉人買去，心甚怏怏。今兹冬仲，五柳書居主人陶藴輝購書於滋蘭堂，是書尚存，重復歸余。余喜甚，以爲寒暑六更，再逢故物，書緣未了，當作如是觀。乾隆乙卯冬至後六日，吴郡棘人黄丕烈題于養恬書屋之北窗。」

顧氏題跋曰：「右所據，乃司馬温公所謂李祠部注本及音義最爲精詳者。今李注補正善矣，而音義頗多，不能别識於此，恨何校之不密也。賈人錢景開言桐鄉金德輿曾以宋槧大字《揚子》進呈，未知即此所據與否？己未六月顧廣圻借讀并記。」

新序十卷

日本刻本。長沼武井驥纂注。有源賴繩序，後有自序。驥號櫺齋，注亦兼校，所引皆古書。

帝學八卷

宋活字本。每半葉十行，行十九字。高六寸，廣五寸。白口，單邊。口上有大小字數。紙堅緻，墨光潤，宋本之至佳者。首篇有鄒振明「衛民氏書畫印」朱文大方印、「兩京國子博士」朱文長方印，次葉有「嚴氏我斯」白文大方印。

「《帝學》一編，元祐中太史范公勸講。金華摭取帝王務學求師之要，自宓羲迄于我宋，釐爲八卷上之。」

「玉音嘉納，緝熙光明，於斯爲盛。其五世孫擇能宰高安，刊置縣齋。未幾，散逸。户曹玉牒汝洋一日訪得元本，因俾鋟木，以補道院之闕。庶永其傳。嘉定辛巳季夏望日，青社齊礪書。」

麗澤論説集録十卷

舊鈔本。宋吕喬年编。

類編標注文公先生經濟文衡前集二十五卷後集二十五卷續集二十二卷

元刻本。明人補版。每半葉十二行，行二十三字。高六寸二分，寬四寸五分。宋滕珙取《朱子語録文集》分類編次，沁水李瀚以舊板漫漶，屬淮安知府趙俊補足。正德己巳楊一清序。元板重補板一望可知，序云「重刻」。明人於補板活字板均云「重刻」，不必拘泥。

呂氏鄉約鄉儀一卷

影寫宋刻本。宋呂大忠撰。每半葉七行，行十四字，間有十三、十五字。高六寸二分，廣四寸五分。單邊。上有大小字數，下有刻工姓名。淳熙乙未四月甲子朱熹序。嘉定壬申長至前十日郡文學李大有後序。丁氏持静齋書，今歸吾友徐積餘，假得影摹。

西山先生經進大學衍義四十三卷

明刻本。前有德秀自序，進書表，尚書省劄子，中書門下省時政記房申狀。提行款式，一仍宋本之舊。

西山先生真文忠公讀書記甲集三十七卷乙集二十二卷丁集八卷

宋刻本。有延祐三年補刊之葉，有明補之葉。宋真德秀撰。每半葉九行，行十六字，小字二十四字。高七寸，廣五寸。白口單邊，寬行大字，爽人心目。末刻銜名「提督奉議郎特添差福建安撫司參議官仍釐務涂演。提督奉議郎通判福州軍州事兼西外宗正丞黄巖孫。監雕迪功郎福州福清縣縣學主學張植」。

甲記三十七卷，前有綱領，論天命之性至鬼神，標目百有二。乙記二十二卷，前有綱目、綱領，論虞夏大臣事業至有唐輔臣事業，標目十。丁記二卷，論處貧賤，論處富貴，論處患難，論處死生之道，論安義命，論輕重之分，標目六。首湯漢大字行書序「此書漢刊於三山學宫」，後取板入南監，遞次修補。板在南監，見《南雍志》。書尚易見，而書有完缺之分，有先後之别。各家書目最爲完整者，止見《皕宋樓書目》。然湯序「三山學宫已刊行」缺「行」字。「《大學衍義》是也」缺「也」字。「而先生没，稿藏於家」缺「先生没稿藏」五字，「先生」又訛爲「未郡」。「文學吴君應丑」缺「君」字。「願得本而并刻焉，以備一家之言」，缺「而」字、「焉」字。「乃以授之」，缺「以」字。「實與聞述作之大指」缺「與」字。「四記中」缺「四」字。「是則先生佐王之學」缺「佐王」二字。「豈非其平日至大至公之心也哉」缺「非」字。「僅至李文饒止」缺「止」字。銜名「張植」訛作「桂」，「涂演」缺「演」字，則印已在後。卷面書「西山讀書記」五字小字。甲集之幾，方格紀目，均明人手筆。有「濮陽李廷相書屋記」朱文長印，則雙檜堂舊物也。另有「如皋李猶龍元真氏」、「弘業堂圖書記」朱文兩大方印。李猶龍，字海嶽，如皋人。萬曆三十四年舉人。構層樓十數楹，儲書其上。自中秘迄山野遺書墨蹟，靡不畢致。疊案盈牀，晨夕披閱。旁列姝麗，時聞絲竹聲。見《通州志》。

性理羣書句解前集二十三卷後集二十三卷

宋刊本。每半葉十三行，行大小二十四字。高六寸，廣三寸八分。黑綫口，雙邊。前集題「新編音點性理羣書句解」，後集題「新刊音點性理羣書句解」。前集次行「考亭門人通直郎知福州閩清縣事賜緋魚袋臣熊節集編」，三行「覺軒門人掌御賜建安書院朱文公諸賢從祀祠熊剛大集解」。後集二行「《近思録》」三大字。三行「晦庵先生朱文公集編」。四行「東萊先生吕成公同編」，五行「考亭後學熊剛大集解」。此書《四庫》收前集，《皕宋樓書目》止收後集。即《拜經樓藏書》。餘未見著録。熊節爲考亭門人，《宋元學案》不載。《儀顧堂題跋》云：「節字端操，福建建陽人。十歲讀《易》，即知問難，至通曉而後止。慶元乙未廷對，值僞學之禁，以《納諫行仁求賢》對。知舉黄由以其不迎合時好，特置前列，且爲奏御。累官通直郎，知閩清縣，著有《中庸解》三卷、《知仁堂稿》及此書。」熊剛大見《西山學案》，少穎敏，從蔡節齋游，問學精專，操行篤至。嘉定七年進士，官建安府學教授，學者稱古溪先生。著有《詩經注解》、《小學集注》，見《性理大全》及《閩中理學源流考》。存齋詆《拜經樓題跋》題爲「宋刊《近思正續録》」，而不著《性理羣書句解》之名，不知爲熊節所編、熊剛大所注爲陋。今以此本考之，前編爲節集編，剛大所注。後集卷一至卷十二，《近思録》卷十四至卷二十，《近思續録》卷廿二、卷廿三，《近思别録》、《續録》爲節齋蔡謨所編，取朱文公之格言，依《近思録》門類編録，故曰《續録》。《别録》亦節齋所編，所取皆南軒東萊之格言，故曰《别録》。另有《剛大集解》一行，與十四卷同。首葉諸儒姓氏：朱文公、張宣公、吕成公、黄文肅公，之後即列龜峰先生。熊氏注云：「節字端操，文公門人也。己未省試前名，是時韓侂胄當國，專攻僞學。排此者悉在前列，惟知舉黄公由坐文公僞黨，得先生《納諫行仁求賢》策問，其學正大，未嘗迎合時好，特置前列，且爲奏御。終於閩清、長安。賜緋魚。」後列節齋蔡氏、果齋李氏、平巖葉氏三人。其書不出節所編，可知是皕宋樓未見前集。刻本即後集，亦缺首二葉。所以引《性理大全》及《閩中理學源流考》而不引本書，述十四卷「考亭後學熊剛大集解」一行，而不述首葉之第五行也。晦庵先生象後附傳道支派門人四十四人，如林擇之、吕燾、潘履孫、徐彦章、方充夫、林恪、金去僞七人，《宋元學案》亦未採入。是梨洲、謝山均未見此書，可不謂驚人秘笈與。《紅雨樓書目》子類載《性理羣書句解》二十三卷，熊節編，熊剛大集解，與此正合。興公題跋則云已酉仲秋客衢州，在祥符寺佛殿敗簏拾得一册，有象有贊，斷爲元板。募工裝潢，寶若拱璧。是興公止得首册，據目録入書目耳。今去興公又三百年，竟得前後集全部，其寶愛又當何如。

曾子二卷

傳鈔本。徐達左編次。首行「傳道四子書曾子卷上下」。四子顔、曾、思、孟也。此僅鈔其《曾子》耳。

理學類編三卷

明刻本。前有吴當序，後有九韶自序。洪武甲子孫拱識。此書撰於至正丙戌，刻於洪武甲子。字跡秀挺，紙張堅潔。明初之書，亦非易得也。

彙刻孝經忠經小學十卷

明刻本。《孝經》、《忠經》王相箋注，《小學》陳選集注。首載崇禎諭旨，字已俗方，然筆畫凝重，句讀清楚。與汲古閣書相近，自是高手所刻。顧亭林《三朝紀事闕文序》「先帝即位，無復向時危迫之意」，又「當先帝頒《孝經》，釐正文字之日」，即此書也。牌子「莆陽鄭氏再訂金陵奎壁齋梓」十二字。

崇禎六年上諭

祖制設科取士，專爲致治求賢。近來士習日偷，貢舉失當，人材鮮少，理道不張。皆緣督學師教各官董率乖方，培養無術，盡失舊制初意，以致朝廷不獲收用人之效。朕思士子讀書進身，乃人才根源，必宜首重德行，幼學壯行如平生。果係孝悌廉讓，自然做官時不貪不欺，盡忠竭節，何必專工文藝。據《會典》及提學敕書內，敦尚行誼，以勵頹俗，不專論文優劣，開載甚明。近來通不遵行。至《孝經》、《小學》諸書及州縣各有社學，原欲養蒙育德，敷教儲才，近來全不講究興舉。其士子自童時入塾，以迨應試登科，只以富貴温飽爲志，竟不知立身修行、忠君愛民之大道。如此教化不明，士風吏治安得不日趨卑下。朕惟祖宗求材用賢，原不盡拘資格科目。至考試文義，正欲因言證人，亦非專尚浮詞，務華遺實。今欲祇遵祖制，起敝還醇。童子必入學，遇試先查德行。自儒童以及鄉、會，須有實蹟，方許入場。異日敗行，考官挨論。酌古準今，宜有法則規條，頒有遵守。又教官爲士子試長，化導最親，舊制甚重。近皆以衰庸充數，教術全廢，皆繇士風不正之源。今設法興紀，著吏禮兩部同都察院及該科，詳議的確具奏。至海内之士，豈無潛修碩德，純學鴻才，清志剛方，實堪大用者，更宜特拔一二以永風勸。至於科道，不必專出考選官員，應令先歷推知，并著酌議來行。

右　儒　家

新刊淮南鴻烈解二十一卷

宋刻本。每半葉十行，行十八字。高五寸五分，廣四寸。白口，單邊。首行「新刊淮南鴻烈解卷第一」，次行「太尉祭酒臣許慎記上」。注甚簡。每卷末有「茶陵後學譚叔端纂校」一行。目録之後有三墨印：一小方印，兩字不可識；一大方印「耘香譚氏」朱文；一香鑪形「書鄉」二字白文。似是坊刻，羅紋紙，淺黄色涇。墨印極古雅，中多删節。《道藏》刊本。又各家書目未載。書估以爲寶，因亦以重值收之。惟《讀書雜志》所記佳字尚存一二處，宋諱缺筆亦少。後有裝書記兩行，無藏印。

嘉靖改元臘月廿六日重裝

同治乙丑八月魏唐金敬珍襲重裝

抱朴子内篇四卷外篇四卷

明刻本。晉葛洪撰。首行「新録抱朴子内篇卷之一」，次行「吴興郡山人慎懋官校」。内篇五十，外篇二十，附別旨，並無删減，止併卷耳。板刻尚古雅，間有「守一」、「真一」字，其原亦於《道藏》。

周易參同契發揮三卷釋疑一卷

明刻本。依元至大間嗣天師張與材本重雕。宋俞琰撰。首有與材序，大字行書。杜道堅序，阮登炳序，自序。此本與鐵琴銅劍樓所藏同。陸本少阮登炳、杜道堅兩序。前有「古潭州袁臥雪廬考藏」白文方印，首葉有「五忠劉氏」白文方印、「蔣長泰學山考藏記」朱文長方印。

神仙感遇傳五卷

明鈔藍格本。蜀杜光庭撰。首葉有「孫氏從添」白文方印。

席上腐談二卷

舊鈔本。宋俞琰撰。

棲真志四卷

明刻本。明夏樹芳撰。前有陳繼儒序、夏樹芳自序。

右道家

法華經零葉

蜀王鍇寫本。每半葉五行，行十六字，共二十三行。王鍇字鱣祥，前蜀宰相，藏書數千卷。潼川府城外琴泉寺有塔，乾隆十一年爲雷震倒，頂貯《法華經》，鱣祥所書也。沈清任守潼川，得五葉，裝潢以眎吴白華。白華《潼川府學記》所謂「嘗購數紙以傲我者」也。後有沈清任題詞并記，劉燕庭批《竹汀日記》云：「此經在蜀未能得，劉寬夫以韓小亭所贈二紙分惠十行，吉光片羽亦足珍也。」亦可見此經之罕見矣。

佛説慧印三昧經

宋刻本。吴月支優婆塞支謙譯經。後有音釋。每半葉六行，行十七字。日本竹添漸卿所贈。

國清百録二卷

傳鈔本。

集沙門不應拜俗等事六卷

舊鈔本。釋彦悰纂録。首葉有「孫印星衍」、「文方伯監司之官」白文兩方印。

至元法寶勘同總録十卷

支那本。元講經律論沙門慶吉祥等奉詔旨撰。前有至元二十六年沙門浄伩序，大德十年釋克己序。

林泉老人虚堂習聽録三卷

元刻本。每半葉十一行，行二十字。高五寸七分，廣三寸七分。雙邊白口。上有字數。首行「林泉老人評唱丹霞淳禪師頌古虚堂習聽録上」，次行「參學比丘慧泉編，元貞元年居士姜端禮序，至元乙酉林泉老衲自序」。均大德改元，冬閏十二月傅夢徵行書。

翻譯名義集七卷

日本刻本。每半葉六行，行大字十一，小字二十。前有宋荆溪周敦義序，釋普洽記。明本分爲十四卷，又不分大小字，以□別之，不如此本多矣。

翻譯名義集十四卷

明刻本。

釋氏要覽三卷

日本刻本。錢塘月輪山居講經論賜沙門釋道誠撰。前有宋天禧四年崔育林序，後有隨□後序。行款與《翻譯名義集》同。

祖庭事苑八卷

日本刻本。睦庵善卿編。每半葉七行，行大字十五，小字二十八。善卿字師節。前有大觀二年苾芻法英序，後有紹興甲戌師鑒序，玉津比丘紫雲跋。

枯厓漫録三卷

日本刻本。僧圓悟撰。每半葉十二行，行二十字。圓悟字枯厓，閩人。前有咸淳八年北山紹隆序，咸淳壬午陳叔震序。景定四年林希逸跋。

傳教大師將來録一册

日本刻本。前有沙門最澄表，内有遣唐使「越州之印」、「台州之印」、「明州之印」三印。又文政四年僧真超識。字畫極精。

法喜志四卷

明刻本。明夏樹芳撰。前有顧憲成序、樹芳自序。首葉有「雪苑宋氏蘭揮藏書記」朱文長方印。

右釋家

論衡三十卷

通津草堂刊本。漢王充撰。目録後有「嘉靖乙未春後學吴郡蘇獻可校刊」一行。卷一七下一葉尚未脱，明刊以此爲最。

獨斷二卷

明胡文焕刻本。漢蔡邕撰。

風俗通義十卷

明胡文焕刻本。漢應劭撰。

資暇集三卷

明胡文焕刻本。題「唐李濟翁撰」。濟翁名匡乂，蓋宋避廟諱，故書其字。

李氏刊誤二卷

明胡文焕刻本。唐李涪撰，前有自序。

孔平仲雜説一卷

明胡文焕刻本，即孔氏《珩璜新論》。

容齋一筆十六卷續筆十六卷三筆十六卷四筆十六卷五筆十卷

明刻本。頗似馬調元本，惟隨筆作一筆，字迹亦活動。楊惺吾《留真譜》曾摹之。

横浦心傳三卷

明吴惟明刻本。宋張九成撰。

芥隱筆記一卷

明胡文焕刻本。向署宋龔頤正撰，此本未載撰人，不知何故。

曲洧舊聞十卷

影宋寫本。宋朱弁撰。每半葉十行，行十八字。高五寸八分，廣四寸三分。卷一後有「臨安府太廟前尹家書籍鋪刊本」一行。「桓」字「玄」字均作字不成，提行空格維謹。首行「曲洧舊聞卷一」，次行「朱弁少張」，張不作「章」，與瞿氏《書目》合。惟字迹恅愺，看之似非佳帙。此書向以振綺堂刻本高宗純皇帝御題爲最善。宣統辛亥，避兵海隅。家人挈此本與汪本至細校，方知鈔本之佳。如卷一「場務」條有「五代以前官制及士大夫碑碣，並不見有場務監官，親見所在場務多是藩鎮差牙校」，汪本脱廿四字。「仁宗皇帝至誠」條「請以奴奴爲首」，汪本脱「以奴」字。「晁以道」與「蔡君謨」二條連寫，汪本注：「當別爲一條。」按：宋本每半葉十行，行十八字，每節平寫不高。六行「蔡君謨」條一百零八字到底，與「晁以道」條相連，是汪氏鈔本出此本而誤連。卷二「元豐初官制將行制」條「其餘新政不合者，亦各有攸處」，汪本脱一「者」字。「裕陵彌留之際」條「宣仁呼小黄門出紅羅一段」，汪本脱「一段」二字。「元豐間三韓人使」條「僚友不曾見其惰容」，汪本作「墮」。卷三「蜀公與温公同游嵩山」條「蜀公用小黑木合子」，汪本脱「黑」字。「蜀公居許下」條「有飛花墮酒中者爲余釂一大白」，汪本「余」作「全」。「按狀元之目始自唐」條，汪本作「始自」。「辟召歐公下士」條下有「歐公父爲綿州司户參軍，公生于司户之官舍。後人于官舍蓋六一堂，蜀中文士多賦詩。予政和初訪蜀人張元常于興國寺，見其唱和詩集，其詩頗有佳者」，汪本脱。「晁之道名詠之」條「黄魯直字之叔予」，汪本脱此句。「鄭許田野間」條下「紅薇花，或曰便是不耐癢樹也。其夏花開，秋猶不落。世亦呼百日紅」，汪本脱。「洛下稻田」條「浙中人呼師姑粳」，汪本作「師婆」。卷四銀杏一段在首，汪本在卷三末。「龍福寺」條「彼有吾茭舍」，汪本作「友舍」。卷五「東坡自黄徙汝」條「禮豈爲我輩設哉」，汪本脱「豈」字。「東坡與客論食」條「爛蒸同州羊羔，灑以杏酪食之」，注本作「灌以」。「以廬山康王谷玉簾泉烹曾坑鬭品茶」，汪本脱「康王谷」三字。卷六「政和以後」條「而張侍晨虚白在其流輩中，獨不一沾」，汪本作「獨不同」。「政和間」條「同訪晁伯宇及其弟叔用」，汪本脱「弟」字。卷七「張次賢」條「曹太皇瀛玉」，汪本作「太后嘉王琬酺」，汪本脱「王」字。「上元張燈」條「陳後主有《光璧殿遥詠燈山》詩」，汪本「璧」作「壁」。「五代時」條「太祖聞之擢明權知廣州」，汪本脱「明」字。「吕惠卿之謫也」條「貢父引疾請急而出」，汪本脱「請」字。「政和辛卯」條「上以郭家大長公主薨」，汪本脱「家」字。「崇寧初」條「蔡京起祠官，留鑰北都」，汪本作「祠館」。「熙寧初」條「裕陵雖亦悔而新法却不能改」，汪本作「恪不能改」。「蔡新州將貶」條提行，汪本誤連前條。卷十「王荆公性簡率」條「蘇明允著《辨姦論》」，汪本脱「論」字。後綴《揮麈三録》一段，亦汪本所無。黄蕘圃云：「得一本則校之，往往得好處。何敢薄視異本哉。」明嘉靖有義興沈氏楚山書屋刻本，今未見。

郤埽編三卷

影宋鈔本。宋徐度撰。每半葉十行，行十八字。高六寸三分，廣四寸四分。卷末有「臨安府尹家書籍鋪刊行」一行。首有度自序，人名及號均旁注。卷上「童貫之始入樞府也」一條「何丞相㮚」，「㮚」不誤「栗」。「元豐官制」一條「並令入預參決」，「入」不誤「人」。卷中「張文定公」一條「子自食某之食」，「子」不誤「予」。「元祐初再復制科」條「所有告敕未敢祇受，而以祇爲祗」，「祇」不誤「祗」。「凡侍從以上」條「二者難兼殆兩人」，「殆」不誤「始」。卷下「唐諸鎮節度使」條「元奏請户部員外郎直史館曾致堯爲判官」，「元」不誤「而」。「金人之始入寇也」條「高準多髯」下不衍「事」字。「范龍圖」條中子右丞純禮彝叟。並列。「不直下憲銜」一條「得僞動亡丁甚衆」，「僞」不誤「爲」。「彩選格」條「起於唐李郃」，「郃」不誤「部」。「《史記》載秦始皇」條「世傳泰山篆字」，「泰」不誤「秦」，「聽作聖」下不衍「陲」字。「崇政殿説書」條「楊中立」，「楊」不誤「揚」。三卷止誤字十二，衍字二，在汲古刊本中已爲精審。擡寫空格，避諱維謹，惟宋本不知何往矣。

寓簡十卷

舊鈔本。宋沈作喆撰。首葉有「秋聲館」朱文長印。

經子法語二十四卷

舊鈔本。宋洪邁撰。後葉「淳熙十三年三月十日婺州容齋雕」一行。《暴書亭集》跋云：「《經史法語》四册，此書《周易》、《書》、《詩》、《三禮》、《三傳》、《孟》、《荀》、《國語》、《太玄經》、《莊子》二十四卷，並無史在内。」首有「翰林院」印，又有「柚堂」朱文小印。

鼠璞一卷

明胡文焕刻本。宋戴埴撰。

宜齋野乘一卷

明胡文焕刻本。首有吴枋自序。

雪履齋筆記一卷

舊鈔本。元郭翼撰。首葉有「汪魚亭藏閲書」朱文方印、「帶經堂陳氏藏書印」朱文長方印、「祥符周氏瑞瓜堂圖書」白文方印。書後一行：「辛巳閏月以趙晉齋寫本校。巳翁。」

筆疇一卷

舊鈔本。明王達撰。前有孫鑨、陸之箕、林樞三序。

景仰撮書一卷

傳鈔本。明王達撰。

灌畦暇語一卷

舊鈔本。首葉有「張氏學安」朱文方印。

雙槐歲鈔十卷

明刊本。前有黄衷、黄瑜、劉節三序。嘉靖癸卯嗣孫黄佐跋，後有灌陽吕天恩識。

瑯琊代醉編四十卷

明萬曆丁酉刊本。明張鼎文撰，前有暨陽陳性學序。

四友齋叢説三十八卷

明刻本。明何良俊撰。

湧幢小品三十二卷

明刻本。前有朱國楨自序。

筆乘八卷

明萬曆丙午刻本。明焦竑撰，有顧起元序，有「孔繼涵印」白文、「葒谷」朱文兩方印。

厚語四卷

舊鈔本。明錢蔆撰，萬曆丙午焦竑序，沈明臣序。後有蔆自跋。

昨非庵日纂二十卷

日本鈔本。明鄭瑄撰。

讀書鏡十卷

明沈豫昌、沈師昌校本。前有陳繼儒自序，後有范明泰跋。

說儲八卷說儲二集八卷

明萬曆己酉刊本。首有嚴澂序，又鈔陳禹謨《初集》自序、《二集》自序，夾入書内。首葉有「古虞沈旭□曾有之」朱文長印。

七修類稿五十一卷

明郎氏原刻本。郎瑛撰，首有陳仕賢序。有「會稽鈕氏世學樓圖籍」朱文方印、「臨津衣德堂陳氏圖籍」白文方印、「江西東流宰」白文方印。

拙稿初爲備忘，謬陋不計討論，相知展轉録出。昨承諸公刊之於閩，愧罪不勝。字有□□漏者、魚魯者，目録不對而間斷失款□□書者非人而刻，非一時貧賤，未能更覽者，情照而教焉。仁和郎瑛頓首。

紙破損六字。

筆精八卷

明崇禎壬申刻本。明徐𤊹撰。

五雜俎十六卷

明刻本。明謝肇淛撰，李維楨序。

三家村老委談十二卷

傳鈔本。明徐光祚撰。

識小編二卷

鈔本。董豐垣撰。

退餘叢話二卷

傳鈔本。鮑倚雲撰。倚雲字薇省，安徽歙縣人，優貢生，有《壽藤齋詩》三十五卷。覺生侍郎之祖。侍郎文孫印庭司馬恩綬以手稿見眎，愛其性情深厚，議論藴藉，書在詩話筆記之間，亟爲録副而以原本還之。司馬，安徽新舊《通志》未載，其書可謂絶無僅有之本矣。

丙辰劄記一卷

傳鈔本。章學誠撰。學誠字實齋，浙江會稽人，乾隆四十三年進士，官國子監典簿。所著《文史通義》八卷、《校讎通義》三卷已刻,《文集》一百卷未刻。實齋熟精史學,此書亦多談史例,并與同時人駁辨。如云:「近有浮薄不根之人,標榜聲氣,蠱惑士女,盡決禮義之防。又有一種江湖筆墨,油口禪機,造爲聲色貨利,不礙禪定之説。挈帶不男不女一輩,干謁貴顯。」明指袁隨園、王夢樓兩君,亦覺咄咄逼人矣。

癸巳賸稿一卷

舊鈔本。

俞氏手跋曰:「潤臣與其兄崑臣爲正燮理《癸巳類稿》,已付刊。丙申夏,潤臣索此《賸稿》,欲寫存之,笑與之約:『得清本,即以與正燮,而以此草與潤臣。』其與否想必肯也。丙申六月初九日正燮記。」「《癸巳存稿》三册,竟留尊處。弟擕另寫本去,冀有所增益,以謬承繩愛,乃不自知其醜,瑣瑣奉瀆耳。日來無事忙,語無條理,事無頭緒,此其所短也。匆此,即問近好,祝頌不宣。正燮頓首七月十六日。」

趙氏手跋曰:「平定張石洲已校定訂,此書刻入靈石楊氏《連筠簃叢書》。余求之七年不能得,僅一見于張叔平比部處。曾乞鈔,比部不與。聞俞君有孫在江西,守藏全稿。欲往尋之而未果也。今遇此本,則原稿故在,而其家所有者,當是副本。因以重價易之。汪容甫先生有言『屬有天幸,每得善本,獲福已多』。人貴知足,余自報罷後,貧不能歸。賣畫所入以供饘粥。餘資購書,計數十年來所得不少。此書又遇之意外，若冥冥中默相之者。屢斥于有司，屢困于逆旅，非我生之不幸也。同治戊辰九月十有三日，會稽趙之謙撝叔記于都門南班捷胡同邑館。」

胡氏手跋曰：「黟俞理初先生所著《癸巳類稿》十五卷，南通州王氏爲之刊行，世多有之。未刻者曰《存稿》，張石洲明經亦編爲十五卷。靈石楊氏刻入《連筠簃叢書》，而流傳甚少。昨歲獲一刻本，因借趙撝叔同年，得諸葉氏所藏稿本三册對勘。知張明經所删，不止《積精》一篇，尚有《魏新字》等十五篇，實共删去十六篇。內除《板閘喻》及《時憲書後葉》兩篇，與《類稿》所刻大同，不數。乃别録存之，冠以原目，而刻本增多四十三篇之目附焉。於是先生之稿咸完具無遺失。同治八年己巳二月，郡後學胡澍書于京都大吉巷寓齋。」

右　雜　家

忠武侯心書一卷

明刻本。前有劉讓序，寇韋後序，嘉靖甲子畢葵刊本。

八陣合變圖說一卷

與前書合刊。徐昂序，藍章跋。

兵要望江南詞一卷

舊鈔本。撰人題「武安軍左押衙易静撰」。前有李靖序，後貞明三年七月劉鄩跋。《敏求記》作《神機武略望江南詞》，《浙江遺書録》作《李衛公望江南歌》，今據《崇文總目》、晁氏《讀書志》改題。某氏手跋曰：「此從明督撫浙江都御史晉江蘇茂校本録出，題作《白猿奇書兵法雜占彖詞》，唐開府儀同三司衛公三原李靖著。」按：《崇文總目》題作「《兵要望江南詞》武安軍左押衙易静撰」，似爲有據，故爲改正。又蘇刻有劉鄩跋一篇，亦置於後，以備異聞。

唐荆川先生纂輯武編前六卷後六卷

明刻本。唐順之撰。前有吴用先序、姚文蔚序、郭一鶚序、郎文㬇序。

右 兵 家

太玄集注六卷太玄解四卷附太玄曆一卷

舊鈔本。此書見《鐵琴銅劍樓書目》，有黄蕘圃藏本，云：「《集注》題：『涑水司馬光。』《解》題：『襄陵許翰注。』《曆》附《解》後，不著撰人姓名。《集注》首冠温公《讀玄》一篇，《解》末有跋云：『右十一篇《解》，附以《釋文》，出許翰。《音考》曰：王即唐王涯。陳即近世陳漸，著《演玄》。吴即吴秘，作《音義》。

郭即郭元亨，作《疏》。丁即丁謂，許即許昂，章即章詧，黄即黄伯思，林即林瑀本』云。《曆》末有跋云：『右許翰傳《太玄曆》，出温公手録。經後不著誰作。本疑準《賁》，沈準《觀》，翰更定爲《觀》爲《歸妹》』云。案：此書世不經見，是本相傳爲南宋人所寫，書法勁正，前明名人珍藏印記纍纍。每半葉八行，行十七字。注每行廿四字。宋諱『貞』、『敬』字皆闕筆。卷末有題識云：『弘治乙卯臘月，苕溪邢參觀於皋橋唐伯虎家。』又有題云：『此本舊藏唐子畏家，後以贈錢君同愛，更無副本，惟賴此傳誦耳。錢君幸珍藏之。丁巳冬徐禎卿識。』又有題云：『吴爟、錢澈、周芝補遺』，『長洲陸延芝、陸灼校訂』，『崇禎丙子張丑敬觀。』此書一一脗合，惟無錢竹汀先生、唐陶山兩跋。殆即出黄本傳鈔，亦在於數十年前。首葉有「顧澗蘋藏書」朱文方印、「包子莼秘笈記」朱文長印，封面分書「太元經」三字，有「吴興包氏藏書畫記」朱文長印。

元包五卷附元包數總義二卷

明刻本。北周衛元嵩撰，唐蘇源明傳，李江注。景宋紹興刻大字本，絶精。首葉有「黄葉村莊」白文方印。吴孟舉故物。

景祐六壬神定經四卷

舊鈔本。宋楊維德等奉敕撰。此書見《宋史・藝文志》，鄭氏《通志・藝文略》同。書本十卷，今存一至四，趙撝叔得舊鈔二卷。撝叔及戴子高兩跋，頗推重其書。此本與趙本對校，缺官銜一行，異同頗多。仁宗御製序：「乃命太子洗馬兼春官正權同判司天監楊維德，司天春官副王用立，翰林天文官李自正、何諶等」，趙本誤作「司天春官王正立」。後序又作「王立翰」，是李自正之官銜，誤連一「翰」字而脱「用」字。「李自正」又誤「李自立」，「諶」又誤作「湛」。京師圖書館藏景祐《乾象新書》三十卷《拾遺》十卷，景祐《太乙福應經集要》前五卷。校正官銜固非撝叔能見，若「漢校尉任宏校兵書」，「宏」誤作「寵」，「河魁」誤「天魁」，「九宫」誤「天宫」，均宜改正。所引《易》、《禮記·月令》章句、《春秋釋例》、《乾鑿度》、《尚書·考靈曜》、《詩緯》、《春秋·元命苞》、《淮南子》、《白虎通》、桓譚《新論》、《物理論》、《釋名》、《素問》、《樂志》、《玄女經》、《金匱經》、《靈轄經》、《集神經》、《集靈經》、《靈匣經》、《玉門經》、《曾門經》諸書，又引董仲舒、費直、鄭司農、班固、許慎、蔡邕、虞喜、陳卓、樂産、黄辛，心昭又作心明，或避晉諱，諸説皆罕見也。

右術數

重廣補注黄帝内經素問二十四卷靈樞經二十四卷

明刻本。附《音釋》、《素問》、《靈樞》，至元本即并卷，嘉靖顧從德本只有《素問》無《靈樞》。邵位西《書目考》云：「明周曰本不并卷，有《音釋》，與此本合。他書目罕見。」

難經集注五卷

舊鈔本。周秦越人撰。明王九思集吴呂廣、唐楊元操、宋丁德用、虞庶、楊康侯各家之説，彙爲一書。按呂、楊、丁、虞各書，晁氏《志》載之，今已久佚。想敬夫尚見本書，藉此以存梗概。日本人用活字版印入《佚存叢書》，此又從叢書本鈔者。

注解傷寒論十卷

日本翻元刻本。成無己注解，首有嚴器之序，目録後有「天保乙未秋躋壽館刻梓」方牌子，刻極精。

備急千金要方二十卷考異一卷

日本影宋刊本。每半葉十三行，行二十三字。首有嘉永二年小島尚質等序。唐孫思邈著《千金方》卅卷，復掇遺佚以羽翼其書，成一家之説。又作《千金翼方》三十卷。宋晁、陳書目著録，錢遵王《敏求記》亦同。《四庫》止收九十三卷本，二書已合爲一，不如此書爲孫氏之原書也。《考異》即尚質等撰。

千金翼方三十卷

日本影元刻本。每半葉十三行，行二十五字。後有「大德丁未良月梅溪書院付梓」長方牌子，文政己丑杉木良跋。《敏求記》云後列《禁經》二卷，凡二十二篇，今本無。

元和紀用經一卷

舊鈔本。唐王砅撰，程永培校，唐許寂序。砅自號啟元子，仕至太僕令，年八十以壽終。寶應朝人。啟元子注《素問》，海内視同孔、鄭。他著《天元玉策》二十卷，晁氏《讀書志》有其書，今不傳。此書只見《宋藝文志》。日本山田業精借青山道純藏本鈔寫。永培不知何許人，然在十國春秋後矣。

産寶三卷

舊鈔本。唐昝殷撰，周頲序。昝殷，蜀人。大中初白敏中守成都，其家有因免乳死者，訪問名醫，或以殷對。敏中迎之，殷集備驗方藥三百七十八首以獻。其後周頲又作《三論》附於前。此書《文獻通考》均三卷，晁《志》作二卷，「二」字誤。近有精刊，與此次序不同。此從《醫方類聚》鈔出，精刊本，疑原書也。

新刊子午流注鍼經二卷

日本鈔本。南唐何若愚撰，常山閻明廣注。只存上卷，首卷竇太師《流注指要》，見儀顧堂《濟生拔萃方》跋。

產書一卷

舊鈔本。宋王嶽撰，日本山田業精借青山道純藏本謄寫成。

太平惠民和濟局方十卷指南總論三卷

影寫宋本。目録後有「建安宗文書堂鄭天澤新刊」一行，何願船朱修伯藏。

目後官銜三行

將仕郎措置藥局檢閱方書陳□承

奉議郎守太醫令兼措置藥局檢閱方書裴宗元

朝奉郎守尚書庫部郎中提轄措置藥局陳師文謹上

南陽活人書二十二卷

日本鈔本。首標「增注類證傷寒活人書」，日本寬政十一年芳蘭堂刊，原出吴勉學本。山田業精傳鈔。此書陳氏十八卷，《四庫》二十卷，此本又二十二卷，未知孰爲定本。

蘭室秘藏三卷

明初刊本。金李杲撰，黑口，極精。

類證注釋錢氏小兒方訣十卷

明刻本。次行「門人閻孝忠集」，三行「鼇峰熊宗立注」。卷末有「正德戊辰孟夏存德書堂新梨」十二字牌子。日本文政乙酉信恬君以菊潭吉醫官所藏古鈔本校訖，以朱筆改字，楷法工整。

活幼心書三卷

元刻本。曾世榮撰。上卷爲《決證詩賦》，中卷爲《明本論》并《拾遺》，下卷爲《信效方》并《拾遺》。每半葉十一行，行廿一字。高六寸，廣四寸五分。黑口，雙邊。黄蕘圃藏本。泰定丁丑和尼赤序，天曆己巳廉公亮序，羅章二序。至元甲午曾世榮後序。缺葉皆蕘翁手補。《四庫》未收，祇見於《補元史藝文志》。

黄氏手跋曰：「曾世榮《活幼心書》上中下三卷，上卷爲《決證詩賦》，中卷爲《明本論》并《拾遺》，下卷爲《信效方》并《拾遺》。余向曾見此刻，多闕失，故未收。後又收得一本，非此刻矣。適從五硯樓以醫書一厨歸海寧友人，余爲之介，遂檢得是書。中多缺葉，影鈔别本補全，即所收之又一本，而非原刻也。重付裝池而識其緣起如此。嘉慶辛未中秋前二日復翁不烈識。」

封面 五硯樓舊藏 求古居重裝黄蕘圃筆。

新刊袖珍方四卷
明刊小字本。

局方發揮一卷
日本活字本。書籤刻「稱意館藏本」。

鍼灸集書二卷
明刻大字本。楊珣類集，每半葉五行，行十四字。小字十行，行十八字。黑口。此書見《明史·藝文志》。

山谷便方一卷
傳鈔本。明歐士海撰，崇禎己卯林文熊序。士海字浴溟，福唐人。首葉有「稱意堂藏書記」朱文長方印。

丹溪心法附餘三十四卷
明刻本。明方廣撰，首有自序，隆慶六年朱衡序。

治痘方函一册

傳鈔本。明戴曼公口授，日本池田直正筆記，曾孫池田瑞仙撰次。

經絡考一卷

明刊本。張三錫撰。

秘傳痘科脣舌前傳四卷

傳鈔本。四世痘科池田霦河證父輯，首葉有「九折堂山田氏圖書之記」朱文長方印。

痘疹方函一卷

傳鈔本。日本荒川春安撰，天保十三年壬寅孟夏日自序。

右　醫　家

刑統三十卷

傳鈔天一閣本。按：宋初刑法參用唐代律、令、格、式，及後唐同光《刑律統類》、清泰《編敕》、天福

《編敕》、周廣順《類敕》、顯德《刑統》。維時有上書言《刑統》之不便者，工部尚書判大理寺竇儀請別商榷。乃命儀及權少卿蘇曉正、奚嶼丞張希遜與刑部大理寺法直官陳光乂、馮叔向同撰集，參酌輕重，定爲《刑統》三十卷，《目録》一卷。《玉海》：《刑統》凡三十一卷，二百一十三門，律十二編五百二條并疏令式格敕條一百七十七起，請條三十二。並新編《敕》四卷，於建隆四年七月己卯上之。詔摹印頒行，時稱平允。其書尚見於明焦竑《國史經籍志》。至國朝《四庫》未收，他書亦罕見著録。惟《天一閣書目》列在史部，烏絲闌鈔本。至光緒己丑重編《見存書目》，止云存卷五至三十。内兄夏君孫桐時守寧波，商之范氏子孫之守是閣者，鈔出全部見貽，方知首四卷爲鼠傷半截，並非缺失。卅卷尾葉亦未完。此書全用《唐律疏議》，問答均與《唐律疏議》同，祗「准」字以下引例及近年案爲宋時增入，與《疏議》均較《律》低一格。下或曰「臣等謹案」，則又低一格，并非逐條均有。

刑統賦一卷

傳鈔本。宋律學博士傅霖撰。賦共八韻。《四庫》因其不全，退之《存目》。荃孫取郄氏《韻釋》、沈氏《粗解刑統賦》補全，刻入《藕香零拾》。賦解云：「前賢律學博士傅霖，見律有千條，恐人止依已定之文，不知通變之法，故撮諸條機要之語成賦，使人以類推窮其理，不致差錯也。」

刑統賦解二卷

傳鈔本。首行「刑統賦解」，次行「宋左宣德郎律學博士傅霖撰」，三行「元東原郄□韻釋」，四行「元益都王亮增注解」。居首傳注也，歌居次，郄氏《韻釋》也，《增注》在後，則王亮所撰。有趙孟頫序，查初白跋。是書已見晁氏《讀書志》，原題作元人者，非是。

粗解刑統賦一卷

傳鈔本。元沈孟奎撰。首行「粗解刑統賦」，次行「律學博士傅霖撰」，三行「鄒人孟奎解」。前有至正庚辰孟奎自序，又至正壬辰沈維時題。奎字文卿，元至正間人。所解皆淺顯易明，令人便於誦讀。瞿氏藏本誤與別本合訂，其實只缺五句，《解》兩段。

刑統賦疏一卷

傳鈔本。元沈仲緯撰。仲緯吴人，郡府掾，取傅氏賦文而爲之疏。疏文後每條有《直解》，《解》後有《通例》，則取當時罪按舊例以爲左驗。前有楊維禎彦倬序。

黄氏手跋曰：「傅霖《刑統賦》一卷，楊淵《續刑統賦》並載諸《讀書敏求記》，不聞《刑統賦疏》也。傅賦余亦有之，楊賦已不見。頃從郡故家散出零種中偶得之，詫爲奇絶，遂重付裝池而跋之。是書爲吴中沈仲緯氏著，取傳賦而爲之疏。文後每條有直解、通例二門，所云『通例』者，皆取元一代條例爲之證。是深有裨於《元史・刑法志》者也。前有二序，最著名者爲會稽楊維禎，則沈仲緯在元時必非泯没無聞者。乃考歷來元明諸家書目，無所謂沈氏《刑統疏》者，亦可危矣。書僅五十葉，審係元人鈔本。其故家標籤，但云《律例》，觀者不甚貴重。得余表之，始爲秘書，亦是書之幸也。夫道光紀元四月望日，小病愈，坐百宋一廛。蕘夫書。」

「傳氏《刑統賦》，係曹倦圃藏鈔本。前有查初白及蘗師跋語兩則。蘗師跋云：『案《刑統賦》本八韻，今此本缺後一韻，余以此疏所載賦文證之，自七韻「中雖戲雖失而不從戲失」下對句至八韻「中親故乞索不論於挾勢」上出句止，共脱賦文若干條，此本居然在也。雖郄之《韻釋》，王亮之《增注》，皆不可考，而傅賦則居然全矣。』又案蘗師跋云：『按明洪武中江西泰和蕭岐字尚仁，嘗取《刑統賦》八韻，引律令爲之解，合爲一集。今其書失傳。則此沈氏之書，猶留餘天壤間，不亦幸耶。』四月二十日勘賦郄《韻釋》王亮增注本畢，蕘夫又識。」「重將傅賦細勘，知原注此篇落了『下其私造兵器』一條，前傅賦尚多脱文，遑論沈疏邪。可見古書流傳甚難。即一《刑統賦》，彼此凑合，始得全韻。苟非郄所釋沈所疏盡爲余見，則此賦終不全。暇日當録全文行世，勝於從未見此書者矣。同日蕘夫又識。」

「故屏服食論以鬬殺」、「貿易官婢同於和誘」、「併贓累併法也，而法兼於贓」、「本部如本屬也，而屬尊於部」、「詐傳制書情類詐僞，方接私造」云云。

此疏所缺賦文附記於此。

「暇日取傅賦全文録出，知郄釋之注本第四韻中，亦脱其文，自『因走而殺』至『使之迷繆』共十句。前記脱文猶漏也。二十五日記。」

刑統賦注一卷

此書瞿氏訂在沈孟奎《粗解刑統賦》後。查沈《解》止缺兩條，書未結尾。此書從第三韻起另是一書。沈《解》甚淺，此書較詳。間或引「案中有平江路」云云，亦元人所撰也。

故唐律疏義三十卷

明藍格鈔本。釋文序後有「至正辛卯孟春重校」、「崇化余志安刊於勤有堂」兩條，紙色極舊。

明律三十卷

日本享保重刊本。《四庫》入存目者，出於《大典》，此猶從明刊本重雕。

欽明大獄録二卷

明藍格鈔本。明張孚敬撰。見《明史·藝文志》、《天一閣書目》五。嘉靖六年九月，孚敬以兵部侍郎署掌都察院事時編進。所載顔頤壽等會鞫李福達等奏，及孚敬與桂萼、方獻夫等覆鞫，分李福達、張寅爲二人。並搜獲大學士賈詠等私書，及議定馬録等罪名。諸奏悉具録全文，並附載批答諭旨，足與《明史》相參證。惟《明史·馬録傳》稱大理少卿徐文華與李璋、李珏、章綸、馬豸等同謫戍極邊，遇赦不宥。據此《録》則孚敬等初議，文華定罪徒四年，以情重奏請發落，詔改發邊衛充軍，與璋等遇赦不宥者不同。文華本傳亦云「遣戍遼陽，遇赦道卒」，與此《録》合。則《馬録傳》偶誤也。又此《録》載給事劉琦，陝西洛川縣人，故得知李福達逃洛川時事。《明史》琦附《馬録傳》，稱洛陽人，亦誤。《張文忠集·奏進大獄録疏》稱刊印千七百部，又請令内外各衙門翻刻頒行。然世間傳本絶少。此本儀徵劉恭甫壽曾舊藏，亦罕覯之秘笈也。

汪氏手跋曰：「同學儀徵劉恭甫家多儲書，以癸酉秋得《欽明大獄録》二卷於金陵市上，定爲明人鈔本，因以見示。予聞斯《録》初刊時，以張永嘉請廣頒偏布，今刻本已久消亡矣。往者梁茝林中丞曾訪永嘉故書於温州而未得，僅得其目。中有《欽明大獄録》，與今所得卷數正合。然則是書殆永嘉家藏故物也。夫永嘉雖以大禮驟進，而其入閣適緣大獄，則其鈔副於家，冀彰光榮，亦固其所及。夫勢燄既息，故帙猶存，竟與黨碑社録同資口實，得毋自悔其爲君子之謀之太密耶。《録》中獲罪諸公，力治妖賊，皆執法吏也。予獨深惜夫刑部主事歸安唐樞《開釋六疑一疏》，證據明確，雖皋陶不能易。不幸而壞於勳貴之斡旋，又不幸而激於言官之攻訐。坐致牽連削籍，正議不伸。然當日之主持斯獄者，能庇同類，仇舉朝，而卒不敢存唐《疏》於《大獄録》中，豈羞惡之良尚未全泯耶？抑亦以是非明白，無可回護，而特從删削也？予謂恭甫盍不補鈔唐《疏》於斯《録》之後，一若永嘉之儲以相待者，今乃得補其遺漏也。恭甫笑以爲知言。同治甲戌秋月歙汪宗沂謹跋」。

藝風藏書續記卷三

輿地第四

三輔黄圖六卷

明吴琯刊本。首册有「江山劉履芬彦清氏考藏」朱文方印。

聖朝混一方輿勝覽三卷

元刊本。不著撰人名氏，每半葉十二行，行二十六字，大小字同。高六寸四分，廣四寸。黑口，雙邊。錢莘楣考爲世祖朝所編輯，彙入劉應李所輯《翰墨大全》后戊集。此元時單刻本。首有牌子，有「仲魚小象」朱文、「得此書，費辛苦，後之人，其鑒我」白文兩長方印、「簡莊綴文」朱文小印、「庚申以後次侯所得」朱文方印。

輿地名勝志一百九十三卷

明刊本。明曹學佺撰。《四庫》入存目。案：自序云學佺得樂史《太平寰宇記》、祝穆《方輿勝覽》、王象之《輿地紀勝》諸書，畢十年之力，撰成此書。今《太平寰宇記》已缺八卷，《輿地紀勝》則不録在《四庫》，書近時始出，而卷數亦缺。學佺著書時，得見其全，所載足補樂史、王象之之書所未備。明時古刻書多不存，書中多引地理古書，亦出於三書，尤可取也。體例仿《元和志》、《寰宇記》，止載城邑、山川、宅墓、名蹟，不記名宦、人物，最得古人地志之法，絶勝《明一統志》。明人著述善本，此爲第一矣。版久不存，後人寶之。

吴郡志五十卷

汲古閣刊本。宋范成大撰。每卷有「同郡後學毛晉訂正，重刻於虞山汲古閣」篆書兩行。是本雲間宋賓王以宋本舊鈔本《吴郡志》兩校之，又以舊鈔《文粹》校之，分朱墨黄三色，校勘精審，字畫謹嚴，足爲校讐家規矩。復後黄蕘圃主政。今毛刻已不易得，況疊經名人校勘如此本者乎。裱託亦極得法。序首葉有「丕烈私印」、「蕘圃」兩朱文連珠印、「江南人」白文、「結翰墨緣」朱文兩小方印，下有「慶曾」朱文一小印。

宋本銜名

校勘進士何漳府學學諭劉九思

校勘迪功郎新廣德軍軍學教授李起

校勘從事郎充平江府府學教授汪泰亨

校勘國學免解進士李宏

毛氏手跋曰：「余舞象之年，應童子試。入郡受業于伯暐高師，師爲府學博士員，率余登大成殿，禮夫子像。次謁韋刺史祠，見西廡方策半架，塵封蠹蝕。抽而視之，迺《吴郡志》，不知何人所作，何代所鐫也。皋從太史公錢師榮木樓獲宋刻范文穆公《吴郡志》，珍爲髻珠，亦不知其板何在也。適禹脩方公爲雲間刺史，葺理郡志，馳書招余與眉公先生共事。因攜此帙入頑仙廬。眉公開卷，見門類總目，擊節歎賞，得未曾有。題數語於後。時有史□伯在座，眉公指謂余曰：『貴郡文獻都在此老腹中笥。』史因掀髯縱談，撫卷曰：『此志爲趙宋紹定刻，板藏學宫韋刺史祠中。』余恍然昔年所見，深愧童蒙，覿面失之。亟理棹入吴門，再拜韋祠。但見朽木五片，疊香爐下。摸板尋行，與藏本無異。叩訪其餘，已入庖丁爨煙矣。嗚呼！惜哉！異代異寶，不遇賞音，竟付煨燼。尚留蠹餘木屑，豈神授余耶。亟鋟諸梓，以答神貺。惜文穆公全集，杳不可得。活字詩稿，亥豕不堪著眼。僅存《田園雜興》石板在石湖草堂，當與《白太傅詩》石記爲一郡雙璧。郡人毛晉識。」

黄氏手跋曰：「是書得自余友張秋塘，同日又得《吴都文粹》，二書皆校自賓王，忽於兩地得之，喜甚。有跋語，詳載《吴都文粹》後。先是有書友攜舊鈔本來，祇有二十八卷，所少者在刻本十九卷至四十卷。

舊鈔竟以四十一卷起即續於十八卷後，以二十八宿排，竟無從知其殘闕。豈宋板彫殘，故影鈔之數卷若是耶？因其不合，還之。及得是書，知賓王之所校，亦據舊鈔本。復假以相對，惟十一卷吴淵名下小注及鄭霖等云云，刻本缺者，舊鈔本皆有之。不獨如賓王所補也。今照舊鈔本足之，亦一快事。其餘大約相同，間有讐校附行末云。乾隆辛丑冬季郡人黄丕烈跋。」跋語是蕘圃倩同年沈書山書。見《吴都文粹跋》。

嘉泰會稽志二十卷寶慶續志八卷

傳鈔明刊本。《志》宋施宿等撰，《續志》宋張淏撰。

嘉泰吴興志二十卷

傳鈔本。宋談鑰撰。鑰字元時，歸安人，淳熙八年進士，官樞密院編修。前有嘉泰改元郡丞廣信傅兆敬序。此本出《永樂大典》，有明本竄入處。吾友姚彦侍方伯欲刊之而未果。

澉水志二卷

傳鈔本。宋常棠撰。八門，分上下二卷，似出舊第，較勝於《鹽邑志林》本。

至元嘉禾志三十卷

舊鈔本。元徐碩撰。虞山李升來年丈借罟里瞿氏本校過，以朱筆改於上方。目有「羣雅書堂」、「紫陽朱蔚圖籍」兩朱文方印，首葉有「新安朱氏文房」朱文方印，序有「西簃秘笈」朱文方印、「曾爲徐紫珊所藏」朱文長印。

李氏手跋曰：「咸豐乙未六月，從瞿氏假舊鈔本校一過。芝綬記。」

仙溪志四卷

傳鈔本。題「迪功郎興化軍仙遊縣尉黄巖孫編」，有自序及陳堯道、劉克莊序。巖孫字景傳，温陵人。書作於寶祐丁巳，而進士題名及咸淳景炎後人次第增入，非原本矣。《四庫》未著録。

姑蘇志六十卷

明刊本。王鏊撰。弘治中修，在明人地志之中最爲近古。

重修毘陵志四十卷

明刊本。明朱昱撰。成化六年，知府卓天錫聘昱佐王文肅與脩郡志刊行。至十四年，知府孫仁莅任，仍延昱主其事，成於十九年。事實較前志尤備。案：前志王文肅主修，昱纂述之。此志昱主修，而王文肅序之。鄉有同志，可謂相得益彰矣。《四庫》入存目，首葉有「稽瑞樓」白文小長印。

正德常州府志續集八卷

明刊本。明張愷撰。知府李嵩以成化六年莅任，延愷纂修。初王僎撰《常州府志》四十卷，止於成化二十年。此續修之凡見於舊志者不録，其敘事止於正德七年，則其書當成於是歲。《四庫》入存目。

正德興寧志四卷

傳鈔稿本。明祝允明撰。允明字希哲，長洲人。初任廣東興寧縣，手創是《志》。稿本乃其手書，收藏家重其字，然此志序次謹嚴，考核翔實，有足稱者。自序所謂「纂事如追亡搜匿，惟日不足；刊謬若理疾恒病，不得其情」，亦深中考據家肯綮。

萬曆重修常州府志二十卷

明刊本。明唐鶴徵撰。知府歐陽東鳳於萬曆三年莅任，延鶴徵撰此志。繼任王述古，延顧光禄，僅成《人物志》九卷。劉廣生又畀鶴徵成之。成於萬曆四十六年，鶴徵已年踰八袠矣。《四庫》未著録。

常州府自《咸淳毘陵志》至《康熙常州府志》均藏有舊本，止缺成化王志，而江陰除蔡志、陳志、新志外，止存趙志二册，可見舊志之難得矣。王志未刻。

濬縣志六卷

明刊本。明張嘉胤撰。嘉胤四川銅梁人。元《東郡志》十六卷，嘉胤猶及見其全書。是書體例謹嚴，猶明志之佳者。首葉有「愛日精廬」朱文方印、「張子和珍藏書畫圖記」朱文方印、「張氏藏」白文方印，目録有「吴城」、「敦復」兩朱文聯珠印、「臣張燮印」白文、「詞垣珥筆秘殿紬書」「版部持籌雲樓定律」朱文兩大方印、「瞿萇生」白文小方印。

吴江縣志二十八卷

明刻本。明徐師曾、沈啓撰。師曾字□□，吴江人，明洪武時寳德遠撰《松陵志》，正統時吴本增續修。正德時莫旦《吴江志》最有名。師曾此書成於嘉靖戊午年，體例謹嚴，刊刻古雅，與莫書均爲名志。

天長沿革表一卷

稿本。甘泉張宗泰撰。宗泰字登封，官天長教諭。創修此表，頗爲翔實。

昌國典詠十卷

稿本。上元朱緒曾撰。緒曾字述之，道光壬午舉人，浙江知縣。以道光丙午收復舟山，下方伯士雲檄辦善後事宜。朱君乃考山川洋嶴之險，墩臺關隘之設，興廢戰守之迹，忠臣義士之祠墓，名賢學士之第宅，引一書必合諸書以詳始末，持一說必兼衆説以決異同。俗語之訛謬也，以古志辨之。古志之疏略也，以正史糾之。激發性情之原，博縱古今之要。不以海外荒僻之地而鄙夷之，真讀書人著述也。

昌平志考辨二册

稿本。昌平麻兆慶撰。兆慶字餘齋，庠生。光緒癸未劉心泉前輩治平修州志，延餘齋相與討論。議不合，遂返里。心泉前輩既以志屬荃孫，又奏鄉賢十三人入邑祠。奉旨允准。《考辨》二卷，力辨寇氏爲上谷之昌平，非軍都之昌平。並考辨古跡，共一百有四條。餘齋讀書精確，一洗前志之陋習。惟以寇恂曾食莽禄，寇讚列事三朝，不應入祀鄉賢。不知宋前無此苛論，不得以後世之意議，斷前人之是非也。

水經三卷

明刊本。明楊慎校閱本，正德戊寅錫山筠谷道人盛夔後識。書式古雅。

籌海圖編十三卷

明刻本。明胡宗憲撰。

洛陽伽藍記五卷

吴真意堂活字本。長洲張訒盦以如隱堂本校之，又從毛斧季手校家刻覆勘。書眉並記「如隱堂刻本」。每葉十八行，行十八字。首有「讀異齋從校正異本」白文方印、「長洲張氏執經堂藏」白文長印，末葉有「讀異齋」白文長方印、「張學安訒盦」朱白文小方聯珠印，又有「蘇臺逸叟」起邊白文大方印。

毛氏手跋曰：「《洛陽伽藍記》世傳如隱堂刻本，内多缺字，第二卷中脱三紙。好事者傳寫補入，人各不同。余昔年於市肆購得鈔本，取而校之，知從如隱版影寫者。行間字面爲朱筆改竄，大都參以《御覽》、《廣記》，其無佗書可考者，以意爲之。空白處妄自填補，大失此書本來面目矣。後又得何慈公鈔本，則又從改本録出，真僞雜投，竟無從辨。三本之中，此爲最劣。大抵古人著書，各成一家言。所見異辭，所聞異辭，所傳聞又異辭，故爵里姓氏互有不同。魯魚後先，焉知孰是？士生千百世後，而讀古人流傳轉寫之書，苟非有善本可據，亦且依樣葫蘆。須在心領神會，不可擅加塗乙也。顧寡薄自用，致誤非淺。恃才妄作，貽害更深。惡似而非者，蓋以此也。家刻原稿，想從慈公所來。似是處亦依增入注一作者，即臆改字也。惜乎付梓之時，未見點竄筆跡，遂致涇渭不分。深痛此書之不幸，而今日者仍入余手，得以從流溯源，考其致誤之由，則不幸之中又有深幸焉。校畢，漫記於此，並戒後之讀我書者。柔兆執徐之歲如月十日燈下毛扆識。」

張氏手跋曰：「嘉慶己卯季冬，依如隱堂刻本席玉照舊藏。校正，復從毛斧季手校家刻舊爲何小山薛一瓢遞藏。覆勘。並録斧季跋語于右。二本今皆借自黄蕘翁家卷，卷中雖譌字亦記之行間者，服膺於毛氏之言也。張紹仁記。」

雍録十卷

明吳琯刊本。宋程大昌撰。首葉有「劉履芬考藏」朱文方印。

揚州賦一卷

舊鈔本。宋王觀撰。有「秀水莊氏蘭味堂考藏印」朱文方印。

伊犁總統事略十二卷

舊鈔本。相國松筠久鎮伊犁，奏請纂輯通志，未蒙允准。曾屬汪知縣廷楷纂輯未成。再屬祁郎中韻士重加排纂，用敘兵屯鎮撫之要，邊防形勢之宜，釐定成書，名曰《伊犁總統事略》，此《新疆識略》之底稿也。

回疆志四卷

舊鈔本。蘇爾德撰。爾德字韜園，滿洲人。乾隆己卯大軍平定回部，都統永貴、道員周世衡同修志書。復相審訂爲書四卷。福森布達福序之，成於乾隆三十七年。

東北邊務輯要二册

稿本。湖北曹廷杰撰。此册由進呈本傳録，並照原圖摹繪極精。

西藏地里圖考二册

稿本。原本《一統志圖》，《綏服紀略》彙存之，亦足考藏地之大概。

金陵圖詠一册

明刻本。朱之蕃撰。圖詠後附《金陵雅游編》，又重刻《金陵圖考》。明天啓甲子歲刻本，雖非初印，尚明爽也。首有之蕃自序。

平江記事一卷

舊鈔本。元高德基撰。首有「翰林院」印記。《四庫》底本也。

遊名山記十七卷

明刻本。鎸雕精雅。前有黄佐、吴炳兩序，何鏜自序。

黔游記

傳鈔本。江陰陳鼎撰。

紀古滇説一卷

傳鈔本。唐張宗道撰。

西游録注一卷西域水道記訂訛一册朔方備乘札記一卷

稿本。順德李仲約師精究西北輿地，有所見即校注於書眉，彙録三種藏之。《元秘史注》最有名。袁太常刊入《漸西村人叢刻》矣。

安南志略二十卷

舊鈔本。元黎崱撰，後附《聽雨軒贅談》一則，亦足以考舊聞。朱述之開有益齋藏書。

土官底簿四卷

傳鈔本。

藝風藏書續記卷四

史學第五

史記一百三十卷

明嘉靖震澤王氏刊本。前有《索隱序》、《補史記序》、《正義序》、《集解序》、《索隱後序》。目後有「震澤王氏刻梓」篆文木記。《集解序》後有「震澤王氏刻於恩褒舊世之堂」隸文木記。索隱後序有跋云：「延喆不敏，嘗聞先文恪公曰：『《國語》《左傳》，經之翼也。遷《史》班《書》，史之良也。』今吴中刻《左傳》，鄂中刻《國語》，閩中刻《漢書》，而《史記》尚未版行。延喆因取舊藏宋刊《史記》重加校讐，翻刻於家塾，與三書並行於世。工始嘉靖乙酉臘月，迄丁亥之三月。林屋山人王延喆識于七十二峰深處。」案：錢警石學博《甘泉鄉人稿》云：「《史記》明刻本《集解》、《索隱》、《正義》皆備者，以震澤王氏、莆田柯氏本爲善。王跋七行脱爛數字，天禄琳琅所藏亦然，且多爲書估割去，僞爲宋本。此本跋字獨不脱爛，可寶也。」

扁鵲倉公傳一卷

日本影南宋刊本。極精。每半葉十行，行大十八字，小二十三字。烏絲闌。外標顯作小耳匡邊，上有大小字數。嘉永己酉開雕。道光三十年。後附《彙考》二卷，丹波元簡廉夫著；《考異》一卷，江户崛川濟撰。

《集解序》後有「建安黄善夫刊於家塾之敬室」木記。日本有全書，見《經籍訪古志》，我國所無也。「光緒戊寅十月，從海舶易得。瞿齋手記。」此吾同衙門周薈生手書。薈生年少有才，無所不好。年廿七即殁，所藏遂星散矣。

讀史記十表十卷

傳鈔本。汪越撰。此書先鈔自文瀾閣，後得刻本。吾友南陵徐積餘觀察以汪君南陵人，索之去，仍存此鈔本。

漢書朔閏表二册後漢朔閏表一册三國朔閏表一册

稿本。宗室恩華撰。恩華，端華之弟，官至理藩院尚書。此書推闡精詳，考證博洽，未易才也。

三國志六十五卷

明刻本。每卷有「吴氏西爽堂校刊」一行。目分《魏志》三十卷、《蜀志》十五卷、《吴志》二十卷，未經合并，猶舊式也。末葉鈔配。似有刻書年月，爲書賈撤去，充舊帙耳。

陳書三十六卷

南宋蜀刻七史之一。大字本，每半葉九行，每行十八字。高七寸三分，廣六寸。小題在上，大題在下。次行題散騎常侍姚思廉撰。序文後有「臣恂臣穆臣藻臣覺臣彦若臣洙臣鞏校上」。版心有字數及刊工姓名，有嘉靖八年九年補葉。此書無别本，有宋版，有元修版，有明初修版，嘉靖大修。至萬曆不堪印刷，遂另刻矣。此書卷一後有云「典澈或本作曲澈，前有典澈湖亦同此，疑」一條。卷二十八《文學傳》有云「江德操字德藻，或本江德藻，疑」一條。卷二十八《熊曇朗傳》後有云「陳寶應傳此皆明恥教戰濡須鞠旅恐有誤」，又云「潼州刺史李䐗或本作季腊或本作李賭，疑」一條。卷三十《始興王叔陵等傳》後有云「始興王傳飛禽涂伏波將軍或本作仗後將軍，疑」一條。陸存齋所藏，自以爲宋刻宋印。卷一、卷三、卷九、卷十六、卷二十六皆有校語。此本卷三、卷九、卷十六無，而卷二十九、卷三十陸本亦無，則亦互有得失也。如校毛本卷一封陳公策「衣製杖戈」，此本同。

《陳》諱均作，諱「虎」作「獸」或作「武」，「弘」、「匡」、「胤」、「徵」、「敬」、「恒」、「貞」、「慎」皆爲字不成。

間有不避者，則補葉也。陸跋云：「詳見《羣書校補》，今未見，無從對勘。」荃孫札記嗣出。

北齊書五十卷

南宋蜀刻七史之一。次行題「隋太子通事舍人李百藥撰」。行款高廣，與《陳書》同。《本紀》第三末有校語云「臣等詳《文襄紀》，其首與《北史》同，而末多出東魏《孝静紀》。其間與侯景往復書，見《梁書·景傳》。其所序列，尤無倫次，蓋雜取以成此書，非正史也」一條。第五、第七、第八，列傳第二、第四、第六、第七、第二十六、第二十五、第三十末均有「此卷與《北史》同」一條。第二十末云「此卷牽合《北史》而成」。第二十一末云「此卷雖非《北史》，而無論贊，尚非正史」。第二十九末云「此傳與《北史》同，而不序世家，又無論贊，疑非正史」。與陸存齋跋語互有詳略。荃孫札記嗣出。

隋書八十五卷

元刊本。每半葉十行，行二十二字。高七寸，廣五寸二分。黑綫口，單邊。上有字數，下有刻工姓名。版心有字曰「路學」，瑞州儒學也；曰「浮學」，浮梁縣學也；曰「堯學」，「饒」字省，饒州學也；曰「番泮」，鄱陽學也；曰「餘干」，餘干學也；曰「樂平」，樂平學也。一一明晰。後有宋人公牘，元人官銜，似元翻天聖本。然字迹圓活，決非從北宋本出。

天聖二年五月十一日，上御藥供奉藍元用奉傳聖旨齎禁中《隋書》一部，付崇文院。至六月五日敕差官校勘。時命臣綬臣燁提點左正言直史館張觀等校勘。觀尋爲度支判官，續命黄監代之。仍内出版式雕造。

廉訪司牒路准刊書吏崔嘉

僉江西湖道肅政廉訪司事

僉江西湖道肅政廉訪司事

中議大夫僉江西湖東肅政廉訪司事任

奉正大夫僉江西湖東肅政廉訪司事聶

亞中大夫江西湖東道肅政廉訪副使白

亞中大夫江西湖東道肅政廉訪副使喑都剌

江西湖東道肅政廉訪使

江西湖東道肅政廉訪使

南史八十卷

元刻本。每半葉十行，行二十二字。高七寸四分，廣五寸四分。黑綫口，單邊。下間有人名。

新唐書糾謬二十卷

明刊本。宋吴縝撰。每卷有「海虞趙開美校刊」，卷末有「長洲顧植書，趙應期刻」。此書板刻精雅，亦非易見。惟二十卷之末《柳宗元傳》之下缺卅行，不應以卷六《南昌公主傳》以下三條補入，遂爲全書之玷，則開美之疏也。首葉有「明善堂覽書畫印記」、「安樂堂藏書記」朱文白文長方印，蓋怡邸物。

五代史記七十四卷

是本版刻闊大，每半葉十行，行二十二字。高六寸八分，廣五寸四分。白口，單邊。實元大德乙巳丙午九路所刊，無序無跋，不知何路分刻耳。間有嘉靖九年十年補葉。

五代史記七十四卷

明吉州刊本。首行「五代史記卷第一」，次行「宋廬陵歐陽文忠公著安成泰山從孫徽柔重刊」。首有「萬曆丁丑周子義識」。是重刊南監本。

歐陽氏手跋曰：「先儒謂先文忠公以文章續韓文公正傳，而所著《五代史》褒貶謹嚴。嘗自云：『孔子作《春秋》，因亂世而立法。余爲本紀，以治法而正亂。』夫《春秋》因魯史舊文而筆削之，以正萬世君父子之義。其後朱子作《綱目》，亦因《資治通鑑》，而綱以爲經，目以爲傳。其義歸於勸善懲惡。若《五代史》則宋開寶中詔宰相薛居正監纂。先文忠以薛所作繁猥失實，乃定訂而藏之家，則一家之書耳。朝廷聞而付國學刊行，維時先文忠已捐館矣。吕方叔亦謂《五代史》最得《春秋》之法，是此書之關於世教風俗者爲尤要也。先君子習藏家珍，嘗欲重諸梓而賫志未逮。徽柔敬承於吉州先刺史祠，校閲剞劂，敢云莫爲之後。雖盛弗傳，惟冀免後人不克承先之咎云爾。」

宋史四百九十六卷

元杭州路刊本。每葉二十行，行二十字。高七寸五分，廣五寸二分。大題在下，版心小黑口，魚尾上左「宋史第幾」，右字數。魚尾下左寫人姓名，右刻工姓名。補葉魚尾上同，下則無矣。

王維儉宋史稿凡例一卷

傳鈔本。明王維儉撰。維儉字損仲，大梁人，重修《宋史》。

金史補殘稿二册

傳鈔本。國朝杭世駿輯。世駿字大宗，浙江仁和人，乾隆丙辰取博學鴻詞科，官編修。

右　正　史

穆天子傳一卷

顧抱沖校影宋本。宋本九行，行二十字。

顧氏手校曰：「壬子春，得一影宋鈔本，斷爛不全，失去一葉。其文與注則微有異同。因研朱細校其異，顧文字古奥，未敢妄訂是非，行就博雅家正之。癸丑霜降後二日，抱沖校畢記。」

國語二十一卷

宋刊元修明印本。首行篇名在上，大題在下，題曰「韋氏解」。每葉二十行，每行二十字。高七寸，廣五寸。黑口，雙邊。版心有字數及刊工姓名，元修之葉版心「國」字作「囯」。無字數。有「監生某某」銜名。「匡」、「殷」、「貞」、「敬」、「恒」、「桓」、「構」、「慎」皆缺避，當爲孝宗時所刻。考至元廿四年，國子監置生員二百人。延祐二年增置百人。興文署，掌刊刻經史，皆屬集賢院，見《元史·百官志》及《秘書志》。此必南宋監板，入元不全，修補完善，所以板心有監生銜名。此本以成化二十餘年册紙印行，尚在弘治許讚重刻之前，殊爲可寶。漢明帝諱「莊」，諱「莊」之字曰「嚴」。《魯語》凡「莊公」皆作「嚴公」，猶存漢人傳鈔之舊，明道本則皆改爲「莊」矣。「公父文伯飲南宫敬叔」條「魯大夫辭而復之」，天聖明道本作「魯夫人辭而復之」，當以此本爲長。惜佚去《補音》三卷。首行有「復吾」白文方印，序末有「己亥夏四月得自保定書坊，聽雨樓鐵眉記」。有「李」字圓印朱文、「嘉端」方印白文、「嵐石山房」方印白文，天津李鐵眉中丞藏書也。

國語二十一卷補音三卷

明刊本。嘉靖五年唐龍序，趙伸後序，云仕御史雨山郭公所刊。行密字緊，猶有古意。

鮑氏戰國策注十卷

題縉雲鮑彪校注。前有紹興十七年鮑彪自序，次以曾鞏舊序，劉向進書序。劉序後有記云「彪校此書四易稿而後繕寫」云云。後有附記一條云：「庚午原空二格。晦重校，脱誤猶數十處。此書手所撰次書也，而若此，是以知校正之難也。」知當時宋本得鮑氏手稿而刻者。又李叔文、王覺兩跋，末有篆書云：「嘉靖戊子後學吴門龔靁校」，下有「民威」二字墨記。

吴越春秋十卷

明翻元本。前有徐天祐序。天祐字受之，越州人，稱是書越嘗鋟梓，歲久不存。汴梁劉侯來治越，重刻於學，不鄙謏聞，屬以考訂。既刊正，疑譌，復爲之音注，并考其與傳記同異者，附見於下。末卷後有「大德十年，歲在丙午，三月音注，越六月書成刊版，十二月畢工」。前「文林郎國子監書庫官徐天祐音注」，「紹興路儒學學録留堅、學正陳昺及舊教授梁相、正議大夫紹興路總管提調學校官劉克昌」銜名。案：淩迪知《萬姓統譜》「天祐登進士第，德祐二年以文林郎國庫書監召，不赴」云云。是天祐本宋末人，入元不仕，其結銜乃追敘宋官耳。此書每半葉八行，行二十七字。與他刻九行，行十八字者迥異。

貞觀政要十卷

明刊本。唐吴兢撰。元戈直集論。黑口。有成化序而刻在萬曆時。口上有「大易閣」三字。

宋太宗實録八卷

傳鈔本。《宋太宗實録》原八十卷，今存卷二十六至三十、卷七十六及七十九、八十共八卷。李申耆先生寫寄粤東吴石華蘭修，曾勉士釗從而傳鈔。徐星伯先生以書索之石華，石華即以此本寄京。後有曾、吴兩跋。石華并索星伯所撰《宋會要沿革》一册爲報。未知星伯寫寄與否。同治初年徐書散出，歸韓小亭觀察。由韓歸鄭盦師，今歸式之比部。比部跋云：「《藝芸書目》有十二卷，爲三十一之三十五、四十一之四十五、七十七、七十八，與此不同，自是兩本。藝芸所收，悉出士禮，後歸海源閣、持静齋爲多。而檢楊、丁兩目無之，殆已不可蹤跡。設仍在天壤間，將兩本合刊，得二十卷，已有原書四分之一，豈非幸事。」荃孫檢張氏、瞿氏書目所藏，亦祇此八卷。每卷末俱有書寫人某某，初對某某，復對某某一條。瞿跋并云出自黄蕘圃，疑李申耆亦從張氏録出，似祇此一本。然考錢辛楣跋，明云十二卷，與汪目合。所云李從善諸條不見此本，其爲兩本無疑。

「右《太宗實録》殘本，卷廿六、廿七、廿八、廿九、三十、七十六、七十九、八十，凡八卷。原本八十卷。錢若水等修，李燾《通鑑長編》『太平興國八年十一月太一宫成』注云：『《實録》於明年八月丙申始書太一宫成。』今案此本，實在八年十一月，與《長編》注所引不合。《長編》注往往引《實録》別本，彼所偁豈出於別本而偶有脱文歟？抑此爲別本歟？嘉定錢氏跋蘇州黄蕘圃藏本云十二卷，此本僅八卷，不知異同何如。當借校之。道光丁亥九月曾釗記。」

是編與《長編》相核，互有詳略。惟《長編》太平興國止八年，九年即雍熙元年。此書仍作太平興國九年。卷二十八「羣臣第三表儻獲事私曹而登降」下接「宋琪爲封禪大禮使」。案《長編》不收表文，以宰相宋琪爲封禪大禮使表文，恐《長》中脱去一葉。卷七十九「詔併三司爲一，以工部員外郎劉」下接「以詩戒之」。據《長編》「詔併三司句院爲一，工部員外劉式專領之。上面命式曰：『汝以一人當三人之職，宜勉盡力，副朕所望』」，是十月之事。禮部侍郎蘇易簡卒，易簡嗜酒，初入翰林日，飲已半酣。上嘗接見，誡約深切。又草書《勸酒》、《戒酒》二詩戒之。是十二月之事，又脱去一葉矣。

通志藝文校讎金石三略八卷

宋刊本。宋鄭樵撰。半葉九行，行二十一字。高九寸六分，廣七寸八分。白口，單邊。上有字數，下有刻工姓名。明補甚少，惜止存八卷。

東都事略一百三十卷

校舊鈔影宋本。於揚州局刻，上增《傳》十數篇。王安石、蘇軾傳贊不同。《孔平仲傳》後增《考異》一篇，歷舉異同，成《札記》二卷。是刻在程舍人前後不可知，然提行空格，原出於宋。自來各藏書家無言及者。

東都事略校勘記一卷

稿本。錢綺校。綺字季江，元和人。勞季言覆校。

續宋編年資治通鑑十八卷

影鈔元本。朝散郎尚書禮部員外郎兼國史院編修官李燾經進。是編所載自太祖建隆元年迄欽宗靖康二年九朝事蹟。體例與《宋史》全文大略相同。前有乾道四年四月李燾上表，即所上進《通鑑長編》一百八卷之文，與此無涉。目録有「雲衢張氏鼎新梨行」兩行，更有《宋朝世系之圖》、《中興世系之圖》。大約坊賈託名之書也。惟《紀傳長編》缺徽欽兩朝，此編猶存崖略，亦不能竟廢其書。

宋史全文三十六卷

存三十卷至三十六卷，元刊本。每半葉十六行，行二十六字。高六寸六分，廣四寸三分。雙邊，黑綫口。三十卷以前，首行「宋史全文續資治通鑑」，卷三十一卷首行增入「諸儒議論資治通鑑」。卷三十一至三十六同，中縫「鑑」作「監」，上有事由，書亦常見。

通鑑紀事本末二卷

宋刊本。宋袁樞撰。每半葉十三行，行二十四字。高六寸五分，廣五寸。白口，單邊。上有字數，下有刻工姓名。綿紙。《玉海》言淳熙三年樞教授嚴州時所刻，詔模印十部進呈。「構」注「太上御名」。「徵」、「朗」、「桓」、「殷」均爲字不成。譌字極少，遠勝大字本。惜止存十七、十九兩卷。

通鑑紀事本末摘要二卷

舊鈔本。涇陽雷士俊伯籲甫纂述，新安門人方壇洛瞻參補。照袁樞陳邦瞻原目，尚有條理。首葉有

「宋犖之印」白文方印、「西陂詩老書畫府」朱文長印。

重編建炎以來要録殘本二卷

是館臣從《大典》鈔出，編纂殘稿。

吾學編六十九卷

明刻本。明鄭曉撰書，十有四篇，前有雷禮序，子履淳序略，後李當泰跋。

世廟識餘録二十六卷

明刻本。前有徐學謨自序，後有孫徐元嘏跋。

嘉隆聞見録十二卷

明刻本。明沈越撰。朱之蕃序，子沈朝陽序，乾陽跋。

三朝遼事實録二十卷

明刻本。明王在晉撰。

兩朝通紀從信録三十五卷

明刻本。明沈國元撰。鈔配十五、十六兩卷。

崇禎朝野記四卷

傳鈔本。此三朝野記之一，同邑李遜之撰。遜之字膚公，李忠毅公之子。明亡不仕，世守家學，撰著斐然。後人不振，稿本漸就湮没，不勝感慨。

南渡録二卷

舊鈔本。李清撰。

平定羅刹方略四卷

舊鈔本。康熙二十一年鄂羅斯犯邊，我軍防守事宜，至二十八年和議成，立五體文滿、漢、俄羅斯、喇地訥、蒙古界碑於格爾弼濟河事。《四庫》未著録。

右編年

後梁春秋二卷

明刻本。姚士粦撰。首有顔顧章、濮陽春序，後有沈士龍跋，云《唐書·藝文志》、《後梁春秋》十卷，爲太子洗馬蔡允恭所著。允恭爲左民尚書大業子，經事明帝、後主，以至失國。其載梁事，意必詳贍可觀。然温公《通鑑》所集史部最多，其所采拾皆正史所無。獨後梁始末無少異同，但溢莫勇、魏永壽兩人而已。至於《綱目》，一準《通鑑》，乃孝元見囚於烏幔、戚欣守狼尾灘二事，又《通鑑》所缺，誠不可曉也。若鄭樵《通志》，僅有「夏四月大雨雷震」、「肩輿裹頭蓮葉帽」數句，而《册府元龜》則惟數字之益耳。太抵蔡書宋世已亡，不復可見。叔祥此編，一本《周》、《隋》、《南》、《北》四史，而益以《梁》、《陳》、《北齊》、新舊《唐書》、《通典》、《御覽》、《通考》、《藝文》、《初學》、《書鈔》、《白帖》、《事文合璧》、《説郛》、《唐文萃》、《弘明集》、《顔魯公集》、《五行志》、《一統志》、《楚紀》，襄陽、荆州諸志，彼進此竄，互相較質。其他若裴政父喪出服武帝目送，及劉臻漢聖讀「宵」爲「肯」之見《顔氏家訓》，宣帝爲許玄度後身之見《高僧傳》，韋琳鮔表之見《酉陽廣記》，杜元茂城安湘之見《文苑》，天皇寺壁畫《仲尼十哲》之見《名畫記》，平顯二陵碑之見《韓休集》，江陵銅像流汗之見《法苑珠林》，是皆有益正史，足炫載紀者。至如顔介自注《觀我生賦》云：「河東府褚顯族遽投岳陽，所以湘州見陷。」此雖諸史不載，顧意猶未白，不敢强附。又胡莊肅公《滁陽志》所載後梁張稷一段，則誤以《梁書》稷傳有明帝字面，以爲必是後梁，殊不知稷嘗仕齊明帝，於此類亦皆不取。若宣帝《七山寺賦》及他雜著與莒國公諸詩，無關理亂，不當溷入也。是皆叔祥苦心，人不易了，輒爲章暴書之卷尾書不易見。首葉有「漢唐齋」白文長方印、「吴江淩氏藏書」、「淩淦字麗生」兩朱文方印，前後「馬印玉堂」、「笏齋印」朱白文兩大方印。

江南野史十卷

傳鈔本。宋龍衮撰。

孤臣泣血録一卷

明刊本。宋丁特起撰。

靖康稗史二册

傳鈔本。是書一爲《宣和乙巳奉使金國行程録》，一爲韋承撰《甕中人語》，一爲《開封府狀》，皆録皇子、親王、帝姬、皇孫、皇孫女、妃嬪、内職、宗室男女、駙馬人數年歲。一爲李天民輯《南征録彙》，一爲王成棣撰《青宫譯語》，一爲《呻吟語》，一爲《宋俘記》。咸淳丁卯耐庵識云：「每書一卷，封題《同憤録》，甲申重午，確庵訂藏。」臨安顧氏已三世，甲申當是隆興二年。確庵姓氏亦無考，所采皆虜中書，絶筆於梓宫南返，當是奉迎諸老手筆。高宗朝搜禁私家紀述，故隱其姓名，然靖康禍亂始末備已。後又題云：「中土禍患至宋徽欽而極，子息蕃衍，恥辱亦大，前史未有也。是編久存大藏，朕微時見轉鈔本於同年家，差脱不可句讀。踐祚後檢諸故府得此，有先忠烈王圖印。是百年前傳寫來，披覽事變，終始咸悉。宋金所爲皆有國者金鑑。正史隔越兩朝，卷帙繁博，無此融會貫通。暇當考徵芟補，命儒臣泐爲一書，爲萬世子孫戒。辛巳三月上巳遺德筆。」《東藩紀事》：遺德乃嘉靖時朝鮮舊君之名，先曾大魁，後爲國君。故有「朕微時見轉鈔本於同年家」之語，語多紀實，非《南渡竊憤録》僞書可比。

南渡録一卷

舊鈔藍格本。

襄陽守城録一卷

舊鈔藍格本。宋趙萬年撰。

辛巳泣蘄録一卷

舊鈔藍格本。

南遷録一卷

舊鈔本。金張師顔撰。有石倉兩跋。石倉名允嘉，字志上，錢塘人。富於藏書，嘗輯《武林耆舊甄録》，極博。又在陳仲魚處。首葉有「得此書，費辛苦，後之人，其鑒我」白文、「仲魚圖象」朱文兩長方印，又有「海寧陳鱣觀」、「仲魚手校」兩朱文長印。

吴氏手跋曰：「辛酉六月，借周雪客寫本抄録。内缺二段，不知世有全本否。俟訪得，補之始快也。連日暑毒，揮汗從事。三十日早起，因隔夜得涼，識此。葭園六十四。」「壬戌之春，句容孫凱之來，示余此書，并《北狩行録》、《北狩見聞録》，因得較正若干字。葭園即凱之也。余，樸學齋老人也，年小凱之一歲。」

金國南遷録一卷

舊鈔藍格本。

平宋録一卷

舊鈔藍格本。元平慶安撰。卷首「大元丙子平宋録」，卷末「大元混一江南實録」。

蹈海録一卷

舊鈔藍格本。

吴氏手跋曰：「此書與《襄陽守城録》、《保越録》共三種，借自龔衡圃先生家。予與李子魯玉分手録竟，其中可疑之事，余俱標題於上。時癸巳四月也，石倉自識。」

「予先得龔氏《蹈海録》，既録之矣。兹越十五年，重見於友人案頭，而其名則爲《陸君實挽詩》，前無史傳，後增此跋，似書於墨跡卷子後者，因補録之。龔本戴聖予詩兩首，方鳳詩一首，而此本以聖予之次首爲方作。觀聖予自序，亦云『成長句一首』，則次首之爲方作無疑。得此善本，足證《蹈海録》之失。丁未三月，上巳後三日，書於得聽居之玉蘭花下。石倉老人。」

保越録一卷

舊鈔藍格本。元徐勉之撰。

御覽錢塘遺事十卷

舊鈔本。元劉一清撰。前後俱缺，鮑以文手校，有朱墨二筆。比埽葉所刻，有補出一二行者。首葉有「知不足齋鮑以文藏書」朱文大方印。荃孫案：前缺半葉，後缺三行，均從江南圖書館舊鈔本補足。

周氏手跋曰：「右鮑以翁手校《錢塘遺事》十卷，乙丑六月購之福州陳氏。前後各有闕損，當覓善本補之。」

皇元聖武親征記一卷

舊鈔本。

黑韃事略一卷

舊鈔本。

承華事略一卷

舊鈔本。宋王惲撰。

故宫遺録一卷

舊鈔本。元蕭洵撰。以上四種一册，嘉興錢心梧給諫藏書。

燼餘録二卷

傳鈔本。城北遺民述。是書前有李模題詞云：「城北遺民徐大焯撰。予從金陵徐紹齋所藏册葉録副。甲編紀宋初宋末事，乙編紀吴中事，半從先世筆記中録出，冀備修志之用。大焯，吴縣人，元初居慶雲里即今官庫巷。」卷中間有模案語：「幼時當端午打蚊煙時，長老謂元時約殲色目人，羣以此爲號，從不見記載。」是録中有云：「北兵之禍，殺戮無人理。鼎革後編二十家爲甲，以北人爲甲主。衣服飲食惟所欲，童男少女惟所命。自盡者又不知凡幾。越三年五月五日，聯合省郡同殲甲主」云云。可見事必有原，人苦不見其書耳。

英廟北狩録一卷

明鈔本。明安成王懋資撰。初名《勉庵贅録》，專記英宗北狩之事，尚屬翔實。首葉有「陸沆之印靖伯」朱文聯珠小方印，後有「陸沆之印」朱白文方印，又「靖伯氏」朱文小方印、「蘇臺陸撰」白文中方印。

劫灰録二册

舊鈔本。署款「珠江寓舫偶記」。第一卷爲《永曆紀》，自第二卷至第六卷，卷首分標「殉國諸臣事考一、二、三、四、五」字，而於卷尾各注以上粤東、西川、貴、滇等字。二卷爲何騰蛟、堵允錫，三卷爲瞿式耜，四卷爲陳子壯、張家玉、陳邦彦、李元胤，五卷爲王祥、楊展，六卷爲楊畏知、沐天波、李定國。此其卷目大略也。紀、傳中仿裴松之注《三國志》例，間系注語，以補録所不及，似即出撰人一手。前有自序云：「秣馬金闕之歌，比干雪涕；生棘銅駝之歎，索靖傷心。正月冠春王大統，不因偏安改其例。乾侯書公在乘輿，豈以遠狩貶其文。僕雖不才，固嘗侍從蘭臺，校藜天禄。既而遁跡空山，寄情雲壑。憫宗社之云亡，摭遺聞於掌故。分爲六卷，輯成一編。仰法麐經，希風狐史云爾。壬申秋杪珠江舊史氏識。」詳其語意，似在永曆時曾爲館閣臣，而變後隱逸者。又有以爲馮蒿庵甦撰，惟自序所言出處及著書之意，與蒿庵生平大相逕庭。且考《四庫全書》雜史類，有《見聞隨筆》二卷，爲國朝馮甦撰。《提要》稱其首載李自成、張獻忠傳，次敘永明王竊號始末，及何騰蛟、堵允錫、瞿式耜、張同敞、陳子壯、張家玉、陳邦彦、李元胤、李乾德、楊展、王祥、皮熊、楊畏知、沐天波、李定國十五人傳。時《明史》總裁葉方藹以甦久官雲南，詢以西南事實，因摭所記憶，述爲此編送史館。毛奇齡分纂《流寇傳》，大略取裁於此云云。觀《隨筆》一書，大段與《劫灰録》相近，惟增入張、李二寇及張同敞、李乾德、皮熊三臣，而三臣事跡，《劫灰録》均已散見諸臣傳中。頗疑蒿庵即取珠江舊史之書爲藍本，增删而成《隨筆》，上之總裁。西堂當日同在史館，得見此書。

後又見《劫灰録》，因其紀載略同，遂亦指爲蒿庵所作。今本《劫灰録》留「永曆紀」三字，是書果出蒿庵之手，本朝臣子編明事以呈史局，尚敢於「永曆」舉其年號，加以「紀」字乎？疑是當時方密之、錢飲光一輩人手筆。蓋方錢二公皆能文，喜著書。密之在崇禎時，曾官翰林，永曆時曾爲大學士，未幾，即爲僧去，而在粤東最久。飲光則永曆三年十二月臨軒親試，授翰林院庶吉士，名在第二。嚴起恒稱其有制誥才，請改編修，管制誥，見所撰明末野史《永曆紀事》篇中。《劫灰録補注》曾載之，特引誤本改其名錢秉鐙爲錢東錫耳。此與舊本自序之語稍合，即非二公所作，大約不離乎是時一二舊臣者近是。惟自序末題「壬申秋杪」，爲康熙三十一年，已在《明史》開局，蒿庵上書之後。此或「壬申」二字爲「壬寅」傳寫之誤。壬寅爲康熙元年，是年四月永曆畢命滇南，六月李定國亦卒，天南殘局至是遂完。因於秋杪成是書，庶幾於情事相近。

劫灰録二册附録二册

舊鈔本。與前書同缺小序，後附趙一桂事十四篇。

滇粤紀聞十卷

舊鈔本。署九峰居士編輯，記殘明桂王時事。前有「笛江」白文小方印、「紫伯」、「章印綬蘅」朱白文聯珠小方印。

甲乙事案二卷

舊鈔本。無撰人名氏。分甲申、乙酉兩年爲上下册。

行朝録二册

舊鈔本。黄宗羲撰。中有「副都御史某」，即宗羲，非另一人也。

懲毖録四卷

日本刊本。朝鮮柳相國撰。記萬曆壬辰至戊戌，日本平秀吉陷朝鮮王京，及明兵來援勝敗事蹟。序述有法。

東林本末三卷

鈔校本。明吴應箕撰。應箕字次尾，南直貴池人。崇禎壬午副榜，殉國難。此書專記東林事，又名《東林事略》，久無傳本。夏嗛甫大令得高安朱氏鈔本三卷，刻入《樓山堂全集》，校訛訂誤，不爲無功。檢《荆駝逸史》所收《東林事略》，即此書。《逸史》又收《江陵紀事》，亦即此書之中卷。互相考證，尚有大令未校出者。卷上「或借釁於湯韓而浙宣合」，夏本脱「而浙宣合」四字。卷中「計且藉以抗申也，一旦反面與申，合諸人申所欲斥，申不自發，輒授意王，使訟言排之」，《紀事》作「計且藉以抗申王，一旦反面與申，合諸所欲斥，申不自發，輒授意王，使訟言排之」。又「馬故在國之前」，《紀事》作「資故在國前」。又「諸人皆骨鯁無罪之臣，罪獨失申相公意耳」，《紀事》作「諸人皆骨鯁無罪，獨失申相公意耳」。又「允登遂走王國逐之」，《紀事》無「王」字。又「王東倉爲政」，《紀事》無「東倉」二字。「會王相國稱病」，《紀事》無「相國」二字。又「此呂爲尤」，《紀事》作「此呂尤與思孝善」，無「爲」字。又「四明自度不能留，內外計典已爲部院所持」，《紀事》作「四明自度不能留，遂計絜歸德同去，而政柄授之朱山陰矣。當四明在位時，內外計典已輒爲部所持」，增二十二字。又「夢語」，《紀事》作「夢語寱語」。又「國此時方巡撫畿輔」，《紀事》作「國然之此時巡撫畿輔」。又「攻淮撫者，攻吾兄弟者也」，《紀事》作「攻吾兄弟漸也」。又「宛若兩敵國者」，《紀事》無「者」字。又「棄官以數十」，《紀事》作「棄官者以數十」。又「東林由是與浙爲怨府」，《紀事》作「東林由是漸爲怨府」。卷下「幸當時諸部臣以死爭之」，《紀事》作「部科」。所異均勝於夏本。至夏本改「己亥」爲「癸巳」，改「吳中行遂仇用賢」當作「中行用賢遂仇思孝」，則以夏校爲是。《逸史》後附吳子孟堅一札，亦夏先生所未見也。

閩海紀略二卷

舊鈔本。無撰人名氏。自順治元年至康熙十八年止。

三垣筆記足本三卷附識三卷

傳鈔本。荃孫前後鈔得三帙，惟此最足，蓋由興化李氏鈔出者。次行「左寺丞臣李清恭記，中書科中書舍人臣王挺恭閲。」每卷並有附録。

鄭峚陽事蹟彙鈔一册

傳鈔本。鈔録張夏漁《樵話》一則，誅謫一則，《扶倫信史》一則，《愍節外史》一則，《韓烈女傳》二則，《放鄭小史目録》附《大英雄傳》目録。《巢林筆談》一則，《書鄭鄤獄始末》一則，傳、墓、表各一篇，文、詩、文稿序五篇，均紀峚陽事蹟。湯狷石先生所彙鈔。《大英雄傳》即緹帥吴孟明所言常州錢霖父子相戕之事，責許曦舍目前之錢而追已往之鄭，所以附録。惜字多剥蝕，無可校爲悶耳。

虞山妖亂志三卷

傳鈔本。馮舒撰。舒字巳蒼，常熟人，詩人班之兄。紀奸民張漢儒訐錢謙益、瞿式耜二人事也。卷首借翁太常憲家内亂事作緣起，中間復夾敘錢裔肅、朱國弼、鄭鄤三人事，端緒繁而能晰，章法井然。錢瞿朱鄭之事，大略與《明史》諸傳合。舒幼承家學，肆力經史百家，則其能文可知。此《志》中事，舒亦牽涉。是其所撰，當可信。或疑舒在順治初被人構於邑令瞿四達，陷獄死。府志亦載其事。而此《志》總論云：「此時先後幾四十年，應從翁氏家亂初萌説起。」尚在萬曆丙辰太常歿前數載。順數至順治初，正近四十年之數。平時得聞翁氏遺事，故云傳諸親友。錢瞿事起，以素交力爲排解，且相從入都下獄，賴錢瞿揭辨而免，得之親炙，亦不謬。舒本善屬文，故敘次大有章法。

吴氏手跋曰：「《初學集》有《丁丑獄記》一篇，辭多支飾，不足盡信。至以狡詐之周應璧比於陸續、貫高，其誣甚矣。《志》稱應璧杖時，吴孟明賄役令輕其杖，未知何故。疑亦牧翁所爲，以報其投揭緩獄之恩也。撫寧三疏，實應璧代作，而《志》謂其不識字。又曰作詩諷撫寧，未免自相矛盾耳。是書筆法峭健，頗似龍門。惟卷末總收，獨遺顧象泰，殆是案中人。後已蒼死者，僅牧翁與此人而已。震澤吴曉鉦。」

莊氏史案本末二卷

傳鈔本。大興傅以禮撰。以禮字節子，官於閩，博極羣書，以史案事實，備録同時人筆記以備原委。

傅氏手跋曰：「右《恭庵筆記》、《榴龕隨筆》各條，爲歸安陸存齋觀察録贈。《秋思草堂集》中一篇，則從仁和魏稼孫鯗尹傳鈔，蓋皆得之同里故家者。所載人名年月，互有異同。因雜刺諸書以附益之，彙爲《莊氏史案叢鈔》上下卷。吾友季貺太守留意明季國初遺聞佚事，與余雅有同嗜。爰屬范鏡溪少府繕寫副本貽之。同治癸酉辭司命月，節庵學人識。」「佐郡臺陽，嗣又從新修《湖州府志》采出翁《廣平紀事》一則,楊鳳苞《遺文》二首,當補入是編。丙子重九節後二日,節叟又記。」

周氏手跋曰:「《莊氏史案》二卷,吾友節庵沓録本也。史案散見諸書,皆畧而不詳。惟謝山《太史外集》紀事較備,世皆據以爲信。顧姓名事實,往往淆訛。今節庵所集諸言,皆同時目擊者所紀遺聞逸事,既足補他書所未備,而案中姓名實足正謝山之誤,其用力可謂勤矣。顧予於史案又得一事焉。南潯相國《大事》、《大政》二紀,舊故刊板,即莊氏以成《明史》賈禍者。更有《續大事紀》三卷,皆紀逆案以來事書。更有列傳數千紙,皆未流布,故獨爲莊氏所未見。康熙劉繼莊先生曾介陶子師録之南潯之孫,載在《廣陽雜記》。自莊氏得禍,不特其所修本世少藏弆,即南潯二記亦絶少見者。蓋當搜滅殆盡矣。惟此三卷及列傳稿未經厲禁,傳本或存。記之以期與節庵共訪尋焉。已翁。」

客舍偶聞一卷

舊鈔本。彭孫貽撰。孫貽字羿仁,海鹽人。記康熙初年事。首葉有「潘氏桐西書屋之記」朱文長方印、「椒坡長物」白文方印。

永憲録一卷

傳鈔本。江都蕭奭齡撰,記康熙朝事。此書有十三鉅册,今止存一册。

右別史

唐大詔令集一百三十卷

明鈔本。原缺十四卷至二十四卷、八十七卷至九十八卷。前有「謙牧堂藏書記」白文方印，後有朱文方印。

兩漢詔令二十三卷

宋刊本。西漢十二卷，宋林慮編。東漢十一卷，宋樓昉續編。每葉二十行，行十八字。高六寸，寬四寸五分。白口，雙邊，上有字數。紹定時刊。序首葉有「淮陽吳氏」白文、「玉揸」朱文兩方印、「越國王孫」白文方印。卷一一葉有「汪印士鍾」白文、「三十五峯園主人」朱文兩小方印。

鄭端簡公奏議十四卷

明刊本。缺卷鈔配。明鄭曉撰，門人項篤壽序，目後有「嘉禾項氏萬卷堂刊」篆書木印。

兩臺奏議十卷

明刊本。明邵陛撰。前有韓世能、蕭良有兩序。

江大理奏議三册

明刊本。明江東之撰。第一册爲《臺中疏草》，佘懋學序。第二册爲《廷中疏草》，劉應秋序。第三册爲《黔中疏草》，陳尚象序。

右奏議

嵇叔夜聖賢高士傳三卷附虞槃佐高士傳

傳鈔周世敬輯本。不與皇甫謐所撰相雜，勝於黄省曾本。

象臺首末五卷

舊鈔藍格本。十一世嗣孫胡禄重編刻，所以載元明人詩文，非其子知柔所編之舊。《提要》疑之過矣。前有羅洪先序，後有禄跋，刻於嘉靖十四年。首葉有「王宗炎所見書」朱文方印，十萬卷樓舊藏也。

草莽私乘一卷

舊鈔本。明陶宗儀撰。首有「璋煜校正」白文小方印、「埽葉山房」朱文長印。方赤先生藏書，非席氏埽葉山房也。

草莽私乘一卷

陳鍾英校本。吾友章小雅摹寫，字畫極精。

陳氏手跋曰：「浙江《采集遺書目録》史部有《草莽私乘》一卷，注云寫本。余於道光十年向子湘仲君假得此本讀之，覺數百年以上忠臣烈女，猶凜凜有生氣。廉頑立懦，胥是賴焉，不可不廣其傳。爰請學徒孫桂鈔一副本，而以元本還之仲君。但元本誤脱錯亂，不可讐校者不勝枚舉，乃與金君鍾秀子韶細心點勘，重鈔此本。其不可知者，闕疑以俟。閏月晦吴江陳鍾英英多氏識。」

元儒考略四卷

舊鈔本。明馮從吾撰。有毛生甫、李申耆跋語。

毛氏手跋曰：「道光十七年六月十日未刻手寫已。時桐城姚石甫瑩權兩淮鹽運使，余客其幕中。休復毛嶽生記。」

李氏手跋曰：「中好是書，列元儒之能宗尚程朱者，采摭頗備。蓋《明儒學案》之嚆矢，而宗尚醇實，不存門户之見。惟竇子聲、劉夢吉、黄楚望諸人，删取《元史》太略，或未得深詣所在。中好去今未遠，世間當尚有刊行本。生甫函修《元史》，恐一時不可得，遂手録之。二日而竟，可謂敏矣。道光十七年八月二十二日，識於揚州運使署。兆洛。」

嘉靖以來內閣首輔傳八卷

明刊本。明王世貞撰。首有「經鉏堂藏書」朱文方印，望江倪氏藏。倪氏有《經鉏堂書目》。

弇州史料前集三十卷後集七十卷

明刊本。明王世貞撰。

弇山堂別集一百卷

明刊本。前有世貞自序，陳文燭序。

米襄陽志林十三卷附遺集

明刊本。明范明泰編。前有明泰自序，陳繼儒王稺登序，張獻翼序。首葉有「吳平齋讀書記」白文界格方印。

蔡端明別紀十二卷

明刊本。明徐𤊹編，有自序。萬曆戊申陳鳴鶴序，謝肇淛序。

顏氏系傳二卷

復聖裔懋企手鈔本。自《史記》至《元史》，顏氏史傳而以唐家廟碑附焉。字跡似乾隆年派，籤題「含醇閣」。首葉有「辛卯」朱文小長方印，又「顏氏之子」白文小方印，又有「陋巷」朱文圓印、「門傳儒行」白文方印。

思舊録一卷

舊鈔本。黄宗羲撰。追溯舊好，雜録見聞，桑海之間，感今弔古。傳本不一，此爲最足。戴子高遺書。

戴氏手跋曰：「乙丑五月，在邵武官舍重閲一過。中有朱墨筆細草書注在上者，《周禮》傳文，學汝遺墨也。禮翁於湖州陷時自經以亡，今已六年矣。望又記。」

角力記一卷

傳鈔本。

國姓爺鄭成功傳二卷

日本刻本。鄭亦鄒居仲著，前有「浪華木氏校勘於蒹葭堂」分書木記。

徵君孫先生年譜二卷

舊鈔本。門人睢陽湯斌、上谷魏一鼇、灤水趙御衆、范陽耿極編次，後學桐城方苞訂正。後有霍炳、魏一鼇兩跋。

竹汀先生行述一卷

舊鈔本。錢大昕字辛楣，號竹汀，江蘇嘉定人。乾隆甲戌進士，翰林院編修，官至詹事府少詹事。著書最多。子東壁、東塾編此行述，亦謹嚴有法。

查他山先生年譜一卷

傳鈔本。外曾孫陳敬璋撰集，罕見流傳。

瞿木夫先生年譜二卷

傳鈔本。荃孫重訂過。

徐籀莊先生年譜一卷

稿本。其子士燕編。

丁柘唐師歷年紀略一卷

傳鈔本。

雲山日記一卷

傳鈔本。从元郭畀手書録出。自至大元年戊申八月廿七日至二年己酉十月三十日止，并閏共十六閲月，逐日詳書天氣之陰晴寒暑，人事之往來酬答，委曲瑣屑，靡不備盡。所尤詳者，遇飲酒必書，求書畫必書，所觀書畫必書，所游寺觀必書。稱謂之間，褒譏寓焉。細讀一過，如見其人。鮑知不足齊止刻《客杭日記》，非全文也。此册有宋葆淳趙輯寧跋，又輯天錫詩文益之。

北遊日記一卷

傳鈔本。海昌陸嘉淑撰。冰脩先生順治十四年入都日記，四月行，六月還。其中道路之艱虞，朋蹤之聚散，以及登臨弔古，旅館唱酬之什，均載之中。有云：「訪陳素庵中堂於邸，第自壬午相見，已十六年矣。升沈聚散，一爲慨然。」素庵崇禎朝詞臣，亦深寓滄桑轉眼之微詞也。

竹汀先生日記一卷

錢氏手跋曰：「此册是先世父宫詹公日記。戊戌四月朔日於書笥中檢出。猶子繹謹識。」

翁氏手跋曰：「元日檢篋得此册，距先生作記時已百年矣。余於癸酉正月，自里中南行，觀鄧尉梅花，道杭州，渡錢塘，館於蕭山湯氏。遂泛鏡湖，尋禹穴，至蘭亭而返。再過杭州，冒雨一游西湖，而逆旅喧雜不得卧，拂衣去之，亦無人識也。游蹤與先生相類，恨未一攬形勢及搜訪古碑刻耳。然雨中猶拓得禹陵窆石殘字也。此册爲潘伯寅侍郎所贈并記之。光緒三年，歲次丁丑，正月丁巳朔，常熟後學翁同龢識。是日大風極寒。」

《竹汀先生日記》近滂喜齋刊兩卷，式訓堂刊三卷。均摘鑑賞書籍金石之語。海内未見真迹也。此戊戌正月至四月，先生是年五十有一，爲紹興守秦石公招游南鎮及蘭亭。道出杭州，復游西湖。歸途應兩江高文端公之聘，主鍾山講席，共百十有四日。集中得詩十九首，文筆亦極雅潔。無事則記陰晴，不涉瑣事。日記條例略具一斑矣。先生年及五十，去官歸養。游覽勝區，訓迪後進。文字之福，幸際昌期。斗山之名，自臻不朽。荃孫去官年亦五十，後先生一百二十載。主講鍾山，而風塵澒洞，海水横流。講席詞林，一概改作。無論學不及先生，即所遇亦豐嗇特甚。我生之後，逢此百罹，諷詠是詩有餘恫焉。後學繆荃孫跋。

吴兔牀日記一卷

傳鈔本。海昌吴騫與陳鱣同舟赴杭，逐日記載。自乾隆庚子二月十六日起，至三月二十日止，唱和詩甚多。所見趙晉齋、盧召弓、宋芝山、奚鐵生、鮑渌飲。看書訪勝，令人夢想盛時文人樂趣。

右傳記

南朝史精語十卷

影宋本。宋洪邁輯。前有「秀水朱十潛采堂圖書」朱文方印。

北史詳節十三卷

宋刊本。每半葉十四行，行二十四字。高五寸，廣三寸五分。黑綫口，單邊。首行「東萊先生校正北史詳節卷△」，邊上有標目，闌外紀朝代。存十五至二十八一册。

右史鈔

六典三十卷

日本享保甲辰雍正二年。重刊。明正德乙亥蘇州刻本。唐玄宗御撰。首有王鏊序，末有宋紹興四年張希亮、詹棫校刊題跋。日本享保甲辰，當雍正二年。其攝政大臣家熙爲之考訂。凡原書空缺者，擬補於其下。亦有原書本缺，如第四卷「禮部郎中」條下脱文，則據《册府元龜》、《舊唐志》所引補之。第七卷「屯田郎中員外郎」下「凡天下諸軍」云云，則據《通典》、《舊唐志》補之，凡數百字。校訂矜慎，見聞亦博。據其自序，用力二十年，始克成書。然亦有缺而不能補者。如第一卷「令史十八人」下空缺仍不下五十餘字，安得舊本重校之。首有家熙自序，又考訂《大唐六典》凡例。

大唐郊祀録十卷

舊鈔本。唐王涇撰。《四庫》未著録。阮文達亦未進呈。《指海》曾刻之。荃孫曾傳鈔藝海樓本，校以《指海》，并各書校正，有跋存集，惜爲李越縵老人借失。今得拜經此本，回憶前書，不勝惋惜。

吴氏手跋曰：「己卯六月十一日錢塘何夢華上舍贈。虞臣記。」

五代會要三十卷

舊鈔本。次行「推忠協謀佐理功臣光禄大夫守司空兼門下侍郎，同中書門下平章事，修國史上柱國太原郡開國公食邑一千户食實封四百户臣王溥纂」。聚珍本，無全銜。有「吴城」朱文小方印、「敦復」白文小方印。

吴氏手跋曰：「《宋史·王溥傳》：『溥好學，手不釋卷。撰自朱梁至周五代《會要》三十卷。』錢氏遵王云：『凡五代儀物章程，官名文法，因革損益之由，多可於此考見。』歐公之撰《五代史》也，以薛居正之史失之繁猥，重加修定。而不自知過於簡潔，未免反多脱漏。存此蓋足以補正史之闕。乾隆丙戌三月望松里小隱吴城記。」

五代會要三十卷

舊鈔本。王溥銜名同上。首葉有「虞山趙氏鈔本」一行。

政和五禮新儀

舊鈔本。只存五卷。汪閬源舊藏。

近事會元五卷

舊鈔本。宋李上交撰。

元典章前集六十卷附新集至治條例

舊鈔本。書口有「知聖道齋鈔校書籍」八字。南昌彭文勤公遺書也。是書《四庫》入存目。前集載世祖即位至延祐七年英宗初政，其綱凡十：曰詔令，曰聖政，曰朝綱，曰臺綱，曰吏部，曰户部，曰禮部，曰兵部，曰刑部，曰工部。其目凡三百七十有三，每目之中又分條格，以類編次，多《元史》所未備者。五朝典要，可謂纖悉無遺。然每條名目與總目多未相符。工部一門，僅存「造作」一條，餘俱散失。鈔本流傳，歷年久遠，殘缺失次，不亦宜乎。新集體例略仿前集，皆續載英宗至治元二年事，不分卷數。光緒壬寅元和門人曹君直攜影元鈔《元典章》來金陵，即錢竹汀先生所見之本。前集曰「大元聖政國朝典章」，新集曰「大元聖政典章」，至治條例摹鈔不及十卷。適至滬瀆，購得此本書，中硃筆皆彭文勤公校改，第非影鈔耳。遂摹兩集牌子，訂於書前，俾學者識元刻之典型也。

前集牌子

大德七年，中書省劄節文，准江西奉使宣撫呈乞，照中統以至今日所定格例編集成書，頒行天下。照得先據御史臺，比及國家定立律令以來，合從中書省爲頭，一切隨朝衙門各各編類中統建元至今聖旨條畫，及朝廷已行格例，置簿編寫檢舉。仍令監察御史及各道提刑按察司體究成否，庶官吏有所持循，政令不至廢弛。已經徧行合屬，依上施行去訖，今據見呈，仰照驗施行。

大元聖政典章，自中統建元至延祐四年，所降條畫板行四方，已有年矣。欽惟皇朝政令誕新，朝綱大振，省臺院部恪遵成典。今謹自至治新元以迄今日頒降條畫，及前所未刊新例類聚梓行，使官有成規，民無犯法，其於政治豈小補云。

作邑自箴十卷

舊鈔本。每葉邊闌有「愛日精廬彙鈔秘册」八字，摹寫尚精。篇末有淳熙己亥「中元浙西提刑司刊」八字。有「子晃」朱文方印。

元朝典故編年十卷

舊鈔本。孫承澤撰。文瀾閣現缺末卷，從此本鈔全。

酌中志二十卷

舊鈔藍格本。版心有「迎瑞堂」三字。明劉若愚撰。吕毖鈔出《內廷規制》五卷，改名《宫史》。《四庫》收之。此書於萬曆、泰昌、天啓兩朝宫闈之交構，閹黨之横行，始末悉具，未嘗不可爲人君之鑒誡。此本文筆質俚，疑是真本。後附《東林朋黨録》、《東林點將録》、《東林同志録》、《東林籍貫》、《盗柄東林》、《夥夥壞封疆録》、《天鑒録》、《欽定逆案》、《天啓宫詞》、《擬故宫詞》，謂之《酌中志餘》。跋云：「野史氏訂定《酌中志》既竣，笥中藏有昌、啓、禎三朝紀載數種，堪與兹志相發明證據，因并附之卷末，名曰《酌中志餘》，當亦論世者所欲考核也。」有「玉雨堂印」朱文方印、「韓氏藏書」白文方印。韓小亭藏書也。

皇明三元考十四卷附科名盛事七卷

明刻本。明張宏道、凝道同撰。焦竑序。其書專紀明代鄉會殿試元魁鼎甲及顯官，與一門科第盛者。自洪武三年庚戌，至萬曆四十七年己未，考官姓名具列。國初直省亦有缺者，正統以下方全，可見考核之難。有李維禎序。

南國賢書六卷前編二卷

明刻本。應天府府丞海州張朝瑞輯。斷自成化十年，訖崇禎三年。考官題目全録，均載前編。二卷殘缺較多。朝瑞自序，陸問禮序。

前編自識：「是集斷自成化甲午而下，前者購莫能得。余偶從故牘中考得洪武庚戌科至成化辛卯科主考五十二人，舉首二十人。缺者尚十之二三，懼其愈久愈湮也，爰存之集首，題曰『前編』。同志者鳩遺失而睹大全，則總敘爲一編可也。己亥月正望日瑞再識。」

紹興十八年同年小録

傳鈔本。

寶祐四年登科録

傳鈔本。

元統元年進士題名録

影元鈔本。原本即黄蕘圃所藏，錢辛楣所跋者。前有缺葉，中有缺文，大約世間無二册也。

洪武四年登科録一卷

傳鈔本。《藝海珠塵》曾刻之。

建文元年京闈小録一卷

傳鈔本。是册首方孝孺序，次二百四十人題名，次程文，而無考官同考名姓仕履，大約失去。據《南國賢書》考，試官爲高遜志、方孝孺，與《弇州别集》合。此本作董與方，疑系輾轉傳鈔之誤。中式二百四十名，《南國賢書》作二百十四人，誤亦由於《弇州别集》，而《賢書》祇搜到一百九十九人，可見張朝瑞未見此録也。

萬曆二十五年應天鄉試録一卷

傳鈔本。首提調考官執事人員，次題名，後程文。與今之試録相似，前後無序，末篇未完，皆爛失矣。

皇朝殿閣大臣年表十六卷

明刻本。明許重熙撰，萬曆丁巳自序。

皇朝大臣謚迹録四卷

傳鈔本。邵晉涵撰。晉涵字二雲，浙江餘姚人，乾隆進士，翰林院編修。官至侍講學士。此書搜採國初臣僚得謚者，自藩王、額駙、民公侯伯子男、大學士、尚書、侍郎、掌院學士、左都御史、内大臣、總督、巡撫、將軍、提督、都統、參領、八旗世戢、殉難道，凡一百九十餘。各敘仕履，事實頗爲完備。

咸同朝内閣大臣年表

傳鈔館本。

咸同朝督撫年表

傳鈔館本。

大典會通五卷

朝鮮刻本。是書朝鮮國王命趙斗淳等以《經國大典》、《續大典》、《大典通編》會粹添補，合爲一書。同治四年謹上。

右　經　政

校本史通二十卷

荃孫過孫潛、顧廣圻校本。案：《史通》，明嘉靖乙未，雲間陸儼齋深爲蜀藩取舊本，重校付梓。是明時第一刻。内《因習篇》、《曲筆篇》有兩跋，並著《史通會要》三卷。萬曆壬寅，長洲張鼎思復校陸本，《曲筆篇》增四百卅餘字，《鑒識篇》增三百餘字。而去其自它篇羼入者六十餘字，并删去儼齋兩跋，補改較多，稍爲可讀。陸本、張本初印補印均各不同，蓋時有修改。今借得校本，孫潛夫畝園以朱筆過録葉石君校本於張本，并補失葉。嘉慶甲子，顧千里復以宋本校廿八條，又以嘉靖後校本補勘之，均用墨筆。荃孫舊藏嘉靖初印本，用半月功校畢。《提要》云：「《史通》舊刻傳世者稀。」《永樂大典》獨遺是書，而各家書目亦無以宋本著録者。盧抱經《羣書拾補》止見華亭朱氏影鈔宋本，所校有出千里外者，不知千里所見又何本也。廿八條與盧校同。千里跋云：「訂《通釋》之誤，則門面語。《史通》究以《通釋》爲最善。抱經亦極推許。雖據他本校改，與抱經刻書宗旨亦合。此本校刊數過，朱墨滿紙。究未知能得宋本之真否。讀者仍從浦氏《通釋》可也。」張鼎思字慎吾，安陽人，自署長洲，大約以安陽籍中式。萬曆丁丑進士，官至給事中。著有《琅琊曼衍》、《琅琊代醉編》等書。本博雅之士，其所增所改，必有善本依據。不言所出，則明人之習氣也。

史通二十卷

明張之象刻本。頗能訂陸之誤。

涉史隨筆一卷

明影宋刻本。宋葛洪撰。每半葉七行，行十八字。前有「璜川吴氏考藏圖書」朱文方印，又有「知不足齋主人所貽」白文長印、「張印燕昌」朱文方印。

明史論斷二册

舊鈔本。興化李清撰。首有「宛平王氏家藏」白文方印，書籤有「寶翰堂藏書印」朱文長印，宛平相公故物也。

雜評一册

傳鈔稿本。楊名宁著。名宁，名時之弟，字簡在，號武屏，江陰人，諸生，盧抱經之婦翁也。此書專考史事，《宋史》一卷，《晉書載記》一卷，《魏書》一卷。考訂均極翔審。

右史評

藝風藏書續記卷五

目録第六

内閣藏書目録八卷

傳鈔本。卷一聖製部、典制部，卷二經、史、子三部，卷三集部，卷四總集、類書、金石、圖經部，卷五樂律、字學、理學、奏疏部，卷六傳記、技藝部，卷七志乘部，卷八雜部。略注撰人姓名、官職。書之全闕。而部類參差，殊鮮端緒。末葉有記云：「萬曆三十三年，歲在乙巳，内閣敕房辦事大理寺左寺副孫能傳、中書舍人張萱、秦焜、郭安民、吴大山，奉中堂諭，校理并纂輯。」明内閣爲藏書之所，而《文淵閣書目》爲楊士奇等所編，已同簿帳。至萬曆間，書多殘缺。復命萱等編纂，較前次已爲翔實。國朝七閣藏書，復有天禄琳瑯、宛委别藏以貯佳本。内閣所餘，棄同甌脱。宣統二年，全數移交京師圖書館。惜止存十之四五，然與此目頗相脗合云。

百川書志二十卷

傳鈔本。明高儒編。儒字子醇，涿州人，别號百川子。官右列，富藏書。次第部帙分四部九十三門，裁訂二十卷。每書之下略敘簡要，不冗不漏，可爲成法。前有嘉靖戊子夏五自序，目録後又識：「明人書目，以此爲最。」漁洋《居易録》稱之，黄俞邰、周雪客徵刻《秘本書目》亦載之。其歷爲名家所稱道如此。

千頃堂書目三十二卷

舊鈔本。黄虞稷撰，所録皆有明一代之書，以備史料。《明史·藝文志》頗依據之。傳本甚少，此蕭山王氏藏書。惜殘缺過半，借錢塘丁氏本補足。

王氏手跋曰：「嘉慶丁卯借抱經先生手校本，復校於杭州紫陽書院之觀瀾樓。五月初九日燈下畢。晚聞居士記。」

絳雲樓書目兩大册

傳鈔本。錢牧齋所藏書，陳少章先生箋識。前有倦圃兩序，後附《静惕堂宋元集目》，有吴枚庵跋，黄蕘圃兩跋。箋識朱筆，今過録，改墨筆。

吴氏手跋曰：「此册爲張子白華所藏，予嘗借閲。癸巳秋日得陳丈少章閲本，愛其博洽，爰鈔録如右。張子疑予有藏匿不返之意，索取甚急，幾至面赤不顧。因録置别本，亟將此册還之。張子博雅多聞，獨於書斤斤護惜，古人所謂讀書種子習氣未除。然即此知張子能謹守勿替者矣。丙申秋七月二十四日燈下。枚庵漫士吴翌鳳記。」

黄氏手跋曰：「道光癸未仲冬，長孫從坊間取得舊鈔本，手校一過。其中空行，大概已見他類，故鈔時空行。余未知其原委，隨手補入，不無衍文。後始覺之，遂不復補。而亦有此本遺者，仍載一二云。」

「案《絳雲樓書目》有二本，一無倦圃序，不附《静惕堂書目》，詮次亦多不同。似所注宋元板字樣較多。擬欲參校，奈兩本皆屬鈔本，未敢輒改，姑各仍其舊云。冬至前三日坐學耕堂之南軒記。蕘夫。」

述古堂書目十卷

舊鈔本。錢曾撰。前後有自序，具道得書之艱難，好書之真摯，皆人所欲言，所以爲佳。

讀書敏求記校本四卷

傳鈔本。取各家手批《敏求記》眉端之語，彙注於今刻下，互相考證。於本書實有裨益。

佳趣堂書目一册

傳鈔本。陸漻編。漻字其清，吴門醫士，與顧維岳、何屺瞻游。多蓄古圖書金石，號聽雲室。自序曰：「予年九歲，偶於篋中得蠅頭細書一册，乃先大夫手鈔歷朝名文。後書：『予幼時無書可讀，借於人鈔録而讀者，今人有書而不思讀，哀哉。』讀之悚然。自十五歲家貧失學，喜借書，晝夜鈔寫。嚴寒乏炭，屈足腹下，冷暖交换。見者匿笑。鈔書一葉，於古書肆易刻者五葉。購書歸，端貯几上，揖而後藏。年二十，得顧仲瑛《玉山雅集》元刻，蓋衡山文待詔舊藏也。萊陽姜友偶聞之於檇李曹秋岳侍郎，侍郎云：『陸兄有此，或典或售，無所不可。不然，當致慕中丞、丁方伯轉借。』予謂此非禁本，不介意，堅卻之。於是侍郎來覓晤，歡若舊識。每過吴，艤舟方定，身先垂訪。嘗謂山陰人曰：『陸生有隱操，吴門第一流也。』甲子歲，以魏仲先《鉅鹿東觀集》、孫奕《示兒編》皆宋梓善本見贈焉。歲辛酉，秀水朱竹垞檢討典試江南，亦造門訂交。晚選《詩綜》，有闕來借。二先生往來尺牘不下四五十番。義門何庶常見而喜，跋其後云：『倦圃、竹垞兩先生晚年家居，力不能多致。聞人家有未見難得致之本，汲汲借鈔。或計卷帙多寡，互出以相易。往來白下與吾郡，精神所注，惟此一事。著述中尤留意尺牘，尋所與其清陸君諸手筆，辭氣蕭然，似宋代名流，尤可愛玩。好事者若合并刻之，故是一段佳話爾。』夔州唐鑄萬亦曰：『陸氏子孫觀侍郎之手蹟，守祖父之遺書，黽勉誦習，必有以文章經術顯於世者。』此其清貽後之深心也。典籍内間有宋元刻本、宋元人鈔本、明賢録本、名賢稿本，出自閟閣公卿家者，郡城故族舊所收藏者，皆流傳有自，與坊本迥異。餘則手鈔，倩人鈔。借書僦金，三四星一種方得入手。典衣節食，寒暑無間。竭六十餘年之心血，雖不敢自謂成一家之書目，實生平志之所屬。故至老而不倦也。後之子孫覩兹卷帙，尚其博覽之，寶貴之。至鈔謄藻飾，捆載遠遊，當思唐杜暹有『鬻及借人爲不孝』之語，并『有書而不思讀』之祖訓。若能擴增一二，則啓後承先，是予所深望也已。唐杜暹聚書，每題其卷云：清俸寫來手自校，子孫讀之知聖道，鬻及借人爲不孝。丁酉端陽後十日書於清目處。平原陸漻。時年七十有四。」

孝慈堂書目一大册

傳鈔本。王聞遠編。聞遠字聲宏，一字叔子，居吳郡之采蓮涇，別字蓮涇。此目分門編類序次頗詳，以之求蓮涇之書，按其册數之多寡，紙色之黄白，幾同析符之脗合。黄蕘圃亟稱之。荃孫所得數種，按之此目，覺蕘翁之言彌信。

曹楝亭書目三册

傳鈔本。曹寅字幼清，一字子清，漢軍鑲藍旗人。康熙中巡視兩淮鹽政，加通政司使銜。此本乃其家藏書目，以類分隸，共三千三百八十七種。

知不足齋宋元人集目一册

鮑渌飲手鈔本。注明詩集、文集、詩文總集、卷數、鈔刻本，亦注宋本、名家藏本，有「沈印樹鏞」白文方印、「鄭齋」朱文方印。

古泉山館題跋零稿一册

傳鈔本。嘉定瞿中溶輯。中溶字木夫，竹汀先生壻也。閎通淹雅，著述甚富。惜以末秩，滯迹楚南，宦況迍邅，刊行甚少。此册共四十三跋，皆考證明及國朝人翻雕之書。近來藏書家刊行書目，臚陳宋刊、元槧，間及舊鈔。及歸安陸氏始收明初人文集，錢塘丁氏所收尤多，至收及國朝刻本。陳仲魚《經籍跋文》載殿板《四書》尚作疑辭。而木夫此册，則國朝刻本居其大半，是在書目中又開一例。其實國朝影宋本雕鏤工細，考訂精審。顧千里所謂縮宋版於今日也。近日傳鈔諸書及東瀛刊本，大半入録。兩者相較，不有新舊之别耶？况國初及乾嘉以前，近者百年，遠者至二百餘年，如明中葉仰企天水。况經兵燹，不易流傳。而價值之貴，亦與毛季諸公購宋元無異。安得以新刻薄之乎？

振綺堂書目六册

傳鈔本。錢唐汪氏自明季遷杭，代有藏書。汪魚亭比部憲性耽書，有求售者，不惜重價購之。點勘丹黄，終日不倦。乾隆三十七年，詔求遺書。長君汝瑮以秘籍呈進。御題《曲洧舊聞》、《書苑菁華》二種，賜《佩文韻府》及文綺二端，於是題文稿曰「振綺堂」。朱朗齋文藻爲輯《振綺堂書録》，摭其要旨，載明何人撰述，何時刊本，何人鈔藏、校讀、評跋，手編十册。今從穰卿進士鈔得史部一册，子部二册，集部三册。其經部全佚，史部亦未全也。

振綺堂藏書題識二卷

傳鈔本。汪璐撰。璐字仲璉，魚亭子。錢塘人，乾隆丙午舉人。此書僅存首二卷，前卷經史類，次卷子類，皆録諸家題跋。

振綺堂藏書總目二册

舊鈔本。此册首御製各書，次欽定，次宋元板，次鈔本，次刻本。又分經、史、子、集，共四十三廚。載明何樓何向。《傳是樓書目》有此例，是備尋書檢查之本，非書目也。

汪氏三目，此種獨全。合而觀之，汪氏之書不愧富有矣。

清吟堂書目四卷

傳鈔本。瞿穎山藏書。其編目分卷一鈔本，卷二名人批校鈔本，卷三名人批校刻本，卷四影宋元鈔本。照宋、影宋亦分别。所得盧抱經校本最多，影鈔本最少。內《金石萃編》稿本十卷，即元代金石未刻者。

宜稼堂書目一册

舊鈔本。羣書雜糅，内爲丁中丞、莫偲老、洪琴老借去之書，均有單附内，似泰峰身後庀書之帳。宋元佳帙，荃孫另鈔數紙。今歸陸氏者，流出扶桑，歸丁氏者，散入市肆。泰峰有靈，同兹一嘅。此册爲日本友人島田君所贈。

結一廬書目一册

傳鈔本。朱澂撰。澂字子清，江蘇候補道，仁和人。太常卿脩伯先生長子也。脩丈官京師時，正值庚申之變。舊刻名鈔散落廠肆，不惜重值，所得獨多。子清家學涵濡，嗜古尤篤。即此一編，高出尋常收藏家萬萬，爲光緒庚辰吾友黄再同所貽。己丑冬間，相遇滬濆。子清曾言續有所得，出此目者幾及一倍。近代書目以恬裕齋爲佳，宜仿爲之，并有代編書目之約。别去未久，子清即歸道山，書亦盡歸張幼樵前輩。辛亥金陵失守，革黨踞張氏園，書籍狼藉。流出東洋猶其幸者，餘不免襯馬足當樵蘇耳。長恩不佑，感慨系之。

石鼓文音釋三卷附録一卷

明正德辛巳刊本。石鼓今在太學，文字存者三百餘字。宋薛尚功、鄭樵《古文苑》所載，均已不全，無論元潘迪《音訓》矣。升庵生自明中葉，忽稱得唐人搨本七百二字全文，陸深《金臺紀聞》始疑其補綴爲奇。《日下舊聞考》、《四庫提要》均深斥之。惟孫伯淵先生所得宋寫《鐘鼎款識序》，石鼓文字完備，與此本同。考韓文公作《石鼓歌》，原有「君從何處得紙本，毫髮盡備無差譌」之句，是唐時自有完本。如薛氏作書時即見之，不應他本僅據殘字别石收録。然以爲後人增補入帙，何以紙色字畫又與全書無異？豈薛氏以後得本追改成書耶？細核所補石鼓字，如「旭旭杲杲」之屬，驗今石本作「𩁹𩁹䍤䍤」，似非無因。疑以存疑，已足爲升庵辨誣矣。此本明時初印，紙墨俱佳，洵屬可愛。

庚子銷夏記校文一卷

傳鈔本。何焯撰。《庚子銷夏記》爲大興孫北海著，是賞鑑家著述，考訂不免疏漏，義門此編是北海諍友也。

吴氏手跋曰：「義門何氏批本，予從書肆借得。乾隆庚子正月十八日力疾過於册。稷堂吴省蘭。」

程氏手跋曰：「曩讀《復初齋文集》，知何義門有《庚子銷夏記》校本，求之數年弗獲。去秋在都門，見琉璃廠有吴稷堂學士過本，亟購歸之。頃攜南來，適金山錢内兄鼎卿方輯《藝海珠塵》續集，因即録以寄。雖寥寥數葉，出義門隨筆，而援據精核，頗足糾退翁之失。時己酉春日，嘉善程文榮姑蘇行館記。」

吉金貞石録五卷

傳鈔本。張塤撰。塤字石公，江蘇吴縣人，入畢弇山制府幕中。曾修興平、扶風、郿三縣志，彙刻三縣志金石，改此名。

張氏自序曰：「乾隆四十二年丁酉，予以憂去職。奉太夫人柩南歸。明年戊戌，會故人畢中丞沅開府於秦，要予游於秦。秦中故多前代金石，而同志嗜古之士，若嚴侍讀長明，錢明經坫，並在幕府。於是拓工四出，氈椎無虚日。中丞以興平、扶風、郿三縣志屬予重輯。予纂列「金石」一門，内中若賀若誼、楊珣碑，彰彰在人耳目。而郿之金石，自昔未登著録者，亦搜得一十餘種。頗謂於斯道有功。又明年己亥，書成，予服闋還京師。篋中所存《金石志》稿共五卷，不敢廢棄，統入予《吉金貞石録》中。凡碑、銘、款、記，全載其文，《志》之體例如此。碑中譌字亦照原碑録之。後人鈔刻此書者，幸弗輕易塗改耳。太歲庚子中秋後一日，吴郡張塤序。」

泰山石刻記一卷

傳鈔本。孫星衍撰。星衍字淵如，江蘇陽湖人，乾隆丁未進士及第，官至山東糧儲道。此目存佚均采，編輯在《山左金石志》之前。

金石文字記六卷

刻本。過録翁覃谿校語。

翁氏手跋曰：「亭林至華陰，在康熙十六年丁巳，時年六十五矣。此書當是晚年所校。」

朗齋碑録一卷

傳鈔本。朱文藻撰。文藻字朗齋，浙江錢塘人。

朱氏自跋曰：「乾隆壬寅夏，青浦少司寇王述庵先生居内艱，來武林重修《西湖志》，文藻始獲謁見先生。明年癸卯，先生奉恩命起復，秉臬關中。公餘之暇，蒐羅金石，創稿爲《金石萃編》一書。其時嘉定王濤定山在幕中，專司編排碑拓之事。先生貽書文藻，謂諸藏弆家凡志乘、説部、文集中有論及金石者，悉爲採録，緘寄關中，以備編入碑跋。適吾友鮑渌飲以知不足齋藏書六百餘種進於朝，充《四庫全書》採擇。高宗純皇帝賜以《古今圖書集成》一部，俾尊藏於家。内有『金石』一門，雜採史志及諸家説集，爲人間罕見之秘笈。文藻因得借出，逐條手録，彙成一册，寄之西安。繼又見汪氏振綺堂藏書中有《太平寰宇記》一書，向祇鈔本流傳，未有刻本。復細加檢閱，凡言有碑處所，悉採其説，亦續寄之。未幾，先生移節滇藩，道遠不及再寄。其從前兩次寄陝之本，皆歸定山。檢查有碑可系者，則抽出録之。無碑者，存以備考。此碑録二種之原委也。迨甲寅春，先生年已七十，由刑部侍郎蒙恩予告歸里。居多清暇，迺發篋中所藏金石摹文，詳加考訂。嘉慶辛酉歲，先生來武林，主講敷文書院。因招文藻分任編校之役。壬戌以後，迺招寓青浦珠家角三泖漁莊，是爲先生之居。帀歲，定山亦來同寓，聚首一年，檢故篋得此二種，尚是文藻手録原本，仍畀文藻收藏。蓋自癸卯迄於癸亥，閱歲二十有一年。此二種者，自浙寄秦，自秦移滇，移江右，移京師，輾轉幾逾萬里，而今日者復得入文藻之手。若非珍惜如定山，則此册不知棄之何所矣。甲子，定山歸課鄉塾。暇時來漁莊，必過寓齋劇談。乙丑秋，歸道山。文藻乃取此二種編聯成帙，藏之敝篋，以示後人。俾知良友珍愛予書，得以久而不遺。而予之勤筆寫書，數十年如一日，於此可見一斑矣。書無可名，目之曰《碑録二種》云。嘉慶丙寅暮春，碧溪居士朱文藻識於三泖漁莊。時年七十有二。」

瞿木夫金石跋二卷

輯録本。瞿中溶撰。木夫有名文苑，考訂金石尤其擅長。有《古泉山館金石萃編》一百廿卷，專補蘭泉先生所佚者。稿本二尺許，存太倉陸星農太夫子處。攜入湘中，潘文勤公在都借閲，而未録副。後寄還湘中，爲人所乾没，不知流落何所。荃孫到處搜訪，得數十跋。吾友況夔生又鈔《湖南通志》以益之，成此二册。原書他日再出，以覆醬瓿可也。

劉燕庭所得金石目一卷

葉東卿先生手鈔本。皆燕庭所藏書及石之名，非拓本也。

劉燕庭叢録八卷

稿本。書記彙萃造象題名，分地以編之。

金石萃編補正四卷

稿本。方履籛撰。履籛字彦聞，順天大興人。嘉慶戊寅舉人，福建永定縣知縣。此稿藏方先生之孫立可處，荃孫假得傳録。後滬估付之石印，得廣傳播。

顧氏手跋曰：「昔錢竹汀少詹言宋以後碑好者頗少，惟引李南澗一人爲同志。今讀此二册，自唐以下，凡宋金元等各碑，一一手釋其文，纖悉無遺。我彦聞先生可謂真知篤好矣，惜不起少詹見之。時道光八年十月十日，元和顧千里觀并記。」

黄氏手跋曰：「右碑文五十種，方彦聞先生所録也。先生名履籛，世居大興。自高祖居常州，遂爲郡人，而仍著籍大興。嘉慶二十三年舉人，官福建閩縣知縣。問學博邃，工爲駢體文，又篤好金石。嘗歷游冀、兖、青、豫，遇殘碑斷碣，必手搨其文。故是編所録，於中州爲多。正王氏《金石萃編》譌者若干，補其缺者若干，而篇第多未次序，蓋未成之書也。寶山毛休復丈與先生善，嘗假是書，鈔其副而屬志述爲校勘，并依時代編次之。用别爲補目録於前，且稍稍正其參錯云。道光十九年，歲次屠維大淵獻九月甲辰，武進黄志述謹記於暨陽書院生雲垂露之軒。」

趙氏手跋曰：「舅氏彦聞先生《金石萃編補正》二卷，黄仲孫志述重編次。此蓋從黄本重録者，用辨志書。墊紙則亦同，肄業於李鳳臺之人可知。書額朱字，或即李鳳臺書。光緒丙子假之仁和龔君宅，耕校讀因記。陽湖趙烈文。」

直隸碑目二卷

傳鈔本。樊彬編。彬字文卿，分地寫目，大半翻摘故紙，非盡見石本也。

萃編校勘記二卷

稿本。魏錫曾編。錫曾字稼孫，又號鶴廬，浙江仁和人。官福建浦南場鹽大使。此書專訂《萃編》之誤，友人與沈小宛所輯録，分兩卷。《萃編》之諍友也。

績語樓碑録十四册

稼孫手稿。内漢至梁一册，唐五册，南宋一册。已刻稿四册，《開成石經表》一册。已刻入《藕香零拾》中。

長安得碑記二卷

傳鈔本。不知何人所撰，分地傳録，頗爲翔實。

閩中金石存佚記一卷

傳鈔本。吴大澂撰。大澂字清卿，江蘇吴縣人，同治戊辰進士，翰林院編修，官至湖南巡撫。清卿前輩金石書畫靡不篤好，考訂亦精。王事靡盬，著述罕傳。身後蕭條，所藏亦散，殊可悲已。

龍門山造象釋文一卷

傳鈔稿本。太倉陸繼輝撰。繼輝號蔚庭，同治辛未進士，翰林院編修，官河南汝寧府知府。蔚庭承莘農太夫子之傳，考訂雖未詳悉，而釋文頗能精審。此册在京師所釋，均出《萃編》之外者。

求是齋碑跋四卷

摘録稿本。丁紹基撰。紹基字汀鷺，江蘇武進人。是書分歷代編八卷，共一千六百十二種。有跋者六百五十種。體例一仿東武趙氏。汀丈淵雅閎通，家傳金石之學，以知縣需次直隸，常捧檄至京師。荃孫供職詞垣，丁丑初夏，與丈初晤，暢談金石，頗蒙嘉許。以後郵筒往復，商榷考訂，歲三四至。迨荃孫南返，丈亦棄官歸里。丁酉冬日，偕金溎生謁丈於局前街故宅，猶爲煮酒摘蔬，清談竟日。後又相聚於天寧寺，别無幾時，而丈歸道山矣。甲辰春，子興出以見眎，條例秩如，辨證明析。先正遺型，於兹未墜。如《魏暉福寺碑》之「宕昌公爲鉗耳慶時」，《豆盧通造象》之「世子僧奴爲豆盧寬」，《元氏乾符經幢》之「楚國夫人爲王景崇之母張氏」，《光啓經幢》之「國太夫人爲王鎔之母何氏」。又以《金石録·漢司空殘碑》爲《王基碑》之下截，以《栖巖舍利塔碑》「陳公寶慶爲先封永寧公後封陳公」，均未經前人道及。而魏楊宣、邸珍兩碑，唐段公《祈雨頌》爲之釋文，亦極明碻。丈歷任雞澤、元氏、邢臺，於元氏得《乾符幢》、《建隆幢》、《大定寶峰院牒》、《至順堅吉祥塔銘》，於邢臺得《慶曆真言幢》、《慶曆定光佛塔記》，《常山貞石志》、《畿輔通志》亦未著録者。其搜采之廣，考訂之精，與葉九苞《金石録補》相埒，非劉青藜等所及也。

閩中金石略十五卷

稿本。陳棨仁撰。棨仁字鐵香，晉江人。自卷一至卷十二歷代金石，搜羅宏富，考證詳明。十三十四僑刻，十五閩帖考，皆新例之極善者。鐵香爲陳先生慶鏞高足，《籀經堂集》即其所刻，淵源有自，著述斐然。福建昔無金石專書，馮柳東先生《閩中金石記》一册，新《通志》山水類亦略載之。劉燕庭《蒼玉洞題名》只一地，陳巖《墓志考堅牢塔考》只一碑，固不如此書之廣大矣。然荃孫所得拓本，尚有十餘種出此略之外者，地不愛寶，爲金石之學者共勉之。

式訓堂碑目三卷

稿本。章壽康編。壽康字碩卿，會稽人，隨宦四川，善讀書。金石書畫，靡不收藏。與余莫逆。余訪碑開單告君，君即令打碑人往拓之，分貽友朋。宜賓《涪翁巖》之五十段，奉節《皇宋中興頌》無不致之。翠墨琳琅，堆滿几席。俟君去蜀，無此豪舉矣。君遇舊拓，見即購之，所得袁太守少南所藏居多。此編五千餘種，索序于余，即留余篋，展卷相視，如見故人矣。漢碑如丁房畫象，雙排六玉碑，今豈能再見耶？

金石卮言　石墨鐫英　二王楷迹　蘭亭輯略合一册

舊鈔本。不知何人所輯。字大而佳，文登于氏藏本。均講法帖原流，非考碑也。末一種有潘寧跋，時在乾隆五年。首卷有「文登于氏」、「小謨觴館藏本」白文長印、「漢卿珍藏」白文方印，眉上有「文杏館」朱文方印。

古今碑帖考二册

舊鈔本。高江村士奇就胡文煥刻金石編年而校定之，有士奇跋。首有「清河郡圖書記」朱文方印，眉上有「文杏館」朱文方印，與前書一家所藏。

類書第七

太平御覽一千卷

東活字本。日本文久辛酉，喜多邨直寬用楓山官庫宋本第一卷至五百六十二卷，屬友人田口文之校之。每門各撰舉謁，分門附入。戊午，直寬致仕，又自校五百六十三卷以下，迄篇末，則據中國所刊宋板校之，遂不復撰。舉謁字斟句酌，頗有條理。同治光緒之交，此書至中國甚多，近則稀如星鳳。蓋活字本有減無增也。

事物紀原十卷

明成化刻本。南昌閻敬校正，成安李果批點。有云宋高承撰者，有云明南昌胡儼撰者。李果序又云：「南平趙弼删訂」，則非高承原本明矣。此爲成化壬辰刻，較《平津藏書記》胡文焕刊本爲早。又案《儀顧堂集》：宋本《重修事物紀原》二十卷。以閻敬本校之，大抵明本以二卷并爲一卷，而互有脱落。則此書亦善本也。

古今合璧事類備要二十四册

宋刊本。宋謝維新撰。每半葉七行，行大字十七，小字廿四。高五寸六分，廣三寸六分。白口，單邊。版心作「要一」、「要二」。此書共四集，前集六十九卷，存卷一、四之八、九之十二、二十一之二十四、三十五之五十二、五十六之六十二，共四十五卷。後集八十一卷，存卷一之十二、四十三之四十七、六十七之七十四、七十七之八十一，共二十七卷。莆田黄叔度敍。「叔度」朱文小印、「建安黄氏」朱文大方印、「與耕」朱文寬邊大方印、「似道」白文鼎式印。此書見汪士鐘書目，有「汪士鐘藏」朱文長印。

原跋：「記問之學，不足以爲人師。然左氏有廣記備言之要，乃爲後世類書者之祖。一旦，友生謝去咎攜一編以示余曰：『此友人劉兄德亨所託編《事類備要》也，不私所藏，欲廣其傳。』且俾余一言以訂其末。余不敏，何所容喙。倘休沐之暇時，閲此編足爲揮毫用事之助云。郡人新莆田守黄叔度似道敬跋。」

錦繡萬花谷前集四十卷後集四十卷續集四十卷

明徽藩崇德書院重刻會通館本。仍存華燧前序，嘉靖十四年賈詠序。

六帖補二十卷

舊鈔本。極精。宋楊伯嵒撰。《四庫》未著録，阮文達補行進呈。

新編簪纓必用翰墨全書續集四十二卷

明鈔本。《四庫》著録，共前、後、别、續四集，百五十卷。此僅有續集，藍格綿紙，鈔手甚舊。

韻府羣玉二十卷

元刊本。晚學陰時夫勁弦編輯，新吴陰中夫復春編輯。每半葉十行，行大小字字數不等。高六寸五分，廣四寸一分。雙邊，黑口。首有滕賓序、姚雲序、至大庚戌此板挖去「至大」二字。趙孟頫題陰竹林二序、大德丁未陰復春序，延祐改元，陰時夫自序。間有補刻之葉。别本有「新增説文」四字，與此不同。

新編事文類聚翰墨大全一百二十五卷

明刻本。分甲乙丙丁戊己庚辛壬癸十集，又分后甲后乙后丙后丁至后戊爲止，共一百二十五卷。與《提要存目》合第。《提要》云：宋劉應李撰，自稱鄉貢進士，其里籍未詳。大德十一年熊禾序云：「劉君力學善文，與余講學武夷山中十有二年。」是其書入元始作，然《廉石居藏書記》云：「應李，宋咸淳時建陽主簿，入元不仕。」仍可題爲宋人。《千頃堂書目》云：「字希泌，建陽人，咸淳中進士，授本邑主簿。與熊禾、胡庭芳講學洪源書堂。」《宋元學案》云：「應李，雲莊弟炳之孫也。初名棨，入元不仕。退與熊勿軒、胡廷芳講學于洪源山，共居十有二年。後建化龍書院于莒潭聚講，學者多集。」又后乙三卷爲「聖朝混一方輿勝覽」，錢辛楣所推重者。此書元刻尚有流傳，是本明萬曆辛亥所刻，行款不殊，惟尺寸稍寬廣耳。

書前牌子

舊刻《翰墨全書》流行天下，永利世用。然皆支離陳腐，蓋出於一時腐儒之所僭改，非劉氏之正宗也。本堂常有餘憾，迺求諸選部古沖李先生門下珍藏古本，分門別類，該洽詳慎，足以備游戲文墨者之觀。比之前刻，大徑庭也。謹重梓之，四方尚鑒焉。萬曆辛亥歲孟夏月，重新整補好紙板，每部價銀壹兩整。安正堂梓。

荆川稗編一百二十卷

明刻本。明唐順之撰，萬曆茅坤序。

萬姓統譜一百四十六卷附氏族博考十四卷

明刻本。明淩迪知撰。萬曆己卯王世貞序，王穉登序。

詞林海錯十六卷

明萬曆戊午刻，夏樹芳撰。有鍾惺、萬其昌、焦竑、馮時可四序。

女鏡八卷

明萬曆己酉刻本。前人撰，有于孔兼、馮時可、錢一本三序，又樹芳自序。

姓韻十卷

稿本。張澍撰。介侯姓氏五書之一，此書未刻。

儒學警悟四十卷

明鈔本。宋太學俞鼎孫同上舍兄經編爲《石林燕語辨》十卷，《演繁露》六卷，《懶真子》五卷，《考古編》十卷，《捫蝨新語》上集四卷下集四卷，《螢雪集説》二卷，共七集四十一卷。因編輯七書爲一帙，名之曰《七集》，非自一至七也。後有「嘉靖壬辰季春吉庵王良棟録藏」一條。汪聖錫《石林燕語》，校《大典》止存其目，《演繁露》多兩跋，《考古編》多《自序》一篇及「黎民」一條，《捫蝨新語》多自跋及槜李張諫跋語，《螢雪叢説》多「詩題用全句對」、刻本存數字。「戒食菰蕈」二條，《懶真子》每條皆有題目而刊本無之。惟《演繁露》祇采後六卷，《捫蝨新語》僅八卷，略當《津逮》本之半，未爲全書。然目中固註明《演繁露别録》十卷，刊於乙集。《捫蝨新語》編次與今本不同。其自跋謂「又得一百則，録之以爲二集」，當是原本單行之舊，非明人删節改竄可比。此書世所罕見。《石林燕語》，《提要》云「汪應辰之書，陳振孫已稱未見，蓋宋末傳本即稀。即《儒學警悟》間引數條」，并注云：「《儒學警悟》亦南宋之書，不著撰人名氏。」是編《大典》時即未見此書，並不知其爲叢書。編者俞鼎孫及兄經刊者，俞上達校者，俞過俞綱刊書爲嘉泰壬戌，爲宋寧宗第二改元之二年。宋人如《類説》，如《紺珠集》已是叢刻之先聲。雖各標各書，然止摘出數十條，非全書也。至左圭《百川學海》始録全書，錢辛楣先生考爲咸淳癸酉，已在宋末。此書序於嘉泰壬戌，先《百川學海》七十二年，得不推爲叢書之祖耶？國朝各家書目均未載，盛伯兮祭酒得之山西書賈。荃孫求之至再，伯兮爲鈔《石林燕語辨》，畀小門生葉德輝刻之，未見全書。今沅叔爲荃孫重價購之，書此志幸。

百川學海十集

明翻宋本。每葉二十四行，每行二十字。弘治十四年無錫華汝德珵重雕。亞於宋刻一等，非明人後刻可比。

明朝四十家小説六册

明陽山顧氏刊本，止存《稗史》、《西征記》、《避戎夜話》、《雲林遺事》、《翦勝》、《野聞近言》、《茶譜》、《宋史辨》、《天全遺事》、《清夜録》、《聽雨紀談》、《談藝録》、《今雨》、《瑶華》、《簷曝偶談》、《金石契》、《十友譜》、《縣笥瑣探》、《吴郡二科志》、《瘗鶴銘考》、《青溪暇筆》、《景仰撮書》、《蠶衣寶櫝記》、《太湖新録》二十四種。每册後有「陽山顧氏文房」黑腰圓印。

今獻彙言八卷

明刊本。無撰人姓氏。《提要》云：「據《明史·藝文志》，高鳴鳳編，二十八卷。此本只八卷，據其目録所列，凡爲書二十五種，乃首尾完具，不似有闕」云云。今此本實二十九種，《天一閣書目》不著撰人。

第一卷,《蘿山雜言》、《蒙泉雜言》、《未齊雜言》、《南山素言》、《松窗寤言》、《井觀瑣言》;第二卷,《正學編》、《明斷編》、《比事摘録》;第三卷,《演連珠編》、《擬連珠編》、《璅語編》、《西軒客談》、《詢蒭録》、《譾言編》、《拘虚寤言》、《竹下寤言》;第四卷,《清溪暇筆》、《桑榆漫志》、《林泉隨筆》、《春雨堂隨筆》;第五卷,《賢識録》、《遵聞録》、《損齋備忘録》、《守溪長語》;第六卷,《雙溪雜記》、《菽園雜記》;第七卷,《平夏録》、《平吴錄》、《北平録》、《平定交南録》;第八卷,《撫安東夷記》、《西征石城記》、《興復哈密記》、《平夷録》、《東征記行録》、《江海殲渠記》、《醫閭漫記》,與此本合第。較《天一閣目》多《平胡録》一種,想撰書目時有所諱歟。

藏説小萃八册

明刻本。江陰李如一貫之彙刻,皆江陰人著述。共八種,分十集。江陰先輩刻書不多,此書更爲罕見。丙戌於順德師處假鈔九種,以《漫筆》有國初本也。丁酉從揚估購得此本,缺葉甚多。甲辰吴仲懌侍郎藏此書,假補短卷,因遂補足缺葉。侍郎書亦缺者,幸有前鈔本補之。今而後有完本三部在天壤間,亦一快也。

附目

甲集

公餘日録一卷全　引總目　沂樂湯沐
宦游紀聞一卷全　序　一川張誼
乙集
水南翰記一卷全　題辭行狀　水南張衮
存餘堂詩話一卷全　序墓志　舜城朱承爵
暖姝由筆一卷　序墓碣六師贊　兼山徐充
丙集
暖姝由筆二三卷終
丁集
汴游録一卷全　前人
戒庵老人漫筆一卷　序二并目　戒庵李詡
戊集
戒庵老人漫筆二三卷
己集
戒庵老人漫筆四五卷

庚集

戒庵老人漫筆六七卷

辛集

戒庵老人漫筆八卷終

延州筆記四卷全　自序跋　延州唐覲

壬集

洹詞記事鈔正續二卷全　引目　後渠崔銑

癸集附

明良記四卷全　引　五川楊儀

保孤記一卷全　跋補桂洲佚事　前人

共九家十一種二十七卷

龍飛萬曆柔兆敦牂歲，重光單閼月，赤岸李氏銓於前書樓，付金閶梓人鐫行。《漫筆》有國初刻本，近與《存餘堂詩話》均刻入《常州先哲遺書》，《延州筆記》刻於金氏《粟香叢書》。

右　類　書

藝風藏書續記卷六

詩文第八上

楚詞十七卷

明翻宋本。漢王逸章句。每半葉八行，行十七字。高六寸六分，廣四寸五分。白口，雙邊。目録後有「隆慶辛未歲豫章夫容館宋板重雕」一行。史傳、班固序騷、劉勰辨騷次之，《楚騷疑字直音補》附焉。卷一之末有「姑蘇錢世傑寫章芝刻」雙行。《天一閣書目》收入，有王世貞序云：「吾友豫章宗人用晦得宋《楚詞》以梓而見屬爲序。」此本序已失去。

楚詞集註八卷後語六卷辨證二卷

明刊本。宋朱子撰。每半葉十行，行二十字，小字同。高六寸四分，廣四寸一分。黑口，雙邊。卷一後有「書林魏氏仁實堂重刊」一行。卷六「弘治十七年歲在甲子仲秋，書林魏氏仁實堂謹依京本，新刊楚辭註解離騷經第六卷」二行，字畫古雅。疑翻宋元舊刻。魏氏仁實書堂在建寧，學部圖書館《資治通鑑綱目集覽》即魏氏仁實書堂校刊也。

楚詞集註八卷辨證二卷後語六卷

明翻宋本。卷末挖去牌子，大約嘉靖時刻。提行空格，原出於宋。《辨證》板心作「卞正」，亦明刻之佳者。

以上楚辭

文選六十卷

明唐藩覆元張伯顏本。元本每半葉十行，行二十三字，此本二十二字，稍有分別。餘黑口面目悉同。張刻原本李善、張伯顏官銜擠寫各一行，後刻改兩行。此從兩行本重雕，前有成化丁未唐藩序。「希古」二字另行。下有「唐國圖畫」墨印，後有弘治元年唐世子跋。

文選纂注十二卷

明刻本。明吴郡張鳳翼纂注。此書爲《提要》所詆，又系兩部合并，惟家中亂前舊帙，獨此僅存。五卷以下，常熟黄機過錢湘靈批，朱彩奪目，亦足寶也。

錢氏手跋曰：「康熙十二年癸丑九月，喪四兒。十四年，喪黄氏女。□□連纏二酷，讀書眼花。乙卯九月，銜哀赴館常州，以筆墨塞痛。乙卯十月二十九日始還。易農《文選》瀹注而余閲本亦告竣，記於卷末。明年皃令清出一本换去，至甲子天士又借皃令本對臨。然中多缺落，天士之尊甫巨禾即以易余本。余因自較補一徧，藏於家，因追記第一部後所書之大略，并詳各本去留之故。時乙丑三月十二日陸燦七十有四書。」

黄氏手跋曰：「曾記數年前，頗欲游涉有韻之言。質之先外祖，思以一書爲矜式。祖曰：『亦熟精《文選》理耳。』遂取是書讀之。曩時心思泛馳，未能竟學也。去夏息足於讀書臺下，環翠樓頭，三復緒言，因更檢是書讀之，僅如目炫五色，耳疲八音，仍茫無所入。而先外祖向來閲本，自遊道山，不知墮落誰手，良可痛惜。不得已，因徧向諸門下乞假藏弆，臨摹善本。而唯山表一書，獨爲精密。亟借以歸，手自臨寫。自壬午六月五日握管，易歲始獲卒業。其間以事荒廢時日，徹止宏多，苟有餘閒，未或高閣。雖沍寒溽暑，無間也。第苦流傳鈔寫，誤謬不一。雖稍隨筆改竄，而魯魚亥豕之誚，卒未能免。嗟乎！哲人云逝，考訂無由。手撫遺書，典型永慕。雖東坡有云『昭明小兒，强作解事』，然少陵之言，豈欺我哉。臨畢，用志日月於後，前賦三册，則衛晉玉兄先從原本臨得者也。時尚章汁洽之歲，月建戊午，夏至後三日，恩撫外孫黄機百拜謹識於雲澤村莊。」

再跋曰：「丙戌長至校原本畢。因原本在元玉處換借，中隔一紀。外孫機識於白度東堂。」

續文選十四卷

明刻本。胡震亨編。震亨字孝轅，浙江海鹽人。前有著作人姓氏録一卷，蕭選終自梁，此書接選梁、陳、魏、齊、周、隋歷朝文。孝轅博極羣書，所選文亦温雅可誦。護葉有「癸卯冬貽自胡孝轅」，即孝轅之友手筆，其人則無從考。前葉有「汪印元范」白文方印，後有「辟蠹魚齋」朱文方印。

竇氏聯珠集一册

宋刊本。唐褚藏言編。每半葉九行，行二十七字。高六寸七分，廣三寸八分。白口，單邊。上有字數，下有人名，只一字。魚尾下「聯珠集」三字，詩題低三字，和詩同。銜名低四字，詩不低格。合竇氏五子常、牟、羣、庠、鞏爲集，不分卷，無目録，析每人詩爲一卷。詩首有傳，即藏言所纂。後有潛夫題語及詩，又和峴跋，嶧《題記》，王崧跋。潛夫，張昭字，峴、嶧，和凝子也。刻於淳熙五年，詩作楷體，跋作行草，筆蹟相似，極見古雅，疑即王崧所寫以刻者。宋諱「貞」、「朗」、「眺」、「徵」、「曙」、「署」、「樹」、「佶」、「構」均作字不成。板刻清朗，楮印俱佳，宋刻中最精善之本。汲古毛氏刻本，於竇常詩《謁三閭廟》下脱去《杏山館聽子規》一首云：「楚塞餘春聽漸稀，斷猿今夕讓霑衣。雲埋老樹空山裏，髣髴千聲一度飛。」又誤字甚多，如竇常《傳》「牧丁」誤「牧下」，「小職」誤「少職」，「疏泉」誤「流泉」，「黃州」誤「廣州」。常詩中「滁東」誤「除東」，「召公爲保」誤「君爲宫保」，「連雲」誤「連天」，「金鉤店」「店」誤「居」。竇牟詩中「銀臺」誤「臨臺」，「少人家」「人」誤「年」，「疾驅」誤「疾騣」，「秦客」誤「秦官」，「苦澁」誤「若澁」，「北部」誤「比部」，「詎可云」「云」誤「聞」。竇羣《傳》「復全」誤「復前」，「京兆尹」「尹」誤「命」，「任蘇州」「任」誤「在」。羣詩中「冢樹」誤「家樹」，「謝時人」「謝」誤「試」。竇庠詩「金成柱」「成」誤「城」，「朱絲絃」誤「朱絃琴」，「無俗心」「俗」誤「塵」，「曈曈」誤「重重」。竇鞏詩傳「舊交」誤「舊文」。鞏詩中「侍彤闈」「侍」誤「待」，「猶言」誤「猶疑」，「採掇」誤「探掇」，「今年」誤「新年」。卷末潛夫詩「梁苑夜」「夜」誤「後」。微此本，無以訂正也。陽山顧大有舊物，歸葉氏，後入士禮居黃氏、藝芸書舍汪氏、常熟瞿氏、趙氏，今歸余插架。《百宋一廛賦》中物，只藏此一册而已。卷首末有「顧大有印」白文方印、「南陽叔子苞印」白文方印、「二泉」朱文方印、「下學齋圖書記」朱文大方印、「百宋一廛」朱文長印。

竇氏聯珠集一册

臨馮補之，据淳熙本校，何義門覆核宋本。今歸余，與校本絲毫脗合，足見前輩校勘之精。

何氏手跋曰：「康熙辛卯春日，蒙汲古主人西河十丈以勘校唐人詩數種見借，此五竇《聯珠集》，字蹟似馮丈補之所校，而頗嫌其略。今余購得葉丈九來所藏宋本，乃顧大有故物，詳加是正。凡改五十餘字。中行《杏山館聽子規》一篇諸本脱去，仍爲補録。竊比顏介《家訓》，先有缺壞，就爲補治之意。恨以病目，字失楷正爾。後生何焯附識。」

松陵集十卷

毛鈔影宋本。皮日休、陸龜蒙同撰。每半葉十二行，行二十二字。高六寸五分，廣四寸四分。白口。首葉有「子晉」朱文兩聯珠小方印，又有「義門藏書」朱文長方印。近時重毛鈔過於麻沙舊刻，荃孫止存此種，真工絶也。

皮陸從事唱和集十卷

明許自昌刻本。唐陸龜蒙編。末有萬曆丁巳錢允治序，首葉有「文登于氏小謨觴館藏本」白文長印。

西崑酬倡詩二卷

舊鈔本。宋楊億編。每人名下皆有結銜，瞿目以爲勝於他本。前有嘉靖丁酉高郵張綖序，即刻秦《淮海集》者。首葉有「文選樓」朱文長方印。

蘇門六君子文粹七十卷

明刊本。《淮海文粹》十四卷，《後山》四卷，《濟南》五卷，《濟北》二十一卷，《宛丘》二十二卷，《豫章》

四卷。前有錢謙益、陳繼儒序。

九僧詩一卷

余蕭客鈔本。衎石齋得自陳妙士，有「妙士名紙」題籤，有「衎石」白文方印。

余氏手跋曰：「《九僧詩》在宋屢爲難得，汲古主人更六百七年，得見誠爲幸事。況所傳本，視直齋公武所見，又多二三十首，宜跋語之色飛而神動也。第汲古佳鈔，以謹守宋槧之舊，推重士林。而此本首據《清波雜志》，九僧各冠地里，又以《瀛奎律髓》一篇添入宇昭之下，則與宋本稍齟齬矣。余謂《清波》一條既載跋後，則卷首地里自當删去。而《瀛奎》一篇，宜列毛公跋後，以還宋本舊觀，以匡汲古主人好古之萬一，或不至以此獲罪於當世諸君子也。九僧詩入有唐中葉錢劉韋柳之室，而浸淫輞川、襄陽之間。其視白蓮、杼山有過無不及。然山谷所稱『雲中下蔡邑，林際春申君』此集不載，而惠崇自定句圖五字百聯，入此集者亦不及十之二三。使汲古主人聞之，則欣躍之餘，更當助我浩歎矣。乙未冬初，假滋蘭堂藏本録畢記之。古農余蕭客。」

錢氏手跋曰：「是書即妙士所貽，是日枉過，攜此書來，是其名刺也。蓋在丙寅之春。」

樂府詩集一百卷

元刊本，宋郭茂倩撰。每半葉十一行，行二十字。高七寸二分，廣五寸。單邊，黑綫口，上有大小字。

前有至正初元上浣周慧、孫德可行書序。惜止存前五十卷，并去前目以充全帙，書賈之愚也。

宋文鑑一百五十卷

宋版元、明修本。宋吕祖謙編。每半葉十三行，行二十一字。高六寸，廣四寸二分。黑口。凡作「皇朝文鑑」、「聖宋文鑑」或鏟去「皇朝」二字，空白不補，或斜補一「宋」字，皆舊板也。明補之葉尚少。天順商輅序。以爲重刻，實則舊版重修也。首葉有「武林高深甫妙賞樓藏書」朱文大長方印，深甫名濂，即撰《遵生八牋》者。

東萊先生古文關鍵二卷

明刻本。宋吕祖謙編。首葉有「焦山漢隱庵書藏記」朱文方印。

妙絶古今四卷

明刊本。宋林表民編。宋寶祐間有刻本，嘉靖贛郡蕭氏古翰樓重刻。每半葉八行，每行十七字。版心有「蕭氏古翰樓」五字，字大悦目，宋式猶存，佳刻也。

聖宋名賢五百家播芳大全文粹一百五十卷目十卷

傳鈔足本。前有紹熙庚戌許開序，類目四葉，次名賢總目十七葉，次目十卷。後有嘉定三年宋均記云：「宋魏仲賢、葉子實所集，初編百卷，刊行後復廣蒐旁輯成百五十卷，未及梓而卒。」是百五十卷宋時並無刊本，傳是樓宋本，朱竹垞以爲二百卷，誤一爲二。《四庫》所收一百十卷，實則一百二十五卷。歸安陸氏、錢塘丁氏均只此數。荃孫先得兩舊鈔本，配合闕卷，借丁氏八千卷樓補足。吾友羅棨臣校之。丁氏藏本缺第二十、第六十三兩卷，再屬常熟門人丁君秉衡鈔之瞿氏鐵琴銅劍樓。秉衡復書言兩本不同，方知瞿氏所藏爲海内孤本。因請録副，瞿君慨然允之。年餘鈔成，珍藏藝風堂。海内孤本，從前亦無人論及。至姚跋所云「《四庫》一百十卷爲偶脱五字」，武斷可笑。古文家不可與講考據如此。

宋氏手跋曰：「余幼有嗜書癖，家貧恒不能置。每遇奇書必借鈔，積歲月不倦。去歲之冬，于苕溪得交王君者香，者香出其舅葉子實先生所編《播芳文粹大全》見示，因言是書初編一百卷，刊行後一時紙貴。既思書以四六爲宗，宜多采表啓諸作，乃復廣蒐旁輯，成百五十卷。未及梓而卒。然則是書世無刻本，彌足貴也。急假歸，偕同志友人分寫，六閱月而畢。因書以志。嘉定三年夏唐山宋均記。」

孫氏手跋曰：「右舊鈔《五百家播芳大全文粹》一百五十卷，國朝朱竹垞太史曾見徐章仲家宋槧本。卷首有紹熙庚戌許開序，以爲魏仲賢、葉子實所集。此鈔本卷首序同，列家五百二十亦同，獨卷末有嘉定三年唐山宋均記：『苕溪王者香言其舅葉子實爲是書初編一百卷，刊行後一時紙貴。既思書以四六爲宗，宜多采表啓諸作，乃復廣蒐旁輯，成百五十卷。未及梓而卒。然則此書世無刻本，彌足貴也』云云。案宋均跋語，則此書初次刊行，應在光宗時，至寧宗時又復增加，尚未授梓。竹垞所見宋槧，今未之覯，亦不言有宋均此記。其書之刻，或在光宗時，或經增加在寧宗晚年或理宗時，未可知也。惟竹垞言二百卷，則與此鈔不符。謹案《四庫全書總目》，以竹垞爲記憶未審，或偶然筆誤。觀宋均此跋，益信。且云是書雖嫌冗雜，而宋人專集之不傳於今者，實賴此編略存梗概，則固好古者所宜珍惜。不徒供文人漁獵之資矣。又案《四庫書目》云二百十卷，而此鈔一百五十卷，又多宋均一跋，蓋是最後續增足本，尤可寶也。校勘一過，爲志數語，以詒後人。大清嘉慶二十五年六月，遂初居士孫均跋。」

校宋劉後村千家詩選二十二卷

曹楝亭刻本。以宋刻殘本校前集。一、二、三、四、八、九、十、十一、十二、十三、十四、十五、十六、十九、二十共十五卷。

殘本劉後村千家詩選後集五卷

景鈔本。案：《分門類纂唐宋時賢千家詩選》宋刻本，半葉十一行，行二十一字。高五寸六分，廣四寸。積餘得自日本，檢曹楝亭刻本校之，行數、字數均合，尚存卷一、二、三、四、八、九、十、十一、十二、十

三、十四、十五、十八、十九、二十爲前集。又卷三投獻門、四慶壽門、八餽送門、九謝惠門、十謝饋送爲後集。前集欠五、六、七、十六、十七五卷，後集欠一、二、五、六、七五卷。十卷以後不知有無缺逸。曹刻廿二卷，廿卷爲前集，與此均合。後集止存二卷，均人品門，爲此所無，但不知當在何卷耳。又前集後留一葉，均系訪僧道詩，今亦無此門。《後村大全集》所載《唐賢詩選》、《唐賢詩續選》、《宋賢詩選》、《近賢詩後選》均與此不合，不必强爲附會。前集皆物類，後集皆人事類。曹刻不知是刻是鈔，大約亦不全。爲書估强合，挖去「前後集」字，以充全帙，亦其常技。曹本卷十一潘紫岩《松》詩末句「此物當爲伯仲行曹本」，「此物」下缺五字。趙循道《苔錢》詩「不比榆花鋪砌白」，曹本「不比」下缺五字。卷十四後村《登山》詩「捫蘿莫怪徐徐下」，曹本「徐徐」上缺四字。卷十八後村《聞笛》詩「何必謝公雙淚落」，曹本脱「淚落」二字。武元衡《角》詩「胡兒吹角漢城頭」，曹本脱「胡」字，均遜於此本。又此書只有曹刻，各書目均未見。阮文達外集亦不能悉其始末，賴此本尚存天壤，俾見是書真面目。雖零珠碎璧，洵可寶也。

崇古文訣三十五卷

明刻本。

崇古文訣三十五卷

明吴邦楨、邦傑刻大字本。

翰苑英華中州集十卷

元刻本。每葉三十行，每行二十八字。高六寸五分，廣四寸三分。白口，雙邊。至大庚戌龍山趙氏國寶刻本。惜《中州樂府》一卷已佚去。前有「傳是樓」三字朱文方印、「健庵考藏圖書」朱文方印。

河汾諸老詩集八卷

影元寫本。元房祺撰。每半葉十行，行十七字。高六寸七分，廣三寸九分。單邊，白口。有大德辛丑房祺後序，皇慶癸巳六月吉日尊賢堂高昂霄具白。此書行世只有汲古本，是從林古度、周浩若、智林寺僧三鈔本互校鈔刊行。首有明弘治車璽序，未見元刻。此本字畫古雋，二、三、四、五連卷，亦後來刻板所無。郝先生序雖佚，詩有二百一首，與房序合，不止如《提要》所云一百七十七首也。原本楊惺吾同年得自日本，今歸柯蓀庵侍郎。尊賢堂是平陽書鋪名，此亦平水本之一種。

二妙集八卷

傳鈔本。金段克己、成己詩集，吴仲飴同年刻是書，交荃孫校勘，有跋。

荃孫手跋曰：「段氏《二妙集》以明成化辛丑賈定所刊本傳鈔，前有吴澂序、虞集《段氏世德碑》，後有孫段輔跋。長曰遯庵先生，在金以進士貢；次曰菊軒先生，金正大第進士，宜陽主簿。金亡，二先生隱於家,終不起。二先生幼時見賞於趙閑,閑公目之曰『二妙』,遂以名其集。海豐吴仲飴侍郎搜金人遺集,以二先生始終不仕於元,與元遺山、李莊靖同,因以是帙畀荃孫刻之,遂取河汾諸老集相校,間有可參考處。而《冬夜無寐》、《中秋之夕》、《雲中暮雨》龍門八題中。三首詩均屬之遯庵,本集屬之菊軒,互相歧異。《游青陽峽》七古『半百之年猶掣電。下落惟有愛山緣,未斷夢寐孱顔添。健羨』二語此本脱去,遂覺分段不甚明析。又鈔出遯庵逸詩二首,菊軒逸詩九首。再録《金文最》、《山右石刻文編》、《皕宋藏書志》,得菊軒遺文七篇,附刻之,并次段氏世表於後,爲考古者之一助云。光緒丙午立夏後一日江陰繆荃孫跋。」

古賦辨體八卷外集二卷

明刊本。元祝堯編。堯字君澤,延祐五年進士,官至無錫州同知。前有成化二年錢溥序,後有嘉靖丁酉康河序。丁陸兩家目均佚,河後序。

國朝文類七十卷

元西湖書院刊本。元蘇天爵撰。每半葉十行,行十九字。高七寸二分,廣五寸。單邊,黑綫口。上有字數,間有補葉,大黑口,有「吏部重刊」陰文。至正二年杭州路西湖書院刻本,明中葉册籍紙印,間有白紙攙補。前准中書省請刻咨,又移咨江南行省鋟梓。王理、陳旅、王守誠皆有序。目録後有「儒士葉森點校」一行。此元刻亦易見，惟印本尚清析，邊闌未刓，較之模糊無字化方爲圓者略勝耳。序目、卷一皆鈔配，鈔手亦精。有「審研堂」朱文小長印、「嘉泰私印」白文、「束屏」朱文兩小方印。

圭塘欸乃集一卷

舊鈔本。有周伯琦序，黄㝵、趙恒、張守玉、王翰、王國宗跋。板心有「檇李曹氏倦圃藏書」八字。首葉有「檇李曹氏藏書印」朱文橢圓印。

古樂府十卷

元刻本。元左克明編。每半葉十二行，行二十一字。高六寸二分，廣四寸六分。白口，單邊。《焦仲卿詩》「守節情不移」句下未增「賤妾留空房，相見常日移」二句，是左氏原本也。

古樂府十卷

明刻大字本。尚自元本出，未增「移」字韻。

天下同文集五十四卷

傳鈔本。元周瑞南編，目録後有「隨所傳録，陸續刊行」八字。闕卷十七、十八、卷三十一、三十四、三

十五、四十一凡六卷。

按：姚牧庵全集已不可見，是集所載大半《中州文表》之漏者。較閲一過，爲喜而再識之。寒中。

皇元風雅前集六卷後集六卷

元刻本。前集旴江梅谷傅習説卿采集，後集儒學學正孫存吾如山編類，奎章學士虞集伯生校選。每半葉十三行，行二十一字。高五寸五分，廣四寸。黑口。案：虞道園《翰林珠玉》，孫吾山所編輯，即其人也。此書古杭勤德書堂刻本，陸氏書則李氏建安書堂，《潛研文集》亦載李氏本，可見元時非一本也。

本堂今求名公詩篇，隨得即刊，難以人品齒爵爲序。四方吟壇多友，幸勿責其錯綜之編。倘有佳章，毋惜附示，庶無滄海遺珠之歎云。古杭勤德書堂謹咨。

草堂雅集十三卷

影元寫本。元顧瑛編。每半葉十行，行二十二字。高七寸二分，廣五寸四分。白口，單邊。上有字數，下有刻工姓名。此集十三卷，然一卷有後集二，二卷有後集一，九卷有後集一，實則十七卷。此書自來只有鈔本，能得始柯九思終釋自恢之本，已屬難得。《四庫》所收，尚首陳基，世間所謂俗本也。此元刻孤本，由歸安姚氏，歸寶華尚書。借我倩友人丁少裘影摹惟肖，亦可謂下真蹟一等者矣。

敦交集一册

舊鈔本。上虞魏仲遠編。仲遠録其友酬和之詩，作者二十四人，詩七十六首。

朱氏手跋曰：「册爲我鄉李太僕君實紫桃軒藏本。康熙丁丑予購得之，稽諸竹齋《丹崖全室集》，多有與仲遠贈答詩。仲遠父處士明叔預卜塋兆於福祈山陽，結廬其下曰『福源精舍』，丹崖爲之作贊，又爲題『尚古亭』。竹齋亦有《筠深軒長歌》，季溧則有《短歌》，予因補書其後。仲遠名未詳，《丹崖集》《作孝女朱娥詩》序有『上虞魏士達』，或者即其名與？竹垞老人書。」

元詩體要十四卷

舊鈔本。明宋公傳編。宣德癸丑鄧林序，紅格本，繕寫極精。

皇明風雅四十卷

明刻本。明徐泰編，嘉靖癸未自序。

古樂苑五十二卷附衍録四卷

明刻本。明梅鼎祚編。有新安郡汪道昆序，綿紙初印，光潔悦目，得自日本東京求古精舍。

韞翫集十卷

衎石齋録。衎石先生編友人贈答之作，自乾隆甲寅至道光甲辰五十年，所得輯爲一編，取陳記室所云「韞櫝翫耽以爲吟誦者」，遂名斯集。

錢氏自序曰：「予少嗜篇詠，荷長者矜許，輒詩以張之。長而兄弟友生相贈答，或拈題分賦，牒素寫貽，聯翩戢舂。陳記室所云『韞櫝翫耽以爲吟誦者』，有年於兹矣。養痾習静，次第檢鈔。雖十失三四，猶粲然成衺。數十年間，循省舊事，歷歷前塵聚散存没之跡，感不絶於予心。反復申詠，彌可珍惜。昔者次山篋中，不皆唱和仲遠，敦交亦及友于，今之撰集，行意而已。遠求履憲，有合有殊焉。乃如供官設客，詩家所譏。予素不工此，諸賢亦未有官之客之者，然稱揚溢美，名實滋慚。尋其真氣在紙，不可磨泐。將使下走蝨蚩行遠何其厚與。聯句數章，皆少作也，故附諸首卷終篇，以志嚶鳴之雅。詩餘若干闋，别爲一卷。清寫校完識此。道光辛丑正月星湖居士錢儀吉。」

以上總集類

漢

蔡中郎集十卷外集一卷

舊刻本。漢蔡邕撰。每半葉九行，行十八字。高六寸五分，廣四寸二分。單邊，白口。口上「蔡中郎集」四字，中「卷之幾」，下刻工姓名及字數。綿紙印，字帶行體。歐静分書序，首列故太尉橋公廟碑，望而知爲佳刻。有「韓氏藏書」、「萬卷樓藏」兩朱文方印，亦甚舊。

魏

曹子建集十卷

明刻本。魏曹植撰。此本無撰人校人，後有《音釋》一葉。

嵇中散集十卷

過録明吴匏庵鈔校本。張芑堂跋，黄蕘圃三跋，源流俱詳，後又取黄省曾本對核，不如此本遠甚。

晉

陶靖節集六卷

明刊本。晉陶潛撰。版心有「春書堂」三字，葉益蓀刻，有跋。林異卿手書上板，字畫極雅，後有「崇禎庚辰中秋既望，閩中林寵異卿書於金陵清涼寺」兩行。尾有「以禮曾觀」白文方印，吾友傅節子所鈐也。

梁

何水部詩一卷

明刻本。梁何遜撰。開卷何水部小傳，接何水部詩集，詩凡九十五篇。附載范雲、劉孝綽同作《擬古》及《解句》共一卷，與《四庫》本同。詩後宋黄長睿跋，又接《七召》，後有正德丁丑張紘跋。而跋與《七召》後餘紙均割棄，恐有刊板年月爲書賈所去，僞充舊帙。前有「求是室藏本」朱文方印、「毅調」二字朱文小長方印。

唐

盧昇之集二卷

明刻本。唐盧照鄰撰。丁氏書目云：「宋刻，有二卷本，載《賦》、《詩》及《五悲》，惟無《樂歌九章》與《騷》、《序》、《對問》、《書》、《讚》、《碑》十篇。」知此本原出於宋。首葉有「釋實思」白文方印。

寒山詩一卷豐干拾得詩一卷

影宋鈔本。

寒山詩一卷豐干拾得詩一卷

明刻本。

楊盈川集十卷附録一卷

明刻本。唐楊炯撰，龍游童珮子鳴校勘。萬曆三年子鳴敘。

宋之問集二卷

明翻宋本。唐宋之問撰。每半葉十行，行十九字。

李翰林別集十卷

明刻本。唐李白撰。吴郡袁翼重刊宋淳熙本。

集千家注批點補遺杜工部詩集二十卷年譜一卷

明刊本。目録署款「須溪先生劉會孟評點」，三行「臨川先生黄鶴補注」。每間引各家詩話列於每卷之後。

類箋唐王右丞詩集十卷

明奇字齋刊本。顧起經注，附《年譜》一卷，《凡例正訛》二卷。自序後有「嘉靖卅四年涂月白分錫武陵家墅刻」二行。

岑嘉州詩集八卷

明刊本。唐岑參撰。前有杜確序，有「南滙縣儒學記」官印。

唐劉隨州詩集十一卷

明翻宋本。唐劉長卿撰。每半葉十三行，行二十一字。明弘治有兩刊本，均十一卷。一西蜀李士修知隨州所刊，一餘姚韓明所刊。此本十一卷，末爲文。卷二《送河南元判官赴河南句當苗税充百官俸錢詩》，不書「句」字，注曰「御名」，是避宋高宗諱「構」嫌名，知此本從宋刻翻雕者。前後無序跋，以紙版度之，當是弘治所刊。卷中朱筆校過，臨何義門先生校語。前五卷校宋，卷十後有跋，跋首葉有「南齋秘笈」朱文小方印、「臣思復」、「秦伯敦父」均白文方印，後有「石研齋秦氏印」朱文長印，知是書前歸馬氏玲瓏山館，後歸秦氏石研齋也。

何氏手跋曰：「康熙丙戌二月，得見文淵閣不全《隨州集》，校此五卷，南宋書棚本也。毛丈斧季云《隨州集》難得佳本，凡校三過，庶無疏略矣。」又曰：「丁亥二月，以二弟所買馮定遠舊藏鈔本校後五卷，其次第與宋槧目録皆合，蓋佳書也。文房詩庶幾稍可讀矣。」又記云：「嚴天池家鈔本後五卷次第亦同，復取參校，改五字。」

韓君平集三卷

明刻大字本。唐韓翃撰。萬曆癸卯宛陵梅氏刻。

顏魯公文集十五卷

明活字本。唐顏真卿撰。口上有「錫山安氏館」五字，《年譜》、《行狀》、《碑碣》均有。後留元剛序，則大字也。

李嘉祐集二卷

明翻宋本。唐李嘉祐撰。每半葉十行，行十九字。

耿湋詩集二卷

明翻宋本。唐耿湋撰。每半葉十行，行十九字。

包何集一卷

明翻宋本。唐包何撰，行款同上。

郎刺史集一卷

明翻宋本。唐郎士元撰，行款同上。

秦隱君集一卷

明翻宋本。唐秦系撰，行款同上。

秦校書詩一卷

明翻宋本。每半葉十行，行二十字。

毘陵集二卷

明翻宋本。唐獨孤及撰，行款同上。

盧户部詩集十卷

明翻宋本。唐盧綸撰，行款同上。

羊士諤集一卷

明刻本。唐羊士諤撰，行款同上。

昌黎先生集四十卷外集十卷遺文一卷

明翻宋本。萬曆中徐氏東雅主人徐時泰刊。

五百家注音辨昌黎先生文集四十卷

日本活字本。唐韓愈撰，宋魏仲舉編。每半葉九行，行十七字。高六寸一分，廣五寸八分。源出於宋，惜序俱失去，内有祝充一家。今宋本歸吾友徐梧生，可見所采各家未必皆夸詞，今人不及見耳。

王建集十卷

宋刻本。唐王建撰。每半葉十行，行十八字。目録有「臨安府棚北睦親坊巷口陳解元宅刊行」一行。目録首葉有「宋本」朱文腰圓印、「汪士鐘曾讀」朱文長方印，首葉有「湘雲館」朱文方印。

柳先生文集殘本四卷

宋刊本。每半葉十三行，行二十三字。高六寸，廣四寸。黑口，雙邊。只二十至二十三，共四卷。

李文饒公文集二十卷别集十卷外集四卷

明刻本。唐李德裕撰。前有鄭亞序及《别集》，後有無名氏跋。「江西按察使吴從憲參輯，袁州府知府鄭惇典校正」兩行。

張處士詩集五卷

影寫明刻本。唐張祐撰。每葉二十行，行十八字。缺五言、七言古、五言律三門，原出於宋本。

白氏長慶集二十一卷

明董氏刻本。唐白居易撰。末行有「封奉政大夫吏部考功郎中姑蘇錢應龍鋟梓」。丁被之以鈔本校一過，是正甚多。首卷又得馮巳蒼校本對勘，可謂善本。首葉有「滎陽鄭朱」白文方印、「曾寄東山王眉庵記」朱文長方印。

馮氏手跋曰：「初得安氏銅板對此一卷。在首卷後。」

丁氏手跋曰：「甲午季秋，借得陳子壽處鈔廬山經藏本，校讐若干字。不敢妄爲删改，用硃筆逐字標首，是非兩存，俟讀者自辯其魚魯云。丁胤識。」

又跋曰：「是集苦無善本，宋板外惟此董家板，差足可觀。後人其毋以新板忽之。順治庚寅秋八月被之氏記。辛卯孟冬得馮巳蒼校本對勘首卷。庚辛是順治五六年。」

又跋曰：「順治十一年秋日，借陳玉立處鈔本對勘，至歲暮閲完。是冬嚴寒，官塘大河冰而開，開復冰，連底堅厚，舟楫不通者半月。凍筆唇呵，得校完此集，可謂善本，足愜我意矣。十二月初九日被之記。」

此本後有「錢應龍鋟梓」一行，丁跋又以爲董刻，是一是二，俟考。

元氏長慶集六十卷補遺六卷

明刻本。唐元稹撰。有「陳印貞慧」朱文方印、「綫雲」朱文小方印、「玉音純粹堂」雙龍大長印、「自臥樓」朱文方印。

絳守居園池記注一卷

傳鈔本。唐樊宗師撰。宋趙仁舉注。

劉賓客外集十卷

舊鈔本。唐劉禹錫撰。《賓客外集》世罕流傳，頗稱珍秘，至有顛倒正集以充贋本者。此版心有「味書室鈔本」五字，亦十行二十字，與述古堂影宋鈔本正集同，鈔手亦舊，可寶也。

李元賓文集五卷

舊鈔本。唐李觀撰。上有校語。

皇甫持正集六卷

傳鈔毛刻本。字迹頗佳。

校杜樊川文集二十卷

用《全唐文》、《全唐詩》、《古文苑》、《文粹》校勘，有據他書改本書之弊，不如別作《札記》爲妥。

歐陽行周文集十卷

舊鈔本。唐歐陽詹撰。

長江集十卷

盧抱經校，馮定遠、何義門藏本。《補遺》及何跋皆手鈔也。首葉有「武陵盧氏手校」朱文小長方印、「抱經堂寫校本」朱文小長方印、「鍾山書院」長白文方印、「盧文弨」白文、「檠齋」朱文聯珠小方印、「盧印文弨」白文、「弓父」朱文兩方印、「范鍇借觀」朱文方印。

何氏手跋曰：「此册真鈍吟老人所點，流轉入郡中一人手，沈生穎谷知余慕，從老人議論，用白金二十銖購以見贈。書後諸名氏：孫江字岷自，錢孫保字求赤，陶世濟字子齊，皆有文而與老人善。孫、錢名載邑志，陶事詳老人兄孱守居士所著《懷舊集》中云。康熙癸巳秋後生何焯書。」

「湘蘅所得校本出馮竇伯手，最可徵信，今歸于家弟心友。辛巳春見張孟恭家宋槧本，前闕目録出自定遠先生鈔補，意竇伯當年所從刊正也。張氏子言孟恭昔以白金十兩市之朱方初，倉卒不可得。今不知落何處矣。康熙甲申春焯記，時居皇子八貝勒府中東廂。」

「余家有舊鈔《長江集》一册，得之朱之赤家。僅有近體，書蹟尤不工，然是從宋刻善本傳録者也。甲申初秋，雨窗取以對校，復改正三四處，焯又記。」

「丙戌初秋，得毛豹孫宋本影鈔《長江集》，復手校一過。張氏書聞尚在，惜吾力不能致之耳。焯又記。」

「己丑夏，張氏以書質于心友，因再校。焯又記。」

「庚寅春，借毛丈斧季從趙玄度所藏宋本對校者又校，凡改三字。焯又記。」

何云浪仙身没遠外，又無子嗣，莫能收拾其遺文。雖孤絶之句流傳人口，然散佚多矣。蜀本出於後人掇拾，反雜以他人之作。如《才調集》中所載《早行》、《老將》諸篇，足爲出格。顧在所遺，他可知矣。《寄遠》一篇，亦《才調集》所載者，勝荆公《百家選》則就蜀本録之者耳。

盧氏序曰：「長江詩雖不合雅奏，然尚有古意，讀之可以矯熟媚綺靡之習。明海虞馮鈍吟班有評本，長洲何義門焯得之稱善，其字句洵遠出俗本上。如云：『十年磨一劍，霜刃未曾試。今日把似君，誰爲不平事。』鈍吟云：『誰爲不平，便須殺卻，此方是俠烈之概。若作誰有不平，與人報讐，直賣身奴耳。』一字之異，高下懸殊，舊本之可貴類若是。余得其本，因臨寫之，欲令後生知讀書之法，必如此研校，而後古人用意之精可得也。乾隆四十有一年，小除夕，范陽盧文弨書於東里之數間草堂。」

又手跋曰：「始余得賈《長江集》，乃馮定遠本，録之篋中。余於賈詩素不嗜，特以其近古貴之耳。繼又得何義門所評校，始悟其用意之深，幾於無一字閒設。昔人以『瘦』評島，夫瘦豈易幾也。彼臃腫蹣跚者，正苦不能瘦耳。賈以瘦，故能成一家格。然此決非館閣中之所尚也，唯可與山林中人共賞之。義門殆於此有深嗜者歟？字字梳櫛之，句句織綜之，而長江之詩之美乃見。然彼不嗜者，猶夫故也。余以爲有如義門者焉，則能自領之已。故其所箋疏，今亦不能詳録，録其尤至到者。其補遺詩數章，亦出何本，并爲補入如右。歲在丁酉三月十八日，盧文弨書於金陵寓齋。」

長江集十卷

明翻宋刻本。唐賈島撰。行款與《劉隨州集》同，周季貺藏書。周氏手跋曰：「庚子閏月二十五日，在吴郡宅中讀訖，祥符周星詒。」

長江集十卷

毛斧季據南宋本校。

毛氏手跋曰：「癸卯重陽前二日，從趙玄度所藏宋本校一過。湖南省庵。」

李賀歌詩集四卷外詩一卷

陸敕先據陳解元刻本校。

李嘉祐詩集一卷

毛斧季據南宋本校。

毛氏手跋曰：「甲辰中秋後四日，宋本校於汲古閣。宋本九行，行十六字，共計三十二葉。」

唐英集三卷

陸敕先據述古堂鈔本校，唐吴融撰。

杜荀鶴文集三卷

毛斧季據北宋本校。宋本。每半葉十二行，行二十一字。首行「杜荀鶴文集卷第一」，空四格標「唐風集」三字。題目俱低五格，序次亦與毛本不同。

右校本《六唐人集》，傳沅叔所得，而荃孫假以過臨者。毛刻《四唐人詩》，在毛刻爲最精。而改换行款，喜易古字異本，標「一作」於下。邇時參合各本，擇善而從。後來盧抱經、孫淵如墨守此派。敕先則據一宋本，筆筆描似，即訛字亦從之，縮宋本於今日，所謂下真蹟一等者。後來黄蕘圃、汪閬源墨守此派。兩派一屬校讐，一屬賞鑑，均士林之寶笈也。各本均初印，荃孫亦取毛本照臨一過。印本稍後《唐風》半已刓改。虎賁中郎典型尚在，讀書者自能領會之。《唐風》署玄默攝提格，康熙元年。《唐英》署癸巳，順治十年。李賀、長江均署癸卯，康熙二年。《臺閣》署甲辰，康熙三年。皆在甲申之後。諸君只書甲子，不書年號，蓋以遺民自命也。至義門覆校《聯珠》，則大書康熙辛卯矣。東海揚塵，滄桑又見，不自知涕之何從也。壬子正月九日。

文泉子六卷

舊鈔本。唐劉蜕撰。明天啓甲子吴馡輯校本録出，前有熊文舉題辭，瞿氏《書目》亦收此本。

碧雲集二卷

汲古閣刻本，臨何義門校。後有顧千里跋。首葉有「天石齋藏書」白文長方印、「臣恩復秦伯敦父」白文聯珠方印、「顧澗蘋藏書」朱文長方印，後有「石研齋藏書記」朱文長方印。

顧氏手跋曰：「此臨何義門校也，得自揚州坊間。旋晤敦夫先生，談次及之，因以爲贈。時嘉慶乙丑三月，澗蘋顧廣圻記。」

司空表聖文集十卷

明曹氏書倉鈔本。唐司空圖撰。原出成化，目録後有成化九年八月朔旦汝南黄表志。吾友朱子涵觀察舊藏，曾摹刻於《結一廬賸餘叢書》。荃孫爲校讐，子涵以原書見贈，友朋高誼，謹識不忘。此集有文無詩，陳振孫《書録解題》云：「蜀本前後八卷，俱題『雜著』，五、六兩卷，獨題『碑』字。」案：卷七「雜著」中又有《復安南碑》，不應此二卷獨題曰「碑」，當由後人誤改，則與陳所見之本無異也。每卷首行題「司空表聖文集卷幾」，下題「一鳴集」，與瞿氏《書目》載宋刻《杜荀鶴文集》下題「唐風集」同，知其原出於宋。此本爲曹氏書倉影寫明成化本，前有「乃昭」朱文、「王氏家藏」白文兩印，「南昌彭氏」、「知聖道齋藏書」朱文兩印，後有「白隄錢聽默經眼」朱文小印。案：曹名學佺，字能始，侯官人。萬曆乙未進士，官至禮部尚書，殉國難。王乃昭，常熟人，與錢牧齋同時。錢聽默名時霽，號景開，苕估中最有名。其捺經眼印者書必佳。「知聖道齋」爲彭文勤公舊藏，由彭而歸於結一廬，亦可見淵源之有自矣。

莆陽黄御史集二秩

明刻本。唐黄滔撰。末行有「萬曆十二年捌月□世孫孫延良等重刻」一行。前有洪邁、楊萬里二序，謝謌跋。前刻淳熙三年丙申，再刻於正德八年癸酉，有二十世孫希英跋。是集原出於宋，最爲完善。目録有「牧翁」朱文方印、「白魚紅稻村莊」朱文長印，首葉中有「安髻山人」白文小方印、「海雲樓」朱文方印。

張喬詩集一卷

傳鈔明刻本。

伍喬詩集一卷

傳鈔明刻本。

浣花集十卷

校録君亭本。唐韋莊撰。首葉有「顧肇聲讀書記」朱文長方印。

甫里先生文集十九卷附録一卷

舊鈔本。唐陸龜蒙撰。首葉有「城西草堂」界畫朱文方印，鄞徐柳泉先生藏書。

唐秘書省正字先輩徐公釣磯文集十卷

傳鈔本。唐徐寅撰。

宋

徐騎省集三十卷

舊鈔本。宋徐鉉撰，有金侃跋。

小畜集詩鈔二卷

胡菊圃手鈔本。菊圃名重，浙江平湖人。上編二卷即吴氏《宋詩鈔》，下編六卷就原集補《宋詩鈔》之未録，又《補遺》一卷。前輩用功如是如是。

穆參軍集三卷

舊鈔本，甚精。宋穆修撰。

鉅鹿東觀集十卷

舊鈔本。宋魏野撰，前有薛田序。

景文宋公集三十二卷

日本刻本。宋宋祁撰，有日本文化七年天瀑山人跋。吾友章碩卿以聚珍本校之，鈔出聚珍本之外者，得詩若干首，文若干篇。

天瀑手跋曰：「宋景文公詩文典雅而奥博，劖削而峻拔，北宋諸公中别自成家。論者或謂好爲艱澀奇險未必然。本集或稱百卷，或稱百五十卷，蓋集非一種，而各本今皆亡。近時聞清國亦從《大典》中采掇，釐成六十二卷，知其非完篇也。余偶獲宋槧零本稱百五十卷者，所憾僅僅數卷。不過觀本集原式，第以宋人舊帙存世，甚罕。今印出以寘叢書函中。文化七年庚午陽月二十二日天瀑山人識。」

徂徠集二十卷

校明鈔本。宋石介撰。

鐔津集十九卷

日本重翻釋藏本。宋釋契嵩撰。後有永吉八年徑山文琇重刻序。

清獻集十卷

明刊本。宋趙抃撰,詩五卷,文五卷。成化七年順天府尹閻鐸重刊本。

都官集十四卷

舊鈔《大典》本。宋陳傅良撰,文十一卷,詩四卷。前有蔣之奇序,後有樓鑰跋。

嘉祐集十五卷

明弘治辛亥刊本。宋蘇洵撰。後有義興陸里後序,半葉十行,行二十一字。黑口,通體有長號,共一百九十四號。方筐在正面左角,三魚尾,書名在第一魚尾下。每卷短號在二三魚尾之間。宋廟號皆空格,原出於宋。鐫刻古雅,訛字甚少。宣統辛亥除夕得嘉靖壬辰刊本,有太原府張鏜跋,行款同,白口,書名頂格,訛字較多。顧千里校宋本有跋,明鄭端簡所藏。有「淡泉」朱文長方印、「大司寇章」朱文大方印、「凝雲深處清暇奇觀」朱文大長方印、「海瀕逸民平泉鄭履準凝雲樓書畫之印」朱文大方印,幾及三寸,「顧澗蘋藏書」朱文小長方印。顧用蔣篁亭校宋本,以朱筆過,荃孫亦以朱筆過,以墨筆識本書。嘉靖本已誤,弘治本不誤,則不多出。過畢,讓與傅沅叔學使,而自留弘治本。

顧氏手跋曰：「此前明鄭端簡家藏書，嘉慶壬戌得於金閶萃古書坊中。黄蕘圃有蔣篁亭臨校宋本，從之轉録，九月廿九日顧廣圻記。」

臨川集一百卷

明嘉靖撫州刻本。宋王安石撰。原出紹興詹大和所譜，前有豫章黄次山季岑敘，次有嘉靖三十九年江西布政司右參政臨海王宗沐序，云「德安吉陽何先生巡撫江西，表章往哲，刻公集於撫州，命沐爲序。」四庫館臣即據是本著録。此系錢心壺給諫藏書。序目兩卷，五十一至五十四均缺，借吾友錢塘丁氏本影鈔以成完書。

東坡先生後集殘本

宋刊本。宋蘇軾撰。每半葉十行，行十六字。高六寸八分，廣四寸八分。單邊，白口。口上有字數，下刻工姓名，緜紙印，存卷四、卷五、卷六、卷十、卷十一，間有「庚子重刊」、陰陽文不一。「乙卯重刊」者。案：《東坡集》宋本罕見著録，《經籍訪古志》所載之兩種，行款均與此不同，一□行二十字，一十行十八字。並亦殘缺。

寓惠録四卷

明藍印本。萬曆丙子李箴嗣重刻，序後有林民止跋。前有「慈谿耕餘樓」朱文長印、「馮氏辨齋藏書」朱文方印。

山谷内集三十卷外集十四卷别集二十卷

明弘治丙辰刻本。宋黄庭堅撰，前有張元禎序。缺目二葉，黄村居士據北宋朱筆補入。

山谷老人刀筆二十卷

明翻宋本。山谷曾孫鉄與《豫章先生遺文》同編。明弘治中張元幹與《山谷詩注》同刻。

石門文字禪三十卷

日本重刊釋藏本。宋僧惠洪撰。前有萬曆丁酉達觀序。

倚松老人詩集二卷

影宋鈔本。每半葉十行，行二十字。鮑知不足齋進呈《四庫》書。首葉有「翰林院」印，後見意園散出殘帙，行字皆同，高鈔本寸許，版心作「倚松一」三字。

姑溪居士前集五十卷後集二十卷

明鈔本。宋李之儀撰。首行「姑溪居士文集」，空二格。黄汝亨手録。卷首有「蕉林藏書」朱文方印。

姑溪居士前集五十卷後集二十卷

舊鈔本。首葉有「曹溶私印」白文、「潔躬」朱文兩方印、「臣恩復」、「秦伯敦甫」朱文兩方印、「石印齋秦氏印」朱文長方印。

潏水集十六卷

舊鈔《大典》本。宋李復撰。

日涉園集十卷

舊鈔《大典》本。宋李彭撰。

洪龜父集二卷

傳鈔《大典》本。宋洪朋撰。近刻本作「清」，非。「乾隆己酉仲冬，借沈比部叔埏本對録。庚戌四月初十日晨起重校，改正五字。」「乾隆六十年，歲次乙卯，八月初四日閣本校正，補詩四首。鮑廷博識。」「乾隆國慶之歲，八月十九日，借知不足齋本對録一過。」「光緒辛丑八月十三日燈下，仁和羅椝校畢。是日度石屋嶺，探石屋、烟霞二洞之勝，觀桂於滿覺隴，得詩一律，因書於後：輕舠檥岸曉霧散，且趁健脚登秋巒。雲洞古佛閱興廢，野寺老僧供盤餐。澹黄在樹桂華瘦，萬録鎖徑松陰寒。山村高下晚炊起，白煙颺風生檐端。」

西渡詩集一卷

小萬卷齋刻本。宋洪炎撰。光緒辛丑六月廿二日，借義寧陳百年所藏朱竹垞潛采堂鈔本，校一過，得顛倒字二，訛字十四，均卷注中。有不可解語，此本留墨釘，志慎也。

浮溪文粹十五卷

舊鈔本。宋汪藻撰，明李長庚、畢懋康、陳德元校。首葉有「翰林院」印、「周印書昌」白文、「書昌」一字書愚」朱文兩方印。

莊簡集十八卷

舊鈔《大典》本。宋李光撰。首葉有「茂苑香生蔣鳳藻秦漢十印齋秘笈圖書」朱文大方印。

北山小集四十卷

舊鈔本。宋程俱撰。前有「術齋」朱文長圓印、「道古樓鈔藏」朱文長印。

孫尚書内簡尺牘編注十卷

明刊本。門人李祖堯注。

沈忠敏公龜溪集十二卷

舊鈔本。宋沈與求撰。提行空格，源出於宋。每半葉十行，行二十字，與萬曆刻九行本不同。首葉有「茂苑香生蔣鳳藻秦漢十印齋秘笈圖書」朱文大方印。

莆陽知稼翁集十二卷

舊鈔本。宋黄公度撰。前有陳俊卿序，洪邁序，後有子沃跋。詞前有曾豐序，目録後接詩文。原出於宋，每半葉十行，行十八字。卷六、卷十二有「孫迪功郎新泉州惠安縣主簿虞擢校勘」一行。詞末有「慶元乙卯，假守邵陽逾年，謹刊《知稼翁集》於郡齋，併以詞一卷系其後。嘉平之月，其日戊午，沃謹識」。

莆陽知稼翁集二卷

明刊本。前有陳俊卿序，後有《弘治興化府志·名臣傳》。廣東按察司僉事十一世孫廷宣、工部右侍郎十一世孫廷用重校，與舊鈔分十二卷者不同。首葉有「黄氏樹齋」白文方印。

洪文安公小隱集一册

傳鈔輯本。宋洪邁撰。

洪文敏公集二册

傳鈔輯本。宋洪遵撰。

金陵懷古一卷

傳鈔本。宋曾極撰。

金陵雜興一卷

傳鈔本。宋蘇泂撰。

于湖集四十卷

舊鈔本。宋張孝祥撰。前有謝克仁序，弟孝伯序。

鄂州小集五卷

明刻本。宋羅願撰。天啓丙寅四月初吉，裔孫羅朗跋，附《羅鄂州遺文》。

梁谿遺稿二卷

傳鈔勞格重輯本。宋尤袤撰。

方舟集二十四卷

舊鈔《大典》本。宋李石撰。

東萊吕太史文集十五卷別集十六卷外集五卷年譜一卷

宋刊本。宋吕祖謙撰。每半葉十行，行二十字。高六寸八分，廣五寸一分。單邊，白口。上有字數，後有刻工姓名。此書爲成公殁後，其弟祖儉、從子喬年編輯刻之。《文集》凡詩一卷，表疏一卷，奏狀劄子一卷，啓一卷，策問一卷，記、序、銘、贊、辭一卷，題跋一卷，祭文祝文一卷，行狀一卷，墓誌銘四卷，傳一卷，紀事一卷。其庚子辛丑日記後有淳熙壬寅朱子跋，公殁後一年作也。《別集》凡家範六卷，尺牘五卷，讀書雜記四卷，師友問答一卷。《外集》凡策問二卷，宏詞進卷試卷共二卷，詩文拾遺一卷，年譜壙記一卷，餘缺。「貞」、「桓」、「敦」、「廓」減筆。寧宗時刻本。補葉不少，皆下半截，黑口。然觀其字形，猶是宋時補刻。

東塘集二十卷

舊鈔《大典》本。宋袁説友撰。

蠹齋鉛刀編三十二卷

傳鈔本。宋周孚撰。

吴氏手跋曰:「傳是樓善本,今歸繡谷亭插架。雍正元年春王人日焯記。」

格齋四六一卷

舊鈔本。宋王子俊撰。有四六文一百二篇,乃《三公類稿》之一。首葉有「四明盧氏抱經樓藏書記」白文大方印。

緣督集二十八卷

傳鈔本。宋曾丰撰。

誠齋集一百三十三卷

影宋鈔本。宋楊萬里撰。首有劉煒叔序,卷末有「嘉定元年春三月,男長孺編次。端平元年夏五月,門人羅端良校正」。每半葉十行,行十九字。一至七爲《江湖集》,八至十二爲《荆谿集》,十三至十四爲《西歸集》,十五至十八爲《南海集》,十九至二十四爲《朝天集》,廿五廿六爲《江西道院集》,二十七至三十爲《朝天續集》，三十一至三十五爲《江東集》，三十六至四十二爲《退休集》。詩總四十二卷。四十三、四十四爲賦，四十五爲辭操，四十六、四十七爲表，四十八爲箋，四十九至六十一爲啓，六十二爲疏，六十三至六十八爲書，六十九、七十爲奏對劄子，七十一至七十六爲記，七十七至八十三爲序，八十四至八十六爲心學論，六經論、聖德論。八十七至八十九爲千慮策，九十爲程試論，九十一至九十四爲庸言，九十五爲解，九十六爲雜著，册文、牒議、策問。九十七爲雜著，詞疏、箴、銘、贊、樂府。九十八至一百爲題跋，一百一爲祭文，一百二、一百三爲文，一百四至一百十一爲尺牘，一百十二爲東宫勸讀録，一百十三爲淳熙薦士録，一百十四爲詩話，一百十五至一百十七爲傳，一百十八、一百十九爲行狀，一百二十、一百二十一爲碑，一百二十二至一百三十二爲墓表志銘，一百三十三附録，歷官、告詞、謚告終焉。日本人云，宋本在其國内，此從之影寫者。楊惺吾同年云，《文獻通考》載《江湖》、《荆谿》、《南海集》俱有自序，何義門所見宋賓王藏本《江西道院》、《朝天續集》亦有自序，此本皆無之，當再求足本續鈔，以成完璧。今按《江湖》、《荆谿》、《南海》三序均在卷八十，《江西道院》、《朝天續集》自序均在八十一，惺吾未見文集也。公集止《退休集》無存。

誠齋外集二卷

傳鈔本。《誠齋集》一百三十三卷已屬罕覯，《外集》文二卷，鈔自錢塘丁氏，尤屬不傳之秘笈矣。

頤堂先生文集五卷

影宋寫本。宋王頤撰。每半葉十行，行十八字。高六寸，廣四寸五分。單邊，白口。板心記「頤堂集幾」。卷一爲古賦，卷二、三、四爲古詩，卷五爲近體。一卷後有「乾道壬辰六月王撫幹宅謹記」一行。書刻圓湛，洵宋刻之上駟。絳雲樓有此書而無卷數，《敏求記》載《頤堂集》五卷，或即遵王之所藏者。附鈔文二篇，詞一卷。

放翁律詩鈔四卷

明刻大字本。明朱承爵鈔并序。子儋，明代聞人。所刻《庾開府集》、《天祿琳瑯》以爲宋刻，其精可知。所著僅見《存餘堂詩話》，他無所見。去冬得此，版刻殊佳，口上有「集瑞齋雕」四字，想其齋名。鄉里後學，不勝仰止之思。至黄蕘圃言其以愛妾易宋版《漢書》，則松江朱大韶事，蕘圃誤記耳。

北溪先生大全文集五十卷外集一卷

明鈔藍格本。宋陳淳撰，前有至元王環翁序。鈔前有「范天池印」、「龍山范氏文房」兩朱文方圓印、「右章錢氏吟蓮館主保壽校藏圖籍印」白文大方印。

龍川先生文集三十卷

明刊本。宋陳亮撰，葉適序。卷首有紹熙四年誥詞及象贊。每卷題「九世甥孫朱潤刊行」。原集四十卷，今世所行惟此本耳。後有《附録》一卷，此本已失。

野谷詩集六卷

舊鈔本。宋趙汝鐩撰。原有劉克莊序，此本無之。稿中五言律爲多，蓋其所擅長也。首葉有「掃葉山房」朱文長印、「月汀過眼」朱文方印。

雙峰先生文集九卷

舊鈔本。宋舒邦佐撰，拜經樓藏。前有明洪武壬戌八世孫泰亨序，永樂丙申徐鍊序，正統元年劉球序，中有初白先生跋。內補詩兩首，訓後一條，皆先生手筆。首葉有「慎行」白文長印、「初白庵主」朱文方印、「得樹樓藏書」朱文方印，中有「清暉閣藏本」朱文長方印、「小桐溪上人家」朱文圓印，後有「兔牀經眼」朱文長方印。

查氏手跋曰：「是集初刻於宋寧宗嘉泰四年，公季子邁所編。先生自敘，題曰『雙峰猥稾』。至理宗淳祐七年，再刻於連山，章杭山有序。元初，公之七世孫名世重刊，有歐陽冀公序。未幾板燬，明洪武中，八世孫泰亨以家藏舊雕本翻刻於南昌，訓導劉鉞志其本末。正統中，十世孫守中重刻，劉忠愍爲之序。今所鈔者，照正統本。第八卷中缺七言律詩三首，第九卷中缺訓後一條，據別本補入。康熙庚子重陽前四日慎行識。」

滄浪先生吟卷二卷

明鈔本。宋嚴羽撰。次行「後學趙郡尹嗣忠校正」，二卷題「元趙郡尹嗣忠校正」。鈔手極舊，旋風裝，士禮居舊藏。首葉有「汪印啓淑氏」朱文、「啓淑信印」白文連珠印。

黄氏手跋曰：「余向得《嚴滄浪先生吟卷》有二，皆樵川陳士元暘谷編次，進士黄清老子肅校正者。一有正德丙子莆晚學見素林俊書於雲莊青野序，正德丁丑後學長汀李堅後序；一無林序，但有李後序。板刻雖不同，其爲憲伯胡公本則一也。此外又有《滄浪嚴先生詩談》，係正德二年本，但有《詩辯》等，無《答吴景先書》及五言絶句以下詩，蓋專論詩法，不稱吟卷矣。近開萬樓書散出坊間，持此鈔本來，紙幅狹小，釘綫幾没字痕，初不以爲佳。及閲卷，第二卷於楚詞後，不别分三卷，且爲後學趙郡尹嗣忠校正本，與向得兩本異。爰檢《讀書敏求記》載是書，亦云二卷，則三卷者非舊第矣。此書雖不甚精妙，然鈔手頗舊，故存此本，以三卷者附焉。嘉慶辛酉除夕前四日裝畢書。蕘圃黄丕烈。」有「黄丕烈」朱文方印。

後村居士大全集一百九十六卷

舊鈔本。宋劉克莊撰。愛日精廬鈔藏天一閣原本，爲《後村集》最完備之書。前有「壬戌進士」、「臣陳徵芷」朱白文兩大方印、「帶經堂陳氏藏書」印，後有「張印月霄」朱文長方印、「愛日精廬藏書」朱文大方印。光緒庚辰，二十二世孫尚文以五十卷本校一過，並據《家乘》補鈔林希逸序，劉希仁序。

張氏手跋曰：「劉後村先生《大全》一百九十六卷，從天一閣舊鈔本影寫傳録，宋劉克莊撰。有前、後、續、新四集二百卷，見墓誌銘。此其合編之本也。案《隱居通議》曰：後村卒，其家盡薈萃其生平所著，別刊少本爲《大全集》。則是書即出後村之家，宋時曾有刊板，天一閣本蓋從之傳録者。凡詩文、詩話、內外制、長短句，合一百九十三卷。其一百九十四卷之一百九十六卷，則狀、洪天錫撰。墓誌銘、林希逸撰。諡議同上。各一卷也。諸家書目止有林秀發編五十卷本，此本則絶無著録者。惟《文淵閣書目》有『《劉後村詩》二部，俱五十册，殘闕』。卷帙繁重，或即是書。盧氏抱經文弨林本《後村集跋》云：『《後村集》有一百九十六卷，求之數年，卒不見。』又云：『石門吴氏《後村詩鈔》亦無出此集之外者，豈其全者非獨予不及見，即前輩亦未之見耶？』則是書之罕覯久矣，非書城之鉅觀，藝林之鴻寶哉。道光元年三月，琴川張月霄識於愛日精廬。」

周氏手跋曰：「同治辛未中秋日，以夷錢五十五圓購之福州陳氏。沈君雲堦攜來汀州，讀一過。張氏《藏書志》著録即此本也。越日題記。祥符周星詒季貺書于丞齋。」

傅氏手跋曰：「莆陽劉澹齋上舍爲後村二十二世孫，搜輯先世撰著，不遺餘力。嘗因修葺祖塋，得後村所作《林孺人墓誌》，余爲審定年月，校補闕文一，載魏稼孫大尹《萃編補石》。澹齋所藏先集，乃五十卷本，每以未見此書爲憾。曩歲浼余作緣，從季貺太守借鈔，澹齋録副。既竣，復以《家乘》所載兩序增入簡端，并據五十卷本補正脱文誤字甚多夥，卷中朱筆皆是也。頃因澹齋完完復得寓目，惜其舊裝零落，亟命侍史重裝以歸之。光緒辛巳嘉平八日節子記。」有「傅字」朱文、「以禮題跋」白文兩小方印、「青山白雲閣」朱文長印。

周氏再跋曰：「《後村先生大全集》一百九十六卷，張月霄傳録天一閣本。祥符周氏書鈔閣珍藏星詒秘笈。」

傅氏再跋曰：「此書爲虞山張氏愛日精廬故物，即著録《藏書志》者。舊藏三山陳氏，今歸吾友周季貺太守。丙子冬日借讀一過，因記有『節子題識』朱文長方印。」

後村居士集殘本存四十至四十六

宋刻本。半葉十行，行二十一字。高六寸二分，廣四寸二分。黑口。

獻醜集一卷

舊鈔本。首葉有「李印璋煜」朱文小方印、「禮南過眼」朱文大方印。

宋少保右丞相信國公文山傳集四卷

明刻本。宋文天祥撰。《文丞相傳》一卷,《指南録》二卷,《吟嘯集》一卷,《附録》一卷。明洪武間,汝南房玄彙集本,後有「永樂十五年閏五月初吉廬陵縣儒學校正重刊」一行。黑口,小字本。後附永樂十八年范陽鄒緝《指南録後序》,駁《吟嘯集》命名之謬,宣德戊申柯暹《祠堂記》。集已漫漶,二文獨清爽,是宣德以後印本。有前巡撫宣府關防,有「馮曰錡印」白文、「少爵」朱文兩大印,後有「南陽叔子苞印」朱文、「二泉」白文兩方印、「下學齋書畫印」朱文大方印。面葉有覃谿手書籤,有「文淵閣校理翁方綱藏」朱文方印,是明人及國朝葉九來翁覃谿遞藏文。李亦垣跋以爲臨朐馮文敏,今觀印,馮下有「曰」字,是「錡」非「琦」,别一人也。

文山先生集杜詩二卷

明刻本。宋文天祥撰并序。安成劉遜刊於永嘉信國公祠,成化甲辰四明楊守阯跋。黑口本。分前後兩卷,共二百首,與宗孫禾川文珊刊四卷本不同。後附新祠碑祠堂記及祠圖祭品,面葉亦覃谿手書,亦有「文淵閣校理翁方綱藏」朱文方印。並以季滄葦藏舊本手校一過,有「東海伯子壎」白文小方印、「璜川吳氏考藏圖書」朱文方印。是先在傳是樓後歸璜川者。

翁氏手跋曰:「二鈔本前有王偉序,劉定之序。劉序題云『文山詩史序分爲四卷』云。甲午二月校勘記書附記於此。丙辰二月以季滄葦所藏舊本校一遍,其本有『謙牧堂藏書』印記。」案:謙牧揆愷功堂名,在滄葦後。

退庵先生遺集二卷

傳鈔本。宋吴淵撰。

履齋先生遺集四卷

傳鈔明刊本。宋吴潛撰。明梅鼎祚編校，十二代孫吴伯敬閲梓。此書履齋著述未全，而近來亦罕覯。當以《開慶四明續志》詩文、許國《奏議》補之。

北溪膚齋十一稿續集三十卷

舊鈔本。前有林同序，後有「壬辰十月晦日南陽講習堂鈔本」兩行，石門吕氏藏書也。

真山民集一卷

日本刻本。宋真山民撰。

藝風藏書續記卷七

詩文第八下

元

滹南遺老集四十五卷

舊鈔本。金王若虚撰。卷一首葉有「烏程蔣維基家茹古精舍藏本」朱文大方印。

湛然居士文集十四卷

影元鈔本。元耶律楚材撰。集中詩爲多，惟第八卷與十三、十四卷中有文。昔人以爲當時未經編定者，實則前後集混合爲一也。有王鄰、孟攀鱗序，李微後序，有「温陵黄俞邰氏藏書印」朱記。

桐江續集三十七卷

傳鈔本。元方回撰，原缺十三卷。

剡源集三十卷

舊鈔本。元戴表元撰，何義門校。前有「海寧楊芸士藏書之印」朱文大方印。

何氏手跋曰：「始余病此集譌謬不可讀，遇藏書者必問嘗蓄善本否？康熙庚寅，始從隱湖毛十丈借得嘉靖以前舊鈔一册，爲文祇六十五篇，分甲、乙、丙、丁四卷。以校新刻，則《唐畫西域圖記》一篇，後半幅脱去二百六十餘字。其他賴以改正處甚多，集中文爲新所逸者凡十二篇，復補錄焉。毛丈憐余校之勤也，云家有《剡源詩》，亦舊鈔，將并以借我，乃書以志喜。焯。」

竹素山房集三卷

舊鈔本。元吾邱衍撰。首葉有「老屋三間賜書萬卷」、「歙西長塘鮑氏知不足齋藏書記」兩朱文方印。

清江碧嶂集一卷

舊鈔本。元杜本撰。宋蔚如舊藏，首葉有「宋蔚如考藏印」朱文長印。

宋氏手跋曰：「雍正五年七月十日較鈔顧俠君本，連序共廿七番。」

剩語二卷

傳鈔本。元艾性夫撰。

元松鄉先生文集十卷

元刊元印本。元任士林撰。每半葉十三行，每行二十三字。高六寸四分，廣四寸一分。雙邊，黑口。首行「元松鄉先生文集卷幾」，次行「句章任士林叔實」。前有趙子昂撰《墓志銘》，陸文圭序，杜本序，邢泰序，王應麟題《士林識語》。叔實殁後，子曰耒、曰耜。耒早卒。耜字子良，爲江浙行中書理所案牘官。杭州路太守任公求其稿而刻之。集後有印文「任勉私印」、「任印近思」、「薛侯世家」白文三方印，即太守之名號。儀顧堂跋，以「任勉私印」爲陽文，「薛侯世家」爲「辟昌世家」，是印本模糊，在此後矣。此書有永樂、泰昌兩刊本。永樂本有胡儼序，泰昌本有鄔應雷序，孫能傳跋，云：「萬曆乙巳春，予校閣中藏書，有《任松鄉先生文集》四帙，乃元至正四年江浙行中書省舊刻。爲記四十一首，志銘九首，傳六首，序二十一首，説引八首，賦十八首，雜著二十二首，詩三百六十八首，雜著二十三首，凡十卷。先生爲余鄉先喆，今其集多亡闕不可得，幸藏在秘閣，巋然若魯靈光之獨存，亦余邑文虯之光也。同邑後學孫能傳識。」余亦藏據泰昌刻傳鈔本，有□山榕跋云：「是集從姚江周蕅香比部手録本傳鈔，據孫能傳跋云詩三百六十八首，今檢此本，詩止八十二首。及假同里杜氏荆華軒所藏曝書亭鈔本覈之悉同，而顧氏《元詩選》所録，亦不出此本之外。豈能傳誤記之耶？道光癸未仲冬鈔竟識此。」此本恰是至正四年刊本，詩止八十二首，並無三百六十八首。記四十八首，非四十一首。《皕宋樓書目》至正本、泰昌本均著録，而王應麟題《士林識語》，録於泰昌本，是至正本已脱王題一葉。至元後丁丑邢泰一序、題跋，藏書志均無之，是存齋未見此葉矣。

松鄉文集十卷

舊鈔明泰昌刻本。□山榕跋見上。

益齋先生亂稿十卷

舊鈔本。元李齊賢撰。齊賢字益齋，朝鮮人，詩、文、詞均有法度，真東國之學者。前有至正二十三年李穡序，後有宣德壬子金鑌跋。

草廬集四十九卷

明刻本。元吳澄撰，雕刻極精。

養吾集三十二卷

舊鈔本。元劉將孫撰。

清容居士集五十卷

舊鈔本。元袁桷撰，劉燕庭藏書。

馬石田文集十卷

影元鈔本。元馬祖常撰。每葉十行，行二十一字。高七寸，廣四寸五分。前有陳旅、蘇天爵、王守誠序，均以手書上板。又有至元五月九月下揚州路總管府發儒學刊板傳布牒文，江北淮東肅政廉訪使諸人銜名。後有《桐鄉阡記》、《石田山房記》，許有壬撰《神道碑銘》。吾友董授經得元印本，愛玩不忍釋，屬丁君紹裘影寫，精妙不亞原本。

道園學古録五十卷

元刊本。元虞集撰。每半葉十三行，行二十三字。高六寸四分，廣四寸一分。雙邊，黑口。板心或作「道園學古録卷幾」，或作「學古録卷幾」，或作「學古幾」，或作「古幾」。首葉或作「　卷幾」，或作「卷幾」，無花，或單作花。學多作「孛」，「録」或作「录」。後有至正元年李本跋。是本亦常見，陸瞿兩家《書目》只有明本，何也？

是本一刻於至正，即此本；一刻於景泰，鄭達重刊。集外詩文於目録後新增目録，注補於第幾卷。詩文亦另葉起頭，訂每卷後。一刻於嘉靖，將詩文散入各卷之末，目録則未增。此三刊之區別。拜經樓以景泰本爲元刻，儀顧堂以《道園類稿》爲《學古録》之大字，均失之矣。

道園遺稿六卷

影元鈔本。每半葉十一行，行二十字。高五寸六分，廣三寸六分。單邊，黑口。是書道園從孫堪輯，凡詩七百餘首，皆《翰林珠玉》、《道園學古録》所未收者。吴江金伯祥刻之，有黄溍序。末卷爲樂府，附《鳴鶴餘音》，乃道園與全真馮尊卿合作《蘇武慢》、《無俗念》詞。有黄蕘圃跋。元刻亦董授經藏。

黄氏手跋曰：「此知不足齋藏書也。其主人鮑緑飲以是易余所得吴枚庵手鈔陶九成《游志續編》去，其所以相易之故，有不可不著者。因詳著之。先是緑飲有錢叔寶《游志續編》借於吾郡吴枚庵。枚庵客游楚中，久無音耗。妻子亦蹤跡而去，已數年矣。家中一切書籍，或寄諸親友，或託諸學徒。年來陸續散出，此書遂爲余有。緑飲覘知之，託余友陶蘊輝致意，欲余繕一副本，以元刻《虞道園遺稿》相易。而余恐鈔胥傳録，損傷原本，因婉詞謝之。適又收得枚庵傳稿本，余作書致緑飲，緑飲以此本見畀。首缺家晉卿序一通，從舊藏朱竹垞藏影寫本補全。卷三第四十八葉内缺詩一首，復以別紙補録於後。蓋竹垞所藏本較爲完好，而此本印在後，故首缺序文，中復多脱落也。影寫本缺卷五末一葉及卷六，又賴此刻影寫足之。而後乃今兩本悉無遺憾焉。道園著述甚多，余盡得而藏。《道園類稿》有舊鈔本，《道園學古録》有舊刻本，《翰林珠玉》有元鈔本，《虞伯生詩續編》有元刻本，合此始爲全璧。兹命工重裝，緣著得書之由，并著得書之難，以見余之惓惓於是書者，非無故而然也。歲在甲子十一月，冬至前二日甲辰，蕘翁黄丕烈識。」

雪樓集三十卷

傳鈔本。元程鉅夫撰。原本吕晚村書，鈔校亦草草。

翰林楊仲弘詩八卷

明刻博文堂本。元楊載撰。格式極舊，每葉十行，行二十字。嘉靖丙申光澤王梅南翁序，首葉有「經鋤堂藏書」朱文方印。

黄文獻公集二十三卷

舊鈔本。元黄溍撰。

黄文獻公别集二卷

明刻本。郡後學夏山張大輪校編，興化葉國光刻。前有「太原叔子藏書記」朱文長印、「蓮涇」朱文方印，末有「道光乙未歲武原馬氏漢唐齋收藏書籍」藍印。

張氏手跋曰：「《黄文獻集》之初刻也，虞巡察惟明屬張令憲存禮校之，凡涉異教者削去，謂公知道者，宜不爲此。惟明既不滿志，李司諫九皋見之，寓書惟明，併屬大輪曰：『必刻之。安知公之作，非不得已，則意有在耶。』大輪躍曰：『信哉！夫佛，狄也，公生不逢時，胡元入主中國天下，且臣之矣，公之作，其不得已乎。乃其志則可悲耳。抑曾子固「吾言君子之禁邪説，固將明其説於天下，使當世皆知其説之不可從，然後以禁則齊；使後世皆知其説之不可爲，然後以戒則明」。公之意，其在兹乎！其在兹乎！』遂手其爲二卷，付興化葉守國光刻之。國光，公邑人。郡後學張大輪敬識。」

柳待制文集二十卷

元刊本。元柳貫撰。每半葉十二行，行二十字。高六寸四分，廣四寸六分。雙邊，黑綫口。首葉上有字數，下有「陳元𠨙刊」四字。目二卷，首有門人余闕、危素、蘇天爵三序，後有至正十一年辛卯歲春正月甲子門人宋濂記。又有《附録》一卷，黄溍撰《墓表》，宋濂撰《行狀》，戴良撰《墓表》、《碑陰記》。增附文十五則，則敕命、謚議、譜、記、跋、序、贊、祭文也。元刊清勁有致，板補則恎悼，幸所補無多耳。缺十四、十五兩卷，間有缺葉。宣統辛亥於圖書館得謝浦泰心驪傳録宋蔚如手鈔本，跋云影自元鈔黄蕘圃藏書，有手跋，屬饒君星舫影寫，補缺卷缺葉，重裝，并宋、謝、黄三跋附後。皕宋樓未收此書，瞿丁兩家止有天順本。元刊首行「柳待制文集卷幾」，次行「古詩」，並無銜名。天順本則有「教諭泰和歐陽溥、訓導泰和郁珍校正」三行矣。首葉有「明善堂珍藏圖書印記」、「安樂堂藏書記」兩朱文長方印。

檜亭集九卷

傳鈔本。元丁復撰。

吴禮部集二十卷附録一卷

傳鈔本。元吴師道撰。

燕石集十五卷

傳鈔本。元宋褧撰。

雁門集八卷

舊鈔本。元薩天錫撰。

薩天錫詩集不分卷

明舊鈔本。分五言、六言絶、五言律、五言排律、五言古詩爲前集，分七言律、七言古詩爲後集。題「潘是仁訒叔甫輯校」，實則用李舉重刊本轉録也。原無卷數。是書爲淺人每卷加卷第，爲書之玷。今滅去卷數，重付裝訂，尚不失爲舊本也。

存復齋集十卷續集五卷

舊鈔本，前五卷配新鈔。元朱德潤撰，《續集》罕見。

安雅堂集十三卷

傳鈔本。元陳旅撰。

青陽先生文集四卷

元余闕撰。明刻本，正德辛巳劉瑞序。首葉有「唐棲朱氏結一廬圖書」朱文方印。

句曲外史貞居先生詩集八卷

舊鈔，後四卷新鈔。前四卷元張雨撰，前有徐達左序。新鈔吾友章小雅手畢也。

僑吴集補遺一卷

知不足齋鈔本。荃孫先得傳鈔本，後原本亦得諸滬上。

北郭集六卷補遺一卷

傳鈔本。元許恕撰。

明

誠意伯文集二十卷翊運録一卷

明刻本。明劉基撰。題「處州府林富重刊本」，冠以象及贊，《翊運録》一卷、《郁離子》四卷、《覆瓿集》十卷、《寫情集》二卷、《春秋明經》二卷、《犂眉公集》二卷，均與他刻不同。

鳳池吟稿十卷

明刻本，明汪如洋撰。萬曆丁巳王伯祥校刊。

丹崖集八卷

舊鈔緑格本。明唐肅撰。版心有「澹生堂鈔書」五字，洪武乙卯屠衡序。首葉有「計曦伯家藏印」朱文方印、「計印光炘曦伯所藏」朱文兩連珠印。曦伯名光炘，秀水人。張秋水有《計氏澤存樓藏書記》。

説學齋集十卷雲林集二卷

傳鈔本。明危素撰。文共一百三十六篇，較别本爲足。

韓山人詩集一册續集一册

傳鈔本。明韓奕撰。奕字公望，吴縣人。有黄蕘圃跋。

白雲稿五卷

舊鈔本。明朱右撰。首葉有翰林院印。《四庫》底本，集卷一騷賦，卷二三雜著，卷四五序，似非全帙。

蒲室集四卷

傳鈔洪武本。釋來復見心撰，門人曇鍠編，歐陽玄宋濂序。詩音節清脆，唐人正聲，《四庫》未收。

蒲室集詩補遺二卷文一卷

舊鈔本。集本無文，補録七十餘篇，詩亦本集所未收者。正統辛酉楊士奇序。

重刻高太史大全集十八卷附扣舷集一卷

明刻本。明高啓撰，新都汪汝淳孟樸校。首葉有「縵雲過眼」朱文小印、「古鹽黄氏三益吟榭珍藏」朱文方印。

遜志齋集二十四卷

明刻本。明方孝孺撰。嘉靖丁酉刻，前有「慈谿耕餘樓藏」朱文長印。

解學士集十六卷

明刻本。

震澤集三十六卷

明刻本。明王鏊撰，嘉靖丙申霍韜序。

皇甫少元集二十六卷外集十卷

明刻本。明皇甫汸撰。前有嘉靖辛亥季弟濂序，《外集》有嘉靖丙寅汸自序，黄姬水、王穉登兩序。

藝文類稿十四卷

舊鈔藍格本。江陰薛甲著，門生徐材編輯，沈奎校正。板口有「莘齋」二字，是江陰仰氏鈔本。

迪功集六卷談藝録一卷

明刻本。徐禎卿撰。《迪功》初刻於南昌，正德庚辰其子伯虬復刻之吴中。此吴中本也。首葉有「王氏乃昭」、「王氏家藏」兩朱文方印、「樂飲」朱文方印。

王氏手跋曰：「嘉靖丁未歲寓時歸南莊，西席沈石邱送。」

蘭汀存稿八卷

明刻本。明梁有譽撰，嘉靖乙丑曹天祐序。蘭汀名列七子，而詩文止存八卷，謹嚴如是，足見前輩虚心。

王百穀先生南有堂集二册

從稿本録出。荃孫昔年借蒯禮卿淮揚藏本録副，定爲萬曆辛丑、壬寅兩年之作，已編入前記矣。辛丑八月過蘇州，在汪郎亭前輩案頭又見兩册，詩文雜次，藍格行書，與蒯本同，首行亦題爲「南有堂集」。因丁未元日起，盡其年，得詩一百四十七篇，文三十九篇，爲丁未一年之詩文。亦傳録之，與前册同裝。因知百穀先生集名《南有堂》，所刻二十一種皆子目也。《明史·藝文志》收王穉登詩十四卷，《千頃堂目》所收即刻本，并載子目於注中。然則《南有堂全集》無人知有傳本矣，惜哉！按百穀生於嘉靖十四年乙未，没於萬曆四十年壬子，年七十八，辛丑年六十七，丁未年七十三。暮年嗜學，意興弗衰。前輩才名，決非浪得，一鱗半甲亦可想見全體也。丁未元日並無《和申相公詩》，《野獲編》所言亦未足據。

寒村集四卷

明刻本。固安寒村蘇志皋德明存稿。詩二卷，文二卷，嘉靖丁巳張珩序，汪來後序。昔年修《順天府志》時，百計求之弗能得，今於日本得之，亦云幸矣。

春浮園集八卷

明刊本。泰和蕭士瑋伯玉著。《汴遊録》一卷，《蕭齋日記》一卷，《南歸日涉》一卷，《午未偶録》兩卷，《起信論解》一卷，《春浮園詩紀》一卷，《内編》一卷。刊板精雅，與汲古閣本相近矣。

國朝

潘吴兩今樂府各一卷

傳鈔本。吴炎、潘檉章撰。吴詩潘序，潘詩吴序。二人擬修《明史》未成，改作樂府，音節古雅，褒貶大公。自遭史案，均列禁書，流傳甚少矣。國初和者如吴南村、王曉庵、鈕易庵、尤西堂諸人，今西堂有傳本，餘皆罕見。

戇叟詩鈔四卷

舊鈔本。紀映鍾撰。映鍾字伯紫，江蘇上元人，明遺民。板口有「長嘯軒鈔本」五字，有真州石椿謹識。

石氏手跋曰：「乾隆丁未，客于東軒禮堂。孫子購得紀子《戇叟遺草》出以見示。雨窗無聊，爲之卒讀。其間有殘缺漫漶不完者，有重沓塗乙者，有不以集名者，有以集名而又複出互異者，蓋均非定本也。紀子生于前明萬曆間，而詩之編年，則起自本朝順治己丑，迄於康熙辛酉。據今所見，要非全豹。夫紀子馳聲薄海内外，數十年間，其詩之膾炙人口者爲何如？及其没也，百有餘歲，何竟無一人過而問之者。噫！良可悲已。此稿雖殘缺漫漶重沓如此，而紀子之精神命脈，光怪陸離，時時流露于楮墨之外，誠有不可磨滅者矣。偶爲拈出一二以爲欣賞之助，非敢意存去取也。得詩如干，釐爲四卷，鈔成，因綴數語于末。真州石椿謹識。」

芥軒詩草一卷浣香詞一卷緑窗小稿一卷絳雪詞一卷

舊鈔本。李崧撰。崧字静山，自號嬾仙，江陰人，李忠毅公再從孫。其配薛瓊字素儀，夫婦隱居，吟咏自得，詩詞均不俗。前有沈德潛、朱奕恂、曹輯五三序，首有「李崧私印」白文、「静山氏」朱文兩方印，蓋其手稿也。

夕陽村詩鈔一卷雲墟小稿一卷

傳鈔本。亦静山撰，從刻本録出。前有自序，其子大本字天報，亦能詩，有《雲墟小稿》。

李穆堂先生文集一册

舊鈔本。李紱撰。王艮齋侍御選，册中朱墨筆所改及墨筆圈點，皆出侍御手。《原教江源考》、《三江考》皆侍御自鈔。卷面有「吴印卓信」白文、「項儒」朱文聯珠小方印。

以上别集類

詩品三卷

明影宋鈔本。字迹秀勁，古香襲人，中縫有「退翁書院」四字，邊闌有「正德元年」四字。黄蕘圃藏書。首葉有「平江黄氏圖書」朱文方印，封面、後跋皆蕘圃手書。

黄氏手跋曰：「此舊鈔鍾嶸《詩品》，上中下三卷，藏篋中久矣。苦無别本相勘，適書賈有攜示陳學士《吟窗雜録》舊鈔本，中載《詩品》，殊多删節。唯卷下第四葉第二行晉徵士戴逵後所品語脱，又第三行晉東陽太守殷仲文後所品人脱，似《吟窗雜録》本，爲是爰補于尾。至于字句異同，當别爲籤記，不敢以删節本定此全文也。嘉慶甲戌正月初五日燒燭記。」

對牀夜話五卷

舊鈔本。宋范晞文撰。有鮑以文跋，是從知不足齋本鈔出。

娱書堂詩話二卷

傳鈔本。宋趙與虤撰。

石門洪覺天廚禁臠三卷

明鈔紅格本。正德丁卯黎堯卿跋。

吟窗雜録五十卷

明刻本。舊題「狀元陳應行編」，前有紹興五年重陽後一日浩然子序，序末有「嘉靖戊申孟夏崇文書堂家藏宋本刊行」字。《提要》斥其僞書，屏之存目，然《直齋書録解題》已著録，與此本合。《提要》又云：「前列諸家詩話，惟鍾嶸《詩品》爲有據，而删削失真。其餘如李嶠、王昌齡、皎然、賈島、齊己、白居易、李商隱諸家之書，率出依託。」黄蕘圃校《詩品》，曾據此書補戴逵品語，謝琨名字，不爲無益。皎然《詩式》至今尚存，謂之悉出依託，亦不盡當。惟瑣碎蒐録，出於坊賈所爲，則不能爲之諱也。

文章精義一卷

傳鈔文瀾閣本。宋李耆卿撰。

文説一卷

傳鈔文瀾閣本。元陳繹曾撰。

修辭鑑衡二卷

傳鈔文瀾閣本。

作義要訣一卷

傳鈔文瀾閣本。元倪士衡撰。

菊坡叢話二十六卷缺五卷

明刊本。臨川單宇撰。宇字時泰，别號菊坡，《四庫存目》著録其書，裒輯古今論文之語，並附己説。分類自天文至四六樂府，爲二十有六門，門各一卷，每條各注所出。亦有但注「菊坡」者，則宇自記其語也。此缺五卷及成化六年宇自序並黎擴序，存廿一卷。爲書賈挖改卷數，遂致前後難辨。卷一天文，卷二地理，均缺，卷四飲食，卷五服飾，卷六宫室，卷七器用，卷八人物，卷九古今詩人，卷十風雅，十一婚嗣，十二致政，十三釋梵，十四仙逸，十五哀謚，十六科舉，十七缺，十八送贈，十九戲謔，二十身體，二十一、二十二缺，廿三文法，廿四詩法，廿五四六，廿六樂府，二十六類爲二十六卷。

渚山堂詞話三卷

傳鈔本。明陳霆撰。

逸老堂詩話二卷

傳鈔本。嘉靖丁未自叙，知撰人姓俞，名字無考。

圍鑪詩話四卷

舊鈔本。崑山吴喬撰，有自序。

山静居詩話一卷附録一卷

傳鈔本。方薰撰。此詩話刻入《别下齋叢書》，惜《附録》未刻。

春雪亭詩話一卷

傳鈔本。徐熊飛撰。

詩藪十八卷

明刊本。明胡震亨撰。《内編》六卷，分古今體各三卷，《外編》六卷。自周至元，以時代爲次，《雜編》六卷。分遺逸、閏餘各三卷。卷首有「吴郡張借堂藏書記」朱文方印。

張皋聞先生批漢書一百卷

汲古閣本。經皋聞先生評點。先生年三十九選己未庶吉士。年四十，命赴盛京磨治列聖舊寶篆，加尊號。年四十二卒。此書點於乾隆甲寅，訖於嘉慶庚申。先生以文名傳桐城宗派，圈點精嚴，亦方靈皋先生家法也。首葉標六月十八日，爲庶常開課日期。大教習那文毅公書日於上，己未大教習朱文正公及文毅與文寧也。

張氏手跋曰：「余以乾隆甲寅秋點閱此書，未幾南還，此書留京師。越七年，嘉慶庚申，于役遼左，迺得竟之。得《紀》十二卷及《列傳》第一至三十八，前所點也，爲朱黄別異。《表》、《志》及《列傳・趙充國》以下，後所點也。唯朱圈點而已，義例亦不能畫一。六月廿五日竟，記之。惠言。」「嘉慶己未，余改庶常入館，日以此書呈課。故卷首標『五月八日』者，教習師大司空那繹堂先生手書。」

桐城姚石甫吳摯甫兩先生批五代史記七十卷

成都局本過録。姚朱筆，吳藍筆。

尹河南集二十七卷

王惕甫批點本。尹師魯與歐公至交，其文學昌黎在歐公之先。文名雖爲歐公所掩，然簡質清剛，自成一子，歐亦不能掩也。陳刻二十七卷，尚是宋人舊第。惕甫全部點過三次，以朱筆藍筆識之。警語妙義，皆爲指出。考證事實，字字不苟。先輩讀書之勤，豈今人所能及。文法亦可藉以考見。

瀛奎律髓四十九卷

刻本。元方回撰。二馮先生評閲。

馮氏手跋曰：「己丑再讀一過，亦閲月而畢。生平所得詩法盡在此矣。四月二十八日燈下。巳倉馮舒。」

馮氏手跋曰：「家兄讀此書畢，謂余曰吾是非與弟正同耳。余意未信，今竇伯姪以此見示，取予所評校之，真符節之合矣。今日求可與言詩者，定何人哉？八月二十日書於小樓之西窗。家兄殁二年矣。定遠班識。」

汪文摘謬一册

傳鈔本。汪苕文刻其自作文，葉横山摘其十篇，前有小引。雖云修怨，亦頗中其病。

道古堂批漁洋山人詩集二十二卷續集十六卷

舊鈔本。從康熙己酉吴郡沂詠堂本寫出卷，點勘皆杭堇浦先生手畢。

復初齋王漁洋詩評一卷

從眉批録出。

翁氏手跋曰：「阮亭詩如海估揀取明璣紫貝，製作仙子五銖衣。隨手湊補，皆合五城十二樓中裝飾。但寒者不可以爲衣耳。五古、五律、五絶皆似録舊，即七古亦多爲格調所牽。惟七律、七絶有神韻耳。丁未十一月二十一日翁覃谿讀。」

蘀石齋詩集五十卷

刻本。錢載撰。載字坤一，浙江秀水人，乾隆壬申進士，翰林院編修，官至禮部左侍郎。蘀石翁詩本佳，經先輩五色評點，尤爲出色。

蘇齋翁先生評本，衎石齋藏。今用黃色筆録。

樊桐顧先生評本，曹玉水舍人藏。今用藍色筆寫。

衎石先生評本，今用紫色筆録。

梓廬朱先生評本，先生仲子冽泉文見示。今用深黃色筆録。以上四種俱公曾孫聚仁録。

穀人吴先生選本，從曹種水言純處録。今用墨筆録。甘泉公。

吾鄉淡川吴氏文溥嘗選刻三卷，嘉慶五年。凡一百二十八首。如《僮歸詩》祇選四首，且時時删改，未必有當於蘀翁也。既有選刻，亦不可遺，今用紅筆録。甘泉公。

翁氏手跋曰：「甲寅夏，爲兒子樹培選出《蘀石詩》二百有三首，内七古十七首。丙戌、丁亥、戊子、己丑此數年間，正是余在粤東時，而其詩少可選者，何也？丁丑六月廿六日，偶看此册，廿六卷至三十三卷。若通加删選，只可存其什之三，庶幾可傳耳。大約總以顛逸見致，固異時流，究非正派。坤一於學皆具得其大端，是以處處皆見本原，而晚年成名以後，遂亦不甚用力於古人矣。秦蜀詩多有佳題，竟難仰質漁洋。」

以上詩文評類

花庵詞選十卷

舊刻本。首先「唐宋諸賢絶妙詞選」綱目大字，前有淳祐己酉胡德方序，後有鐘式牌子「栢齋胡氏」四字，極其古雅。惟目録後挖去一大條，疑有刊板年日，鈐以僞印，適增其醜耳。

增修箋註妙選草堂詩餘前後集四卷

明刻本。每集分上下卷，《前集》分春、夏、秋、冬四景，《後集》分節序、天文、地理、人物、人事、飲饌、器用、花禽七門，與至正癸未刻本大致相同。

洪武壬申孟夏 遵正書堂新刊

典雅詞五册

傳鈔汲古閣本。首册陳允平《西麓繼周集》，二册曾冠《燕喜詞》，趙磻老《拙庵詞》，李好古《碎錦詞》。三册馮與洽《雙溪詞》，袁去華《宣卿詞》，程大昌《文簡公詞》。四册胡銓《澹庵長短句》，《章華詞》，劉子寰《篁嵲詞》，阮閲《戶部詞》。五册黄公度《知稼翁詞》，陳亮《龍川詞》，侯寘《嬾窟詞》。如燕喜《澹庵長短句》皆無單行之本，亦罕見之秘笈也。

花草粹編十二卷

傳鈔本。荃孫鈔自王佑遐侍御，亦鈔本也。訛誤極多，因未見原書，校以《歷代詩餘》，十得五六，用朱筆。又校以各家專集，用墨筆。

精選名儒草堂詩餘三卷

元刊本。存上卷，中下兩卷均是影鈔。卷上亦影前後兩葉。每半葉九行，行十九字。高五寸，廣三寸五分。單邊，黑綫口。首行「精選名儒草堂詩餘上」，字占雙行。次行下六格「廬陵鳳林書院輯」，三行頂格「太保劉公」，順德四行下三格「木蘭花慢」，字畫精勁。元刻，至精。有「江立」朱文小方聯珠印、「玉屏珍賞」朱 文方印，惜止存上卷。借江安傅沅叔學使舊影寫本，倩丁紹裘重影，所謂下真蹟一等者。秦刻改易行款，用樊榭鈔校本入木，固自不同，中卷尚脱第十、十一兩葉。

批本詞律二十卷

堆絮閣刻本。近人全録杜氏校勘記於上，又以《歷代詩餘》、《花草粹編》各書校，間有訂正語，署名鈍公，亦無自記，不知自校抑爲過録。惟所論均是，絶無囂張之習，頗於本書有益，存之。

梁溪詞選十八卷

傳鈔本。無錫侯晰粲辰輯，康熙壬辰醉書閣刊本。秦對嵒松齡《微雲詞》，顧梁汾貞觀《彈指詞》，嚴藕漁繩孫《秋水軒詞》，杜紫綸詔《浣花詞》，鄒二辭瑢《香眉亭詞》，華鏡幾侗《春水詞》，顧止庵岱《澹雪詞》，朱贊皇襄《織字軒詞》，華象五文炳《菰月詞》，湯鞠敏焴《栖筠詞》，張雲企振《香葉詞》，僧敘彝弘倫《泥絮詞》，鄒貽仙祥蘭《問石詞》，顧天石彩《鶴邊詞》，蔡漢明燦《容與詞》，粲辰自撰《惜軒詞》，侯夏若文燿《鶴閒詞》，顧文婉夫人貞立《棲香閣詞》，外間絶少傳本。丁氏補《詞綜》亦未見，余於友人處録得之。

柳屯田樂府三卷

傳録梅禹金本。宋柳耆卿撰，仁和羅矩亭臨校。

羅氏手跋曰：「右柳永《樂章集》三卷，從梅禹金鈔本過録。梅氏原本詞牌之下，朱筆增入題目，有曰美、曰聖、曰科、曰官者，凡三十餘處，均不可曉。榘見前明鈔本柳詞凡數本，均與汲古閣刻本相同。詞牌下注題者，通部不過數闋，此本當爲梅氏以意增添，或僅注一字，令人無從索解，殊爲善本之類。又原本於詞牌之上，朱筆標以圈點，亦有時標於左右，及標於詞牌之下者，未能喻其故。因此本係照鈔，故亦用朱筆，依其位置，照樣標明如右。八千卷樓别藏有明時鈔本一册，楮墨甚舊，當是萬曆以前鈔本。因取以覆校，大致與毛本相同。今用朱筆注於書眉，所稱明鈔本者是也。汲古刊本併三卷爲一卷，又上卷末《駐馬聽》之前，明鈔尚存十六字，下尚有正平調《安公子》一闋，其詞雖全缺，尚可考其舊第。毛氏一併删去，不爲注明，尤爲大謬。光緒辛丑且月廿三日，仁和羅榘揮汗校畢，因記卷尾。是日弔譚丈復堂之喪，吾浙詞家又少一人矣。」

和清真詞一卷

郡公鍾室鈔本。宋楊澤民撰。此書罕見。

東浦詞一卷

傳鈔誦芬室鈔本。

董氏手跋曰：「右韓玉温甫《東浦詞》一卷，常熟毛子晉刻入《宋六十家詞》，譌舛特甚。余藏明鈔本，李西涯所輯南詞，爲南昌彭文勤公知聖道齋故物，是詞亦在其中。因取兩本互勘，以毛本標注於下。南詞本小有脱誤，然足以糾正毛刻，固不僅《提要》列舉數條也。己巳夏日，武進董康校訖記。翌日復取《歷代詩餘》互校，以硃志於旁，並補《沁園春》一闋於卷尾。康又記。」

風雅遺音二卷

影寫明刊本。宋林正大撰。正大字敬之，號隨𠂆，永嘉人，開禧中爲嚴州學官。前有嘉泰壬戌、甲子自序二篇，開禧乙丑易嘉猶序，嘉泰甲子陳子武序。此書閲古詩文，擷其華粹，律以樂府，冠以本文，爲詞學另開一徑。後有黄蕘圃跋。

澗泉詩餘一卷

傳鈔本。宋韓淲撰。多出閣本乙百三首。

釣月詞一卷

傳鈔本。宋趙聞禮撰。聞禮字立之，臨濮人。《陽春白雪》即立之所選，久已膾炙人口。此近人所輯，亦從《陽春白雪》、《絶妙好詞》録出，刻入《東人詞》中。

遺山樂府一卷

傳鈔本。首行「遺山樂府」，次行「前鄉貢進士錢唐淩雲翰彦翀編選」。按《遺山新舊樂府》，《舊樂府》久佚，《新樂府》五卷。《四庫》未收，阮文達録以進呈。此《樂府》一卷，爲明時淩彦翀所編。蓋合新舊《樂府》選之，故出《新樂府》外十八首。按：雲翰著《柘軒集》，《四庫》著録。元至正十九年，舉浙江鄉試。洪武年……本是元末明初人。有仁和勞巽卿跋。

勞氏手跋曰：「《遺山先生樂府》五卷，此淩柘軒編選一卷本，今秋鈔于王吉甫。復遇趙氏星鳳閣鈔本，校補缺一闋。此本雖不如《新樂府》本之全，顧有出于其外者。抱經堂本集有題辭，行附録之。道光甲辰十二月初九日燈下巽卿記。」

又跋曰：「咸豐丁巳八月二十日，《新樂府》本校于秋井草堂。《詞綜・發凡》作兩卷，即此本也。凡選廿有一闋，隨勘一過，漏三下。飲香生識。」

天籟集二卷

傳鈔本，與六安楊希洛刻本不同，其來舊矣。仲飴侍郎刻入金人遺集中。荃孫跋之，今附録。

白仁父《天籟詞》，六安楊希洛刻於康熙庚寅，朱竹垞定爲二卷，并爲之序。前載元王博文序，明孫作序。字畫精妙，藏書家亦罕見。光緒壬辰，吾友王君佑遐重刻於四印軒，而小象摭遺均删去。今仲飴侍郎借錢塘丁氏舊鈔本録副，并屬荃孫與楊本合校付梓，而丁本頗異楊本。朱序云：「希洛得之仁父裔孫，析爲二卷。」似已前無刻本，而丁本亦分二卷，長號聯屬，王序在前，孫序在後，標明「後序」。一也。《摸魚子》五首，楊本在上卷，鈔本在下卷，二也。有楊本脱，鈔本有者，如《奪錦標・得友人李友蔚書》、《水龍吟·兼簡盧師道》、《水調歌頭·十月海棠》均存小注。《奪錦標》之「慘哀音令人嗟惜」，「慘」字未脱。《滿江紅·同鄭都事復用前韻》，「同」字未脱。《沁園春》「世事就裏」，「就裏」二字未脱。《燭影揺紅》「環能解結合運同心□誰表」十字未脱，疑有誤字。三也。有楊本誤而鈔本不誤者，《水龍吟·曹光輔和作》「從今都付黄粱」，楊作「黄糧」。《念奴嬌》「月娥」楊作「嫦娥」。《滿庭芳》序「用寒删先韻」，「用」下不增「無」字，四也。有兩本不同而兩通者，如《秋色横空》，楊本題「詠梅順天張侯毛氏以丈母命題索賦」，鈔本題「順天張侯毛氏以早梅命題索賦時壬子冬」。《石州慢》「療飢賴有楚萍」不作「商芝」，五也。今刊楊本而以鈔本改正之字，均綴於此，慎弗再以楊本正之。至四印本則重翻楊本，又不完全，更無論矣。光緒乙巳江陰繆荃孫跋。

貞居詞一卷

舊鈔本。元張伯雨撰。首葉有「笛江」二字白文小長印，目録有「古香樓」朱文大圓印、「休寧汪季青家藏書籍」朱文大方印，後有「武原馬氏藏書」白文方印。

厲氏手跋曰：「外史詞翰高絶，即作樂章，氣韻亦自不凡。予愛書之不計字畫之工拙也。乾隆丁巳醉司命之夕，入春八日，風雨蕭然，録畢記此。樊榭生厲鶚。」

章氏手跋曰：「舊鈔句曲外史《貞居詞》一卷，世尟傳本，求諸數年不可得已。己酉正月下浣，偕莘田赴武林，以舟爲寓。雨中悶甚，著屐登吳山，得是本於積書堂主人陶一齋處。係汪季青家藏物，後屬鮑氏，最後爲馬君二槎所獲。比年來馬氏儲蓄書籍散落𢹂賈手不少，余曾購得數種，今復得是詞，不覺轉悶爲喜。舟中無事，輒提筆志諸卷首。道光二十有九年，歲次己酉，孟陬月二十五日章愫書于舟次。」

又跋曰：「道光己酉正月二十八日燈下，取鮑氏知不足齋本對校，互有異同，一一記出。篇什與鮑本亦多前後參差，然此本係古香樓物，當是國初舊鈔。未敢照鮑本竄易，爲兩存之，并録樊榭先生跋語。此外尚有補遺兩闋，俟再補録於後。章愫又記。」

登嶽謡一卷

傳鈔稿本。蔣錫震撰。錫震字契潛，宜興人，康熙己丑進士。仕直隸慶雲令，著有《清溪詩文集》、《登嶽謡》一卷附。

柳外詞一卷

傳鈔稿本。沈鍾撰。鍾字鹿坪，康熙戊子舉人，滄州籍陽湖人。官福建屏南縣知縣，有善政。《武陽合志》入宦績，而誤爲乾隆戊子舉人。後檢《選舉表》，載入康熙戊子。今詞首有毛西河書，其爲康熙時人無疑。

黄雁山人詞四卷

傳鈔稿本。莊縉度撰。縉度字眉叔，陽湖人，道光丙申進士。官户部主事，發河工學習，改同知。有《黄雁山人詞》四卷，眉叔詩文稿爲河帥慧成索去，欲梓行而不果。今河帥後人已零落，全稿遂不可問。詞四卷，從董壽京比部鈔得。

橘亭詞一卷

傳鈔稿本。朱珩撰。珩字少白，宜興人，與吴仲倫同時。李申耆以爲橘亭之詞，庶幾聞皋文之風者。

秋瘦閣詞一卷

傳鈔稿本。武進閨秀唐韞貞撰。韞貞字佩衡，唐與忠女，適同邑董介貴，存詞一卷。壽京比部，其次子也。

陶情樂府四卷

明刻本。明楊慎撰。嘉靖三十年新喻簡紹芳跋。

元人百種曲百卷

明刻初印本，圖甚精。

陳眉公先生批琵琶記二卷釋義二卷

明刊本，圖極精。

梁州白苎二卷

明刻本。明梁伯玉撰。

四聲猿四卷

明刻本。明徐渭撰，圖極佳。

緑牡丹二卷

明刊本。此書罕見。

以上詞曲類

藝風藏書續記卷八

藝術第九 譜録附

宣和書譜二十卷

明刻本。嘉靖庚子楊慎序。原籤有「金、木、水、火、土」字，分五册。

畫苑三十四卷

明刻本。前後序跋俱無。一南齊謝赫《古畫品録》一卷，二陳姚最《續畫品》一卷，三唐沙門彦悰《後畫録》一卷，四唐裴孝源《公私畫史》一卷，附沈括《圖畫歌》、荆浩《筆法記》、王維《山水論》，五唐朱景玄《唐朝名畫録》一卷，六朝宋劉道醇《五代名畫補遺》一卷，七劉道醇《聖朝名畫評》三卷，八唐張彦遠《歷代名畫記》十卷，九黄休復《益州名畫録》三卷，十宋米海岳《畫史》一卷，十一宋鄧椿《畫繼》十卷。每半葉十一行，行廿字。字跡秀勁，紙墨均古，間有補葉。逢宋帝必空格，其來甚舊。王氏《畫苑》敘次尚同，字畫精采，相去實遠。至《後畫録》，隋參軍楊契丹下空白廿二行，此書有之，脱去一葉耳，亦可見此本之佳矣。

金壺記三卷

舊鈔本。宋僧适之撰。首葉有「厚埏」白文、「伯温」朱文兩聯珠小方印。

王氏畫苑十卷畫苑補益四卷書苑十卷書苑補益八卷

明刻本。《書畫苑》明王世貞編，《補益》明詹景鳳編。萬曆辛亥王孟起元貞刻於金陵。《古法書苑》、《古畫苑選》兩小序，《古今法書苑》、《古今名畫苑》兩序，皆弇州筆也。姚儀卿汝循、朱正伯衣同校。《續畫苑》陳文燭、詹景鳳兩序。《書卷補益》亦景鳳序，中有云：「文題云『金陵王氏書畫苑補益』，則王氏指王孟起，非弇州也。」

廣川畫跋五卷

校畫苑本。光緒戊申假嘉靖本校録，劉大謨序、楊慎跋。再假明鈔藍格本覆校，上有朱改，字極佳，以墨筆識之。

珊瑚木難八卷

傳鈔本。此明朱存理本，書出自王百穀家，後有崇禎紀元王廣跋，非外間流傳坊本可比。原本藏錢唐丁氏，其中詩文世所罕覯。惟輾轉傳寫，譌脱不免耳。《敏求記》作「《雜識》五卷，《名畫》五卷，《法書》五卷」，與此本卷數不合。

鐵網珊瑚二十卷

傳鈔本。明朱性甫書曰《珊瑚木難》，都玄敬書曰《鐵網珊瑚》，坊賈鈔撮爲此編，仍署玄敬名。《提要》於《寓意編》中譏之，然亦雜存二家之言，未可廢也。

大觀録五卷

舊鈔本。國朝吳敏撰。首卷北宋諸賢翰牘，次卷北宋君臣宸翰箇牘帖，三卷宋蘇蔡黄米四大家法書。此書共二十卷，只存首三卷。有「長白福崧」白文方印。

裝餘偶記八卷

舊鈔本。無撰人名氏，專記書畫名氏題畫，朱筆改正，並有考證書於上方。至明末止。首葉有「吳門繆氏珍藏」朱文長方印，是吾家文子、武子藏過者。

吴越所見書畫録六卷

舊鈔本。陸時化編輯，内書畫説鈐一十九則，民之情僞盡知之矣。

石渠隨筆八卷

舊鈔本。國朝阮文達公以詹事入直南齋，奉旨釐定内府書畫，隨筆所記。《粵雅叢書》刻之。内府書録曰《天禄琳瑯》初編、二編，有刊本。書畫録曰《石渠寶笈》初編、二編、三編，刊本未見。光緒甲午，予門人王文敏公懿榮奉旨釐定舊書，文敏亦隨筆記圖書行款，零篇散葉，未輯成編。運經陽九，鑾輿西狩。内府儲藏，聞尚無恙，而文敏捐軀殉國，平生收弆，都付煙雲。所記不知歸何所矣，爲之憮然。

天際烏雲帖考二卷

傳鈔翁方綱稿本。

西昀寓目編十一册

稿本。陳墫撰。墫字復初，又字葦汀，吴縣人。書法南田，畫近錢松壺、改七香。此手寫本，自署「南湖花隱」，字蹟精妙之至。周氏手跋曰：「光緒己卯春尾，祥符周星詒已翁假看，時在福州蛻園。」

宣和博古圖三十卷

明泊如齋刻本。宋王黼撰。萬曆戊子程士莊序，丁南羽、吴左干繪圖，劉季然書録。佳刻也。

重刊博古圖三十卷

明刻本。萬曆庚子饒養默序。

墨史三卷

舊鈔本。元陸友撰，黄椒升據鮑氏本校。版口有「醉經樓鈔本」五字。

茶董一卷

明刻本。夏樹芳撰。

茘支譜一卷

傳鈔本。陳鼎撰。此書《四庫存目》未著録，《江陰藝文志》有之。

竹譜一卷

傳鈔本。陳鼎撰。

蛇譜一卷

傳鈔本。陳鼎撰。

小説第十

松窗雜録一卷

舊鈔本。題唐李濬撰。「中宗召宰相」一條及「姚崇姨母盧氏」一條均有之，勝於《歷代小史》本。序有「張氏學安藏書」長印，朱文。首葉有「張印紹仁」朱文、「學安」白文兩方印。

雲溪友議十二卷

明刻本。唐范攄撰。次行有「明山陰陳汝元校」七字。

中朝故事二卷

明刻本。南唐尉遲偓撰。

金華子二卷

東鈔本。南唐劉崇遠撰。

南畝老人手跋曰："寬政庚申仲冬廿八，將原本讐校一遍。"

又跋曰："文化辛未莫春，雨中讀《説海》所收《虛谷閒鈔》引《金華子雜編》二條。一校附記。"

重雕足本鑑誡録十卷

影宋鈔本。蜀何光遠撰。黄蕘圃後得竹垞宋本，以此爲副。面葉題"讀未見書齋藏副本"，每題籤均蕘圃筆。補綴襯裝，猶士禮居原式也。

黄氏手跋曰："《鑑戒録》十卷，世鮮傳本，惟竹垞翁所收爲宋重雕足本。其跋見諸《曝書亭集》中，而原書轉入徐七來家。余友顧千里得之，爲其友程叔平豪奪而去。此千里爲余言者也。千里曾有手校本貽余，余亦甚珍之，然非舊鈔。客冬書友攜此册來，易余五番餅，擬傳録顧校。于今春從程氏購得宋刻，此册又弁髦視之矣。既而思天壤間安能盡遇宋刻，且此闕文空字，實照宋對寫，視顧所鈔猶爲近古。遂命工重爲裝池，原本草釘卷一標題下，已爲俗子損壞，因補綴而襯裝之。暇日取宋刻校正，安知後日不遇宋刻者遇之，亦猶今日余之未遇宋刻而遇之，以爲可珍乎。留此作副本讀可也。甲子十月十有三日，蕘翁記。」

「是書去年鮑綠飲刻入叢書廿二集中，近於坊間獲《徵刻唐宋秘本書目》，見是書亦在所徵中。今始得入木，書之顯晦，殆有時耶？并記。」

北夢瑣言二十卷

校盧本。宋孫光憲撰。此書傳世只有兩本，一《稗海》本，即《提要》詆其脱誤不可讀者；一雅雨堂本，即《提要》所謂出於宋陝西版，差完整有緒者。荃孫在成都時，仁壽毛大令澂囑爲校讐。先取兩本互校，而短長亦互見。如卷十「杜孺復種蓮花」條，盧本脱至一行，何得推爲完整？後又得吴枚庵、劉燕庭兩家鈔本，並據《廣記》所引，逐條細刊，訂正良多。又原書三十卷，今存廿卷。《廣記》採取最多，而録之得四百十條。又於《茅亭客話》得一條，《通鑑注》得一條，共分四卷。

南部新書十卷

明稽古堂刻。宋錢易撰。首葉有「退齋居士守素堂圖書印」、「櫟農鑑賞」朱文兩方印，次册有「方氏子穎考藏印記」朱文長方印。

友會談叢三卷

明稽古堂刊本。宋上官融撰。

涑水紀聞二卷

舊鈔本。宋司馬光撰。與聚珍本序次不同，有「謙牧堂藏書記」白文方印。

東軒筆録十五卷

舊鈔本。宋魏泰撰。提行空格，原出於宋，每半葉十行，行十八字。泰自序。首葉有「高士奇印」朱文方印，又有「任城李氏珍藏」正字戳記。

侯鯖録八卷

明芸窗書院刊本。宋趙令時撰。嘉靖甲辰仲夏涿鹿頓鋭序，時鋭爲高淳令，刊於南都。訛字盈紙，而有絶佳處可校鮑刻。前賢所謂不校之書，猶勝於專輒臆改者。

過庭録二卷

明商惟濬刻本。宋范公稱撰。

河南邵氏聞見後録三十卷

傳鈔本。宋邵伯温撰。原書在錢唐丁氏，長洲張紹仁學安所校，張所據汲古鈔本也。學安所校《聞見前録》最爲精確，在荃孫處，故假録之，照校以完全帙。

黄氏手跋曰：「日來心緒忙亂，偶有暇，即校書自娱。然必得小種，一校輒了，即復及他種。無暇則棄去以爲樂也，聊藉此破寂耳。客有攜曹秋岳家藏舊鈔《邵氏聞見後録》示余者，余取向收職思居精鈔本勘之，時得佳處。然中亦多訛謬脱落，未取塗抹職思居本，案頭又無别本在。適張君訒庵過訪，云有《津逮》本在，即假之歸。屬校異處於上，遂輟二三日工，爲之手校一過。曹本鈔手比職思居本爲舊，故多可信，惟鈔手不一，或已有原鈔補鈔之異，而字形相近致誤。或本字寫誤，即改于誤字下。其初寫誤字，又未經抹去，往往有不成文理者。此時手校皆仍其誤，恐有竟所未經想到處，反以誤字故失校，殊非慎重故書之道。累篇滿幅反有不成文理者，外人視之，不且笑改是處爲不是耶？訒庵不如是，故仍用余校書之法校之。校畢記，時甲戌十月七日。」

後山叢談四卷

舊鈔本。宋陳師道撰。

鐵圍山叢談十卷

舊鈔本。宋蔡絛撰，吴尺鳧藏。

吴氏手跋曰：「費衮《梁溪漫志》：蔡絛姦人，助其父爲惡者也。特以在兄弟間粗親翰墨，且嘗上書論諫，故在當時稍竊名。著書甚多，大抵以姦言文其父子之過，此固不足怪。至《叢談》所載其家侫幸濫賞，可醜可羞之事，反皆大書特書以爲榮。此乃竄南荒時所作，至是猶不悟，真小人而無忌憚者哉。」周氏手跋曰：「此瓶花齋舊藏本也，右跋爲尺鳧先生手跡，後人寶之。季貺。」首葉有「周印星詒」、「季貺」兩小方印，即朱文。

茅亭客話十卷

穴研齋鈔本。宋黄休復撰。每半葉十一行，行二十字。每葉魚尾下有「穴研齋繕寫」五字，黄蕘圃舊藏。有跋。王惕甫借閲，有識語，首葉有「惕甫借觀」朱文方印，末葉有「王鐵夫閲過」白文長印。

王氏手識曰：「凡讀昔賢文字，觀其所用意，必更觀其所不用意。學書亦然。余之論此，乃不用意之説也。愓甫又識。」

黄氏手跋曰：「《茅亭客話》曾刊入《津逮秘書》中，外此皆鈔本流傳。若舊刻，惟宋板耳。余所藏有二本：一宋板，即《敏求記》所云太廟前尹家書籍鋪刊行本也；一舊鈔，爲錢罄室家藏。得此穴研齋繕寫本，共有三本矣。此册取對宋板，大段都同。中有正文寫爲小字者，宋板如是，故仍之。古書源流明眼人能自辨之，弗可爲外人道也。乙亥夏季復翁。」

陶朱新録一卷

明刻本。宋馬純撰。頗似《百川學海》本。鮑以文以宋刻校，極精。

周氏手跋曰：「右鮑以翁手校本。乙巳六月購之福州陳氏，比通行本佳。」

五色線三卷

明刻本。此書載入毛氏《津逮秘書》，止有上下二卷，前後亦無序跋。《四庫存目》以毛本著録，此本上中下三卷，多一中卷，爲明弘治丙戌華陰刊本。系御史沁水李叔淵所藏書。前有弘治二年冀綺序，後有高胤光跋。字跡亦甚古茂。錢塘丁氏書目載舊鈔本，有毛扆識云：「《五色線》凡三卷，先君舊藏止上下二卷，刊入《津逮秘書》。辛酉夏訪書於章邱李氏中麓先生之後，得冀刻，乃有中卷。其序述原委甚明，今鈔入家刻中，且附冀公事略於序後。特存此書，以代補遺。」此刻與斧季所見本同，後多一衛光胤跋，云是李叔淵所藏，檄華陰刻者。叔淵所刻《遺山集》、《容齋五筆》等書，名重海内。斧季之跋不云叔淵，是所見無此跋也。此書不至可寶貴歟？

書後跋曰：「右此書乃浩然翁邵文伯手鈔於鶴城所寓之怡雲軒。後於野亭先生處得此本，傳於伊氏奉遠樓讀書處，借録之。念念不忘，遂足之。其樂於筆研，好書成癖也。如此後之似續者，保之重之，庶無負先生之志。」

衛氏後序曰：「陝之文儒，才賢不減他邦盛，而載籍版刻較無什二者。□民俗朴拙尚耕稼，故工技寡鮮，□□博古者。聞有所鬻，競相購易，然不能忘情於財用之增費，道途之修阻。監察御史李公兩案吾陝，激揚之餘，檢所攜羣編，分投良有司版行。華之刊□《五色綫》集，吏知當務而不告勞士咸快覩之慶矣。或以斯集間多仙佛幽異，慮非士宜，惟天朝文明，啓運道學，追古五尺之童，識性談理有若此類。適足以廣見聞、助文興，顧於正學何損焉。李公名瀚，字叔淵，晉之沁水人。鄉闈發解，第進士，聲實臺併著之，俾後之士有以考。弘治丙辰春正月既望，斗城高胤光書。」

劇談録二卷

明稽古堂刻本。唐康駢撰。

劇談録二卷

校汲古閣本。案：《劇談録》二卷，唐康駢撰，字駕言，《詞林紀事》作「駕輕」。池陽人。乾符二年進士，官崇文館校書郎，後爲田頵客，薦授中書舍人。《四庫》收入小説類，《提要》云凡四十條，以《太平廣記》勘之，一一相合。非當時全部收入，即後人從《廣記》鈔合也。本末有「臨安府陳道人書籍鋪刊行」字，是《四庫》所收，出於宋刊。外間流傳，只有毛氏《津逮》本。首缺自序一，次行題「宋池州康駢述」，誤唐爲宋。上卷二十條，下卷二十二條，與《提要》所云四十條不合，爰取談《廣記》對核，只採二十條，並非全部收入。《廣記》三百九十四「元稹」一條，《廣記》四百「裴度」一條，今書所無。「桑道茂」一條，「李德裕」一條，均在《記》所引之外，字句訛錯，不如《廣記》遠甚。況乎館臣所見，既係影鈔，其爲舊本流傳，更無可疑。不必以爲鈔合也。爰取《廣記》及《類記》、《紺珠集》、《角力記》等書勘校，並取舊藏明刻稽古堂本補録自序一篇。餘篇字句異同，均爲訂正。雖未見影宋舊鈔，固已出《津逮》本上矣。

述異記二卷

影鈔宋本。梁任昉撰。序後有「臨安府太廟前經籍鋪尹家刊行」一行。

分類夷堅志十一卷

建安葉祖榮類編。當是南宋建陽書肆類集刊本，明人重刻之。有田汝成序，版心有「清平山堂」四字。陸存齋極爲推重，荃孫己巳年見于成都友人，今始得之，似流傳不多也。荃孫得明鈔本，知《四庫》所云支甲至支戊五十卷，即巾箱本之二十卷。又新刻八十卷本，核其重複，分類十集共六百四十二事。甲、乙、丙、丁四集得一百九十七事。巾箱本得七十事，舊輯各種書又得十二事，共二百九十九事。又餘三百六十三事，真秘本也。何異序《隨筆》云：「陳日曄盡得《夷堅》十志與支志、三志及四志之二，共四百二十卷。就摘其間詩詞雜著、藥餌、符呪之屬，以類相從，編刻于湖陰之計臺，疏爲十卷，覽者便之。僕因此搜索志中，欲取其不涉神怪，近於人事，資鑒戒而佐辯博，非《夷堅》所宜取者，別爲一書，亦可得十卷。」可見宋人取材此志，各自刊行。葉君之意，專取神怪，與陳、何二君宗旨不合。安得二書復出，蔚爲鉅觀乎？黄蕘圃曾得四志之外數卷，今爲好事者所得，秘不示人，殊爲歉缺耳。

續夷堅志二卷

校本。金元好問撰。

青泥蓮花記十三卷

傳鈔本。明梅禹金撰。

增編會真記四卷

明顧玄緯輯，校記一卷，雜録四卷，圖繪字畫極精。隆慶元年衆芳書齋刊本。

三國演義二十册

明末刊本。與通行本不同，前有《宗寮姓氏》一卷，二百四十圖，與元人百種曲仿佛。繆尊素太質序，戴易南枝序。

藝風藏書再續記

藝風藏書再續記目録

藝風藏書再續記自序原題「藝風堂新收書目」

予自國變，蠖居海隅，佳槧舊鈔往往易米。經此大難，無心收拾。然遇心喜之書，相當之值，遂損衣食之費而置之。雖旋收旋散，有若摶沙。然既暫爲我有，則可入之書目，猶勝道咸以來之收藏家一字不洩於外者。

宋刻本第一

聖宋文選三十二卷

不著編輯者姓氏，所選皆北宋之文，而無三蘇，是在蘇文禁嚴之時。存一至六、十二至十六、二十四至三十二，止十九卷。餘皆影鈔配足，每半葉十六行，行二十八字。高五寸二分，寬三寸八分。白口，單邊。上魚尾下「文選一」，下魚尾下「八丨」，又加長號。下刻工姓名，餘詳《士禮居四跋》。

黄氏手跋曰：「此宋刻《聖宋文選》三十二卷，舊時鈔補，而仍缺七至十一。常熟蘇姓書賈攜以售余者也。初余讀何義門校本《曾南豐集》，知其所據以增文六篇者，爲《聖宋文選》，于是耳始有《聖宋文選》之名。客冬書賈來，余因其家在常熟，毛錢諸家物必多，屬渠搜訪。書賈遂舉此書以對，至今秋始來，余一見即詫爲異書。雖無二古汲古閣、述古堂藏書圖記，而墨敝紙渝，頗饒古趣。即有殘缺，亦不失爲片甲殘鱗。爰問其直，須以新刻《十三經》易之，遂與交易。時閶門書業堂新翻汲古閣《十三經》，每部需錢十四兩。余檢《浙江采集遺書總録》載《聖宋文選》三十二卷寫本，自歐陽永叔以至陳瑩中凡十四人，所録祇二十七卷。蓋其中石守道作二卷，宋刻作三卷。李邦直作一卷，宋刻作五卷。未知所見果如是，而抑或卷數有筆誤也。顧余又有疑焉者。康熙己巳嘉善柯崇樸序云：『乙丑歲至京師，朱檢討竹垞過余寓舍，因以訪之，轉假得是書。是書藏自崑山徐立齋相國。原本宋刻甚工，然無有序紀始末與撰録者姓氏，幸其卷帙完具，使讀者有以窺知其意。』則柯所見者，爲宋刻甚工之本，不比傳鈔訛謬。又爲卷帙完具之本，不比蠹簡奇零，何以所録某某卷數，獨遺其五也。且有異焉者，常熟之本未必是崑山之本，而茲所缺者適爲五卷。然七至十一爲王禹偁一卷，孫明復二卷，王介甫二卷，又非石守道之脱其一，李邦直脱其四也。豈徐本已經竄改，泯其脱落之迹耶？否則何異同若是也？幸余所見全書雖缺卷有五，而目録獨全，尚可考見諸人文卷。細數古書，可貴於此，益信至義門所見，爲石門呂太史家鈔本。其增多子固六篇文，《邪正辨》、《説用》、《讀賈誼傳》、《書魏鄭公傳》、《上田正言書》、《上歐蔡書》。已可補本集之缺。安知其餘不又可參校本集乎。俟博考之。嘉慶歲在己未秋孟中元日收得，越二日跋于讀未見書齋。黄丕烈。」

「余續從武進趙司馬懷玉所得是書宋刻全本，幸可鈔補矣。因循未果，至今秋適有人欲購宋刻全本，急倩鈔胥填補墨敝紙渝之處，可備卒讀。至缺卷有五，早令工影寫足之，古書難得，得一兼二，始缺終全，余之獲福于書何幸耶。惜近年力絀，未能愛護勿失，由他書以至宋刻，稍稍失之，竊自慨已。宋刻全本今雖尚存，然永守勿失者，此本壽命較强。蓋物既殘毀，時尚弗屬焉。或以不材，終其天年，理固然也。近日陽湖孫觀察淵如謂，當取家藏宋刻書盡加塗抹。過激之談，其以是夫！戊辰冬季小寒後六日復翁識。」

「庚午二月七日，閒居無聊，檢書及此，時復展觀。是書業以殘本裝成，其補全者當别裝附後。一則錦函可惜，成功不毁；一則精鈔補全痕迹兩存，俾後之讀是書者，知余苦心購求，良非易易也。復翁。」

「甲戌仲春，此書宋刻全本卒爲有力者購去，未知其進御，抑充饋遺。總非尋常藏書家所貯也。因思世間尤物足以禍人，余卅年以來專心購書，所獲多人間未見書，而家道日落，未免割愛及此。留此不全鈔補之本以自娱，且汙損異常，誠如淵如所云，此固不利時眼，可以保守勿失也。閏二月二日復翁記。」

「余向藏何義門批校曾子固《元豐類稿》增多文六篇，謂出于石門吕太史家鈔本《聖宋文選》，然其原書世不多有也。既從常熟書友得殘宋本，缺七至十一，而仍有影鈔者，已喜出望外。後稔常州趙味辛舍人處有宋刻全本，辛酉至京師面詢其書，秋間味辛回南，余亦旋里，遂以書歸余。與前得殘本出于一刻中，有缺筆，賴前本補完。至于裝潢璀璨爲味辛所重新，而前人圖記間有剜去者，未知誰何。歲癸亥春，長塘鮑緑飲來，談及是書，云數年前與味辛同在吾郡故家所得，同得者有劉後村，亦宋刻。此書後有石門吕晚村長跋。方信義門所見鈔本即從此出，而此書所去圖記，或即吕氏故，并長跋亦去之歟？緑飲所言，乃書林故事。急取而書諸尾，因追述其得書顛末如右。嘉慶八年春三月望後二日，蕘翁黄丕烈識于百宋一廛。」

光緒乙未余在武昌修《湖北通志》，獲見《聖宋文選》於薛次升所，首尾完善，字畫精潔。即《百宋一廛賦》所載，實爲驚人秘笈，趙味辛所藏，歸於蕘圃者。石門吕留良圖書已挖去，此最足本也。今歸武進盛氏。繼在錢塘丁氏善本書室又見一部，與趙本同出一源，而鈔者十九，刻者十一。此最不足本也，今歸江南圖書館。此本亦出於蕘圃跋云鈔配過半刻本。存一至六、十二至十五、二十四至三十二，止十九卷，此半足本也。董授經以易余張習刻《僑吳》、《夷白》兩集，因假盛氏所藏，倩黄岡饒心舫影補一、二兩卷。此二卷蕘圃時有之，失於粤匪之亂者。再影補七至十一，此五卷蕘圃時即無之。重爲裝治，並志緣起，而録盛本蕘圃跋於後，亦可入宋本乙編矣。每半葉十六行，行二十八字。高五寸三分，廣四寸六分。白口，單邊。字數、刻工姓名均在下，亦與他刻不同。《元豐類稿》逸文六篇最爲著名，而《陳了齋集》不傳，此卷尤爲可寶。前人無言之者，餘文亦與專集字句少有異同。蕘圃四跋，言之可慨。選不及三蘇，應成書在政和間。魯直、文潛名列黨人，然亦入選，豈禁令專重眉山歟？歲在旃蒙單閼餞春日，繆荃孫識。

宋人選宋文，南宋尚多，北宋惟此集存耳。張邦基《墨莊漫録》有「編入《聖宋文選》後集」語，此書尚有後集，然當是別一人，非禁三蘇文時。藝風。

自警編五卷

宋趙善璙撰。善璙，太宗七世孫。端平中，知江州。其書乃編次宋代名臣大儒嘉言懿行之可爲法則者，凡學問類子目三，操修類子目十二，齊家類子目四，接物類子目七，出處類子目五，事君類子目十一，政事類子目十七，拾遺類子目二，共八類五十五目，蓋亦仿《言行録》之體。宋刊分甲、乙、丙、丁、戊五卷，明洪武刻則九卷矣。每半葉十行，行二十字。高七寸四分，廣五寸四分。白口，單邊。上魚尾下署「自警編甲」，下魚尾下葉數。《四庫》收九卷本，未見宋刻。此本亦欠乙、丙兩卷。借本影鈔，後有善璙端平改元三月後跋，收藏有汪頌堂跋。

汪氏手跋曰：「宋趙氏善璙《自警編》，起甲迄戊，凡五卷，所紀皆當代名公嘉言懿行，爲世楷模。其後序云：『却埽八年，安之義命。宦馳六載，粗不媿見吏民。皆是編之助也。』則趙氏爲時良吏可知矣。余家向有周櫟園先生藏本，卷首有其印記，惜多殘闕。今春偶從漢陽故家得其全書，如獲和璧。焚香危坐，莊誦移日，褊隘習氣，倏然頓消，忻喜何似。篋中舊藏吕氏《童蒙訓》，可與此編彙爲一函，朝夕讀之，以作鍼砭膏肓之藥石云爾。嘉慶二十一年春二月十有一日，晚香居士汪鏞書於芸窗。」

甲申雜記一卷聞見近録一卷

宋王鞏撰。宋活字本。鞏字定國，莘縣人，坐與蘇東坡游，謫監筠州鹽税。書皆北宋代事，每半葉十行，行十九字。高六寸八分，廣五寸。白口，單邊。上魚尾上字數，下「聞見録」三小字，「雜記」二字；下魚尾下葉數、刻工姓名。系蝴蝶裝改摺，字體磨滅殆盡。

《甲申雜記》一卷、《聞見近録》一卷，光緒己亥二月樊雲門兄贈盛昱。

吕氏家塾增注三蘇文選二十七卷 宋刊本卷一至卷九

首行「吕氏家塾三蘇文選」，次行「東萊先生吕祖謙伯恭遴選」，三行「建安蔡文字行之增注分類纂輯復加評論以備科舉之用」。坊刻本。每半葉十四行，行二十五字，小字同。高五寸三分，廣三寸五分。黑綫口，單邊。上魚尾下「文一」二字，下魚尾上葉數，有小耳。字畫峭厲，紙墨俱精，宋刊佳帙，惜未全耳。三蘇文南宋開禁，選本通行。然此本甚少。伯恭，《宋史》有傳。《詩律武庫》均稱：《呂氏家塾》，蔡行之善刻書，如《内簡尺牘》，亦蔡行之刻也。

六臣注文選一卷 宋刊本

宋贛州刻本。每半葉九行，行大字十五字，小字二十字。白口，中縫「文選卷幾」，上魚尾上字數，下魚尾下葉數及人名。此本先李善，後五臣。某人均空一格，通部缺筆，嫌名半字，俱極清析。每卷末列校對、校勘、覆對諸人姓名，卷各不同。校對者州學司書蕭鵬、州學齋長吴拯、州學教諭李孝、開州學齋諭蕭人傑、州學齋諭吴撝也；校勘者鄉貢進士李大成、劉才紹、劉格非、楊楫、左迪功郎新昭州平樂尉兼主簿嚴興義、州學教諭管獻民、州學直學陳烈也；覆校者左從政郎充贛州州學教授張之綱、左迪功郎新永州零陵縣主簿李汝明、左迪功郎贛州石城縣尉主管學事權左司理蕭倬、左從事郎贛州觀察推官鄒敦禮、左迪功郎贛州司户參軍李盛也。此本《天禄琳琅》亦以爲罕見，因出於廣都、明州兩本之上。後有元代大長方印，不可辨。「研山齋鑑藏書畫印」白文長方印。孫退谷舊藏，避諱謹嚴，尺寸寬大，紙墨均精。惜止一卷。

《選》注傳於今者，曰李善注，曰五臣注。一顯慶本，一開元本。合言之，謂之六臣。尤延之貴池單刻善注，亦就六臣注中别出之，並非善注原本。各本皆以善注合於五臣，獨此本以五臣合於善注，故貴池本略有同異。此宋刊本。半葉九行，行十五字。注雙行，行二十字。高七寸五分，廣五寸八分。左右雙邊，口上注大字字數，下注刻工姓名。卷第一末云「州學司書蕭鵬校對，鄉貢進士李大成校勘，左從政郎充贛州州學教授張之綱覆校」，三行聯書。其餘校對，則有州學齋諭蕭人傑、州學齋長吴極、州學齋諭李孝開。校勘則有鄉貢進士劉格兆、鄉貢進士劉才邵、州學直學陳烈、州學學諭管獻民、鄉貢進士楊楫、州學齋諭吴撝。覆校則有左迪功郎贛州石城尉主管學事權左司理蕭倬、左迪功郎新昭州平樂縣尉兼主簿嚴興父、左從事郎贛州觀察推官鄒敦禮、左迪功郎贛州司户參軍李盛、左迪功郎新永州零陵縣主簿李汝明。各卷所記不相同，亦有無者。刻工陳顯、嚴智、鄭春、張明、周彦、阮舉、陳善壽、方志、王信、陳真、虞良、董姚、余文、吴中、黄彦、方政、方琢、陳景昌、方惠、余彦、應世昌、陳補、方琦、蔡昌、劉廷章、蕭祥、劉訓、吴互、求裕、龔友、鄧信、熊海、余中、余清、余永、蔡永昌、高異、譚彦才、藍佳、藍俊、劉文、蔡榮、蕭延昌、金祖、金采、管至、劉達、蔡昇、鄧聰、姜文、陳通、葉松、胡元、陳才、蔡寧、鄧信、曾添、鄧正、王彦、李端、鄧感、鄧明、吴立、余從、嚴忠、劉成、章宇、胡允、藍允、宋清、朱基、沈彦、徐太、胡亮、蔡如聲、李早范、王聖、廷岡、蔡達、陳伯蘭、何澤、徐台祖、翁俊、系重、葉華、劉川、劉瑧、沈貴、龔襲、李寶、大明、李新、高諒等氏名。此書未知在南宋爲何時，而其刻工張明、陳壽、嚴忠、金祖同，見於宋孝宗時刻本《世説新語》矣。此亦乾淳間刻也。

唐球詩一卷 宋刻本

唐人撰，宋刻本。每半葉十行，行十一字。口上署「唐球詩」三字，有「危氏太樸」朱文方印、「季振宜印」朱文方印、「季振宜字詵兮號滄葦」朱文方印。

舊聞證誤二卷 殘宋刊本

宋李心傳撰。宋活字本。《宋藝文志》云十五卷，今止首二卷。每半葉九行，行十七字。高六寸，寬四寸四分。白口，中縫「證誤卷一」。前見《愛日精廬藏書志》，即此本也。首葉有「子晉」、「汲古主人」朱文兩小方印。《四庫》本從《大典》輯出，首卷二十七事，今本缺十四事；二卷二十七事，今本缺十五事。字句亦多不同。荃孫刻《大典》本於叢書，另輯《佚文》一卷。

庚申八月上辛，吳郡周承明、林若撫、倪馴之、盛子九同過徐君韶齋中，鑒定宋板。似明人手畢。

注東坡先生詩四卷 殘宋刻本。卷十一、十二、二十五、二十六四卷。

宋槧。施顧注蘇詩，每半葉九行，行十六字，大小字同。高六寸八分，廣五寸三分。白口，上魚尾下作「坡詩卷幾」，下葉數。末有匠人名字。首行題「注東坡先生詩卷幾」，第二行題「吴興施氏」，第三行「題吴郡顧氏」。題目不連文，此注爲吴興施元之德初、吴郡顧禧景繁注，吴興傅稺漢孺書，嘉泰二年壬戌淮東倉曹録本。止十一、十二、二十五、二十六四卷，卷十二前缺六葉，並目後又缺五葉。二十六中缺第五一葉，末數葉。與康熙己卯宋漫堂刻本核對，方知刻本之謬。宋原本缺序目、卷一、卷二、卷五、卷六、卷八、卷九、卷二十三、卷二十六、卷三十五、卷三十六、卷三十九、卷四十共十卷外，餘注無不增删。有舊有注而今無者；有舊有注而今易之者；有舊注短而引申之者；有改易書名者。幾幾無一完篇。仍是明代刻書之故態，遜黄蕘圃、胡果泉多矣。如卷十二《次韻答直子由書》「五斗塵勞尚足留，閉門（原作關。）郤欲治幽憂。差爲毛遂囊中穎，未許（原本以下脱。）朱雲地下遊。無事全須成好飲，思歸時欲賦登樓。羡君幕府如僧舍，日向城西看浴鷗」句注，並全翁覃谿補注。卷十一《寄黎眉州》「治經方著春秋學」注：「歐陽公有送。」（下注闕。）此本有「希聲下第歸蜀詩」七字。查據鈔本，翁據原本，補注甚多，不爲復舉，只舉宋刻所闕者，卷數雖少，字體之工，鐫刻之雅，亦足貴矣。

注東坡先生詩四十二卷

吴興施氏
吴郡顧氏

半葉九行，行十六字。注雙行同。白口，雙邊。版心下記刻工姓名，版心上作「坡詩之幾」。

「坡詩多本，獨淮東倉司所刊明淨端楷，爲有識所寶。羽承乏于兹，暇日偶取觀，汰其字之漫者，大小七萬一千五百七十七，計一百七十九板。命工重梓。他時板浸古，漫字浸多，後之人好事必有賢於羽者矣。景定壬戌中元，吴門鄭羽題。」

「曩嘗於葉潤臣家得見嘉泰本《施顧注蘇詩》，歎爲瓌寶。一日坐殿廬中，桂侍郎以怡邸殘本書見視。忽覩此本，以二十金購之。前後缺八卷，此雖景定補本，然字畫清勁，粲若明珠，恐人間無復數本矣。同治十年伏日早退，題於東華門酒家。常熟翁同龢。」

「此景定壬戌吴門鄭羽補刻於淮東倉司之本，叔平六兄得於安樂堂散出之書者也。按《施顧注蘇詩》傳世者，一爲絳雲樓藏本，已歸庚寅一炬；一爲汲古閣傳是樓藏殘本，後歸宋牧仲、翁覃谿、吴荷屋、葉潤臣，即嘉泰殘本也。嘉泰本缺十二卷，是本缺卷五、六、七、八、九、十，又缺卷十九、二十，卷尾鄭氏一跋，馮星實亦未見刻本，僅從人鈔得。玩跋中語，是就施武子原刊本修補其漫漶，非重刊也。此本在世，亦希如星鳳矣。前宋牧仲得嘉泰殘本，屬幕客補足刊行。其書爲人齒冷，不足置議。覃谿以查氏所補有未盡，曾爲補注八卷。今此本較嘉泰殘本多。原注四卷，叔平欲再補之，以留原注真面。文字因緣，非偶然也。叔平得此本不輕示人，獨屬蔭爲之跋。其爲欣幸，何可勝言。而嘉泰殘本猶在人間，或者旦暮遇之乎？同治十年六月二十一日大雨中。吴縣潘祖蔭識。」

元刻本第二

爾雅十一卷

晉郭璞注。元平水巾箱本。每半葉八行，行十五字。高四寸半，寬三寸六分。黑綫口，單邊。中縫上魚尾上大小字數，上魚尾下「爾雅上、中、下」三字。下魚尾葉數，下有一畫，題「郭璞注」。首載郭序，後有《音釋》，與宋本同。有跋，載《文集》。

> 一物不知，儒者所恥。聞患乎寡而不患乎多也。《爾雅》之書，漢初嘗立博士矣。其所載，精粗鉅細畢備，是以博物君子有取焉。今得郭景純集注善本，精加訂正，殆無毫髮訛舛。用鋟諸梓，與四方學者共之。大德己亥平水曹氏進德齋謹誌。

爾雅注疏十一卷

晉郭璞注。宋邢昺疏。每半葉九行，行二十字，大小字同。原板高五寸五分，廣三寸八分。黑口，單邊。上魚尾下「爾疏二」，下魚尾葉數，明時遞修板，不計。

周氏手跋曰：「此元槧《爾雅注疏》十一卷，以補板，至明正德間止。世又謂之正德本。舊與宋十行本諸經板同在明南京國子監，故又統稱南監本。後來閩北監毛諸刻本皆從此出，而此本爲善。今世得舊刻自宋單疏本、元雪窗書院經注本外，無先于此，亦無善于此者。如《釋言》「楮，柱也」「楮」不誤，從手旁。《釋訓》「忯忯惕惕」「忯」不誤，從氏。「鑊煮之也」「鑊」不誤，從水。《釋草》「澤烏薞」「澤」不誤「壞」，「蒙王女」「王」不誤「玉」。《釋鳥鶬麋鴰》「麋」不誤，從麻。往往與石經《釋文》合。阮文達《校勘記》中「注疏本」即是此也。文達稱其佳處，往往與單疏雪窗本印合，而訛字極多，不勝指摘云云。詒細審其誤，大半出補刻諸葉。文達《記》中亦云多明人補刻，是其舛誤，亦未可盡咎元刻也。單疏二本，五硯樓藏宋刻，後歸黄蕘翁。蕘翁藏本以四十金售之陳仲魚。蕘翁宋刻，多歸山塘汪閬原。仲翁藏書則歸花山馬二槎。庚辛亂後，不知尚可踪跡否。又張月霄藏有此刻元印本，亦不知流轉何所。安得盡聚以校勘此邪。辛未四月十二日癸巳人日，星詒在汀州丞庌記。」

予昔在紹興得元刻坿釋音《爾雅》三卷，紙白如玉，刻亦極精。以校澗翁重摹吴元恭本悉合。兵燹後失之，不記爲何人刻本矣。單疏分十卷，此分十一卷。阮文達、陳仲魚皆深以爲無理。

淵穎吴先生集十二卷附録一卷

元吴萊撰。每半葉十四行，行廿三字。高五寸六分，廣四寸一分。黑綫口，單邊。淵穎之文爲元末一大家，門人宋景濂所輯，其弟宋璲手書。字迹秀雅。其子士謌後跋云「先公歿後二十六年」，淵穎以至正元年歿，二十六年猶在元時。其刻於元明之間與？有葉石君跋，收藏有「九龍山人莫□誠書畫印」朱文長方印、「翰林院」印。

葉氏手跋曰：「《吴淵穎集》十二卷，濂溪宋學士編録。古人於師弟之誼甚篤，於此可見。然淵穎之學，誠不媿乎一日之長，而《春秋》猶其長也。及門高弟有濂溪、烏傷二公，皆有集行世，余日思一覩焉，而無資置之，中惟悒悒，不知何時得遂斯志也。近以虞山太史教，天下讀書風尚，漸以復古。故濂溪與李懷麓、歸震川文集，世頗宗之。今年太史已殁，主持文教者，蓋難乎其人。惟誦其遺言，而流傳其教思而已矣。追溯淵源，淵穎之集不可不反復誦之也。時康熙甲辰歲，夏六月廿三日，葉石君重裝于成軒并跋。」

伯生詩續編三卷

元虞集撰。目録署「伯生詩續編」，卷中作「伯生詩」，後有伯生題「四愛堂詩卷」，每半葉十行，行十五字。高五寸四分，廣三寸五分。黑口，單邊。口上作「上」、「中」、「下」三字。通體行書，至爲峻潔。上卷爲四五七言古詩二十五首，中卷爲七言八句四十五首，即律詩，五言同。下卷七言絶句五十三首，五言八句十三首，五言絶句十三首。至元庚辰坊本。按後至元庚辰，道園六十九歲。是年冬，臨川李本伯宗、黄鍾仲律來訪先生于山中，編文二百餘篇。明年伯宗乃與先生幼子翁師編《學古録》後。六年爲至正丙戌，先生年七十五，劉伯温編刊《道園類稿》，歐陽圭齋序之，并在刊此集後。

「是集乃學士晚年所作，比常作尤爲得意。敬刻梓與騷壇共之。時至元後庚辰劉氏日新堂謹識。」

明刻本第三附清刻本二種

增修復古編二卷

宋張有謙中原編，元吴均仲平增補。明洪武刻本。每半葉七行，行大字占三字，小字二十八字。高六寸六分，寬四寸五分。黑口，雙邊。六書標出，以陰文識之。前有宋陳瓘序，是謙中原編之序。趙撝謙、張美和兩序，是序仲平此編。謙中原書平正簡要，仲平補輯略，改謙中舊例，而亦不至違戾。傳本甚少，各家書目止《愛日精廬藏書志》有之，與此本合，是洪武年刻。惜首尾及趙張兩序均剜損，以充元槧。不知洪武初年之版，亦不亞宋元舊刻也。《藏書志》載《趙寒山跋》在明時已極珍貴，况又逾二百六十餘年乎。張本脱趙序，此書未脱。歲在閼逢攝提格，江陰繆荃孫識。

《拜經樓題跋》有是書，爲汲古鈔本，有濟美堂、汲古閣諸圖記，並脱陳、張兩序云云。愈顯此刻本之不易見矣。藝風。

《鮚埼亭外集》有題詞，但云「旁收林罕、鄭樵、戴侗諸家以附於下，其亦好古之士歟」，而不言本書得失。

晏子二卷

萬曆五年刻。

歐陽文忠公歸田録二卷

通行本甚多，一百五十三卷集本較《稗海》本脱字訛字差少，此活字黑口本，與集本同，亦稱罕見。

曹子建集十卷

魏陳思王撰。《隋志》三十卷，《唐志》二十卷，陳氏《書録解題》作二十卷，謂非《唐志》之舊。《通考》作十卷，又非陳氏所見矣。此十卷本，明嘉靖中郭萬程所刻。目録後附《音釋》，有徐伯虬序。荃孫以宋本校一過。宋本每半葉八行，行十五字。板刻精妙，字大悦目。凡賦四十三篇，詩六十三篇，雜文九十篇，與郭本不合。卷四無《述行賦》，卷五無《七步詩》，卷七《班婕妤贊》在《禹妻贊》前，《漢高帝贊》在《巢父贊》前，卷八《謝賜柰表》在《求自試表》前，訛字均改正。

陸士衡文集十卷

題晉平原内史吴郡陸機士衡撰。宋慶元間徐民瞻合《士龍集》刻之，曰《二俊集》。此明正德間陸元大刻本，即從徐本翻雕者。有徐序、都穆跋。罟里瞿氏藏本缺徐序，此本猶在。

陳拾遺集十卷

唐陳子昂撰。子昂《唐書》有傳，本集附盧藏用所爲《别傳》。此集明弘治刻本，分前集五卷，後集五卷。前有張頤序，載盧藏用序前二行，署「新都楊春重編射洪楊澄校正」。《四庫》本脱兩葉，《禡牙文》、《禜海文》、《弔塞上翁文》、《祭孫府君文》此本均有之，而《餞陳少府序》、《大崇福觀記》二據《英華》補録。

杜工部集五十卷外集一卷

建安蔡夢弼集録，無注亦無刊板年月，惟字體與咸淳本《李太白集》同，然不敢斷爲宋版。原缺史傳、年譜、目録，今得石銘本補録。

分類補注李太白詩文集三十卷

元楊齊賢注，蕭士贇補注。前有唐宣州當塗令李陽冰序，次朝散大夫行尚書職方員外郎直史館上柱國樂史述別集序，次殿中侍御史李華李公墓志，次尚書膳部員外郎劉全白撰李君碣記，次常山宋敏求後記，次南豐曾鞏後序。詩二十五卷，先標楊齊賢、蕭士贇之名，以文集無兩家注故也。後有雲鵬自跋，並嘉靖癸卯春元月寶善堂梓行小木記，槧印精潔，殊可珍也。

孟東野詩集十卷

唐孟郊撰。明無錫秦禾刻本。東野詩，宋敏求編次十卷。禾令武康因搜得宋景定壬戌天台國材成德本重刻之。首有宋敏求序、國成德序、舒閬風詩自序，宋本外以此爲最，此爲武康本。同時又有溧陽本，則八卷矣。

皮子文藪十卷

唐皮日休撰。明刻本，刻甚佳。

新刊臨川王先生荆公文集一百卷

此書版匡狹小，繕刻精整。每半葉十一行，行二十二字。前無總目，每卷篇目接正文。首列吴澄序，嘉靖間臨川刻本後序已佚去。

滄浪嚴先生吟卷三卷

宋嚴羽撰。二行「樵川陳士元暘谷編次」，三行「黄清老子肅校正」，後有正德丁丑後學長汀李堅後序。此書所見皆傳鈔本，此刻本印亦早。收藏有「璜川吴氏考藏圖書」朱文方印。

劉漫塘先生文前集四卷

宋劉宰撰。《漫塘全集》三十六卷，此詩集四卷，署曰「文前集」。有宋淳祐王遂序，正德戊寅王岳汝陳刊本。任佃序，後集未梓。

會稽懷古詩一卷

明山陰唐之淳撰。長洲戴冠和韻。之淳字愚士，自號臥游居士；冠字章甫，均有名。此詩愚士爲鄉土數典也。前有紫霞子序，稱愚士爲苹居先生。後有翁好古序，王俊華序。

雙溪集八卷

明杭淮撰。嘉靖刻本。淮字東卿，宜興人，弘治乙未進士。官至南京總督糧儲右副都御史。朱竹垞稱其詩如繭絲，抽自梭腸，似澀而有條理。五言尤擅場。此本其弟洵重編，嘉靖乙未王慎中序。

杜工部五七言律詩二卷

五言詩，元趙汸注。七言詩，元虞伯生注。分類編次，趙注刻于廣平，都元敬序之。虞注刻于江陰，朱熊、楊東里序，龔雷合二家刻之，觀其字式，仍是正、嘉之間，不能後也。

元城先生盡言集十三卷

宋劉安世撰。安世事蹟見《宋史》列傳。《元城集》二十卷亦不見。此集隆慶庚午刻於元城。首有紹興丙子張九成序、紹興丙辰王絢跋、淳熙戊戌梁安世跋。

日知録八卷

顧亭林先生此書海内學人無不家置一編，此初刻八卷本，附《譎觚》十事，刻於上章閹茂。首有庚午，則第一刻也。自云漸次增改，其中疏漏可見，賢者決不自以爲是。此本世亦罕見。卷首有「陸氏宇爆」朱文小印。

趙東山文集七卷

元趙汸撰。康熙辛酉趙吉士刻本。今借曹倦圃鈔本補録文十三篇，詩九十篇。鈔本亦少詩七十九首，文十篇，可互補。

舊鈔本第四

春秋類對賦一卷

宋徐晉卿撰，首有皇祐三年自序。此書一百五十韻，一萬五千言。國朝高士奇曾爲之注，通志堂亦收之。此寫本字極工，有「古香樓」朱文圓印、「休寧汪季青家藏書籍」朱文方印。

區氏手跋曰：「是賦乃徐秘書所作，江陵路總管太原趙嘉山得其善本，授之郡庠，俾鋟梓以淑諸生。至大戊申蠟月教授長沙區斗英謹識。」

周氏手跋曰：「嘉善陸子京岳初從西塘一老塾師處僅得此賦之半，惜其不完。越十年，許京岳之弟偶從鬻肆中見有一腐爛本，視之則其半也，遂索之以歸。蓋京岳屬其弟覓之久矣。乃爲補綴，復成完書。噫！此殆有神物護憑之耶，不然，何幾刓而復全也。京岳欲按傳分註其下，命余佽助。顧碌碌未逮，爰録一通，藏之行笈俟焉。康熙甲子首夏嘉興周篔識。」

據序云一百五十韻，今止一百四十七韻，豈遺失其三韻耶？抑實止此，序舉成數而云然耶？此賦前後用韻多以平仄相間，而間有三段平韻相續，當是脱去三仄韻也。查焦氏《經籍志》不載此賦，殆未經傳世耶？據區識，元時一刻之長沙，余友沈馨聞云垂髫時尚及見之，今不可再得矣。

按此賦自六十言至七十言上下者居多，自八十言至百言者僅十六韻，其少者有四十六言及五十言。二韻最多者，止百有十言。一韻并脱去三仄韻，加以二百言，總計之不及萬有千言耳。而序云一萬五千言者，殆是表年之註，亦併數計之也。

通曆十五卷舊鈔本配新鈔本

唐馬總撰。後五卷宋孫光憲撰，題「史臣李燾」者，坊本私署。又序言元祐二年，尤誤中之誤。收藏有「瓜鑪外史」白文、「歸安章綬銜字紫伯印」朱文方印、「紫伯考藏」白文小方印。

肇域志六册

顧炎武撰。止江南一省。

安桂坡游記一帙

《洞庭記游》、《天目游記》、《越游記勝》三種，文筆亦甚簡淨。

南宋館閣録十卷續録十卷

《館閣》宋陳騤撰。《續録》無撰人名氏，《正録》缺首卷「沿革」，《續録》缺「廩禄」一卷。

宣德鼎彝譜八卷

明宣德中禮部尚書吕震等奉敕編。次前有華蓋殿大學士楊榮序，亦題「奉敕恭撰」。後有嘉靖甲午文彭跋，稱出自于謙家。宣德中，有太監吴誠司鑄冶之事，與吕震等彙著圖譜進呈尚方。謙於正統中爲禮部祠曹，從誠得其副本。彭復從謙諸孫假歸鈔之，始傳於世。今刻入《珠叢别録》中，並非秘册。因此本爲漢陽葉氏鈔本，又葉東卿手書一行，故留之。

「大清乾隆戊申四月十日，假諸吴掩堂手録一遍并記。宜泉翁樹培。」

「此書從翁宜泉比部處借鈔，書手並後行款誤鈔入。今仍之，詵記。」

李氏手跋曰：「此書讀『鬲』爲『格』，以『彝』爲『彝鑪』，鄙俚可笑。毋怪宣宗有不許再引經傳之旨，蓋亦閲之生厭矣。惟宣鑄鼎彝爲一代有名之物，觀項子京之跋，在天啓時已經寶貴如此，何況今日？流傳絶少，尤當珍重。此書備載《緣起》及一切鼓鑄藥物，可資考證，未忍以之覆瓿，故校而藏之，以備嗜古者采覽焉。同治九年中伏日山農手記。」

鬼谷子三卷 徐北溟手寫本

乾隆乙卯六月據錢遵王述古堂藏本手寫，徐鯤記一行在書後。癸丑八月況夔生以此本歸雲自在龕。

小字録一卷 舊影寫本

次行「成忠郎緝熙殿國史院實録秘書省搜訪陳思撰」，即撰《寶刻叢編》者，影寫甚工。鮑子年太守所藏，有「鮑氏」白文、「觀古閣藏」白文二方印。

夷堅志十卷

洪容齋《夷堅志》以天干記數，甲至癸每字二十卷，共二百卷。支甲至支癸每字十卷，共一百卷。三甲至三癸亦每字十卷，共一百卷。每卷有序。四甲四乙二十卷。合四百二十卷。海内早無完書。陸存齋得正集甲至丁八十卷刻之。餘巾箱本二十，即《四庫》所收之五十卷。荃孫前得舊照明刻鈔本，只分十卷，七卷有序。三書即一書。荃孫以爲一册，約九十餘葉，以爲二卷則太厚、以爲十卷又嫌太少。前已兩次跋之，今湘潭袁伯逵兄以舊鈔百卷本黄蕘圃跋假我，方知一卷多不過十餘事，少則八九事，與甲至丁原書合。又知甲乙景丁戊庚癸爲支志，己辛壬爲三志，與倪闇公補《宋志》合。每卷有序，各卷均有脱條，補鈔三跋并百零三條，然後恍然大悟，此十卷爲百卷。首行署「夷堅支甲卷一」，三志署「夷堅三志己卷卷一」，並不似明人署「夷堅志甲」混稱也。向日狐疑，一朝解决何幸。此卷目後署「臨安府洪橋南陳家經鋪鈔録」一行，原出宋鈔王志，短末卷戊志九、十兩卷，與舊鈔本合。舊鈔缺字太多，巾箱本止存「雷斧」一條，餘全不合，不知鈔自何卷，然亦非僞。舊鈔本卷中，多厲樊榭手書夾籤，蓋纂《宋詩記事》所采，以原鈔本訛脱，亦有轉藉余本，可補二書之佳，袁甲而予乙，非《四庫》本、巾箱本可及也。

玉堂薈記四卷

明楊士聰撰。專記時政，雜入瑣屑事，體格卑矣。

説夢一卷

曹家駒撰。家駒，字千里，松江人。舊鈔本，記本城軼事，筆墨暢達。

李遐叔文集不分卷

唐李華撰。劉燕庭舊藏，有「燕庭」朱文方印、「嘉蔭簃藏書記」朱文大方印。

公是集十卷

友人見示文源閣本《公是集》十卷，首有「文源閣寶」、「古稀天子」兩寶，後有「圓明園寶」。予曰：「庚申淀園一火，文源閣書片紙不存，豈尚有燼餘耶？然今《四庫》本提要與此不合，何也？」此本《提要》云：「臣等謹案：《公是集》十卷，宋劉敞撰。敞字原父，袁州人，慶曆中舉進士廷試第一，編排官王堯臣以親嫌，寘第二。累遷知制誥，知永興軍。史稱其學問淵博，爲文尤敏贍。『公是』乃其私謚，因以名集。葉夢得《避暑録話》記敞集一百七十五卷，《通考》載七十五卷，已亡其大半。至明代併佚不存，此本乃錢塘吴允嘉志上從諸書中搜輯而成，所存不及什之一。考《宋文鑑》尚有敞所作《續謚法》一篇，唐順之右編有《奏議》六篇，此集均未收入。又誤載劉攽詩文、重複文、同題異者數篇，又《舜讓禹》以下三篇，鈔録舛錯。原目亦頗失先後之序，編次殊未精審。故稍加釐訂，而著之于録焉。乾隆四十八年五月恭校上。總纂官臣紀昀臣陸錫熊臣孫士毅總校官臣陸費墀。」方恍然此舊本，後從《大典》搜輯五十四卷，另撰提要，即將此本抽換，不在文源閣內，所以得存至今。然比《三劉文集》已多不少，至云「公是」，乃其私謚，則不知辟「公是」辟「公非」爲其字也。

栟櫚先生文集二十五卷

宋鄧肅撰。宋時刊於乾道淳祐間，書已久佚。明正德十四年林思舜孜得於故家，而南海羅君廷佩珊刻之。前有胡瓊序，思舜序，後有廷佩後序。此鈔即從正德本出。李申耆先生爲鄧瀨雲制府精刻，亦此本。今與明十八世孫四教四維重刊十二卷本對校，亦有一二佳字出鄧刻之外者。今全録於此本，世行十六卷則未見。

灌園集二十卷

宋呂南公撰。南公字次儒，南城人，見《宋史·文苑傳》。原文其子郁編三十卷，今久佚。館臣從《大典》輯出二十卷，傳鈔文瀾閣本。書手雅飭可觀。

張來儀文集一卷

明張羽撰。舊鈔，張蓉鏡藏本，勞季言手校。

黄氏手跋曰：「余向藏《静居集》，係明初張習刊本，未載其文也。國朝《四庫》但載詩四卷，云其文不傳。然《明史》附《高啓傳》，盛稱其文。而洪武時命作《滁陽王廟碑》，又吾郡《七姬權厝志》亦羽撰，文見於行世搨本，則羽固非不以文著名者也。頃書估攜故書數種來，中有張來儀先生文集，雖殘毁已甚，余詫爲得未曾有，因出重直購之。至於書之霉爛破損，係經水淫蒸潤，故裱托爲之。此又何義門歸舟落水故事。余所見宋元舊籍，其藏本往往如是，固不待中有義門手校朱文而始信之也。物主謂文氏鈔本，故索重直。余見未之及，其信然乎，抑否乎？庚辰秋九月二十有七日復翁識。」「續又檢及《文瑞樓書目》，於明人集部洪武朝張羽《静居集》四卷一本，後又文集一卷，鈔一本，知金星軺家有是文集矣，未知即此本否？十月五日又記。」「《山雉賦》起《漏月齋記》止，通計存七十番。余近日收書往往命長孫秉剛與聞之，取其隨手指示，俾得略有知識也。此書之所以可珍，已備前跋。而中有一『佳』字，雖義門亦幾交臂失之，校而去之矣，必當摘出以示兒曹，而後知古人云欲讀書必先識字，此小學之不可不講也。讀天下書未遍，不可妄下雌黄，此校書之不可不慎也。且人生才識有限，安得讀盡其書。即如《廣韻》，小學書之一種也，而中有『棿』字，注云『讀書牀也』，人盡忽焉。義門因得是集而讀之，而校之，且幾疑『棿』之爲『幌』，而朱校木旁作巾旁，幸下文又有『幌』字在，方悟『棿』字之非誤，而舉《廣韻注》以證之。此義門之講小學慎校書也。兒曹其可弗知乎？古人其可弗效乎？雖謂吾之重價購書，爲此一字之師，亦無不可。十月四日晨起雨霽復翁書。」「書籍再惡硬褙，今人令小兒入塾讀《四子書》，無有不硬褙者，取其難於磨滅，不致方册成員也。然遇極舊之書，又必須覆背護持，方可展視。蓋紙質久必腐毁，覆背庶有所藉托耳。此事卻非劣工所能爲，手段不高，動輒見窒。即如此書，幾與硬褙之《四子書》無異矣。而覆背護持之法具焉，良工見之亦詫爲好手段，故戲舉及之。復翁贅筆。」

蔣氏手跋曰：「此書裝背極精，黄跋中『再惡』，『再』字應作『最』字，蓋吴音相近而誤。黄君善藏書，精考證，然隨筆漫書，多不經意。往往羼以俚語，亦善本之一厄也。伯生記」。

□氏手跋曰：「舊鈔《張静居文集》一册，何義門朱筆點校，舟行落水，溼蒸爛損。裝褙成帙。嘉慶中黄復翁珍藏士禮居，及歸吾邑張月霄愛日精廬，芙川詞兄因得倩工影寫此册，再臨黄跋而藏之小嫏嬛福地。蔣跋言裝褙極精，乃指原本耳。今原本不復知所在，此册爲絶無僅有之寶。其文章清逸絶□，古雅中特標新雋，真可謂冰雪淨聰明也。遵義門校筆改寫，而仍有脱謬，或校之未細，否又誤寫耳。予隨讀隨籤，得二十餘處。後半册缺文既多，姑置勿問。辱兄亦委跋尾，因述來歷及鄙見如此。至向少傳本，黄跋已詳不贅。道光十年六月鈞翁跋。」

説學齋稿十卷

明《危太樸集》五十卷今已不可見，收入《四庫》者曰《雲林集》二卷，皆太樸之詩，曰《説學齋稿》四卷，即歸熙甫所録一百三十六篇之文。而鈔本文集流傳於世者亦有二：其一曰《太樸文集》，皆賦、頌、記、序，十卷，即《四庫》本；其一曰《説學齋稿》，碑版之文居多。在《四庫》本之外者，余見宋牧仲手校本，合詩文並題曰《雲林集》，文則二百六十三篇，視王白田所稱，溢出九十餘篇。考《述古堂書目》有二十卷本，余向以十卷本謂集之前十卷，此則後十卷也。雖不及五十卷之完備，而稍饜人意。如《四庫》所收《朱白雲稿》五卷，爲騷賦，爲雜著，爲序，計九十六首。後錢塘丁松生又得第六卷至十一卷，爲記，爲銘贊，爲題跋，爲哀誄，及疏啓，爲傳，計八十二首。而《白雲集》始全，與《説學集》一例。獨怪史館諸人得不全之本而著録之，且輕肆詆諆，不慮後人齒冷耶。勞季言所舉佚篇之目，補二十二篇，次又得兩詩。一見《吳越所見書畫録·元高尚書青山白雲圖》題云：「房山居士高使君，系出西城才超羣。中原文獻紹遺緒，藝苑書畫留清芬。辭官巴蜀讓僚友，此事今無古或聞。北游易水訪陳迹，但感宿草迷荒墳。霜臺執法世元勳，貽我青山之白雲。衆峰秋色互吞吐，絶壑雨氣何氛氳。奉嘗休沐埽塵軌，躭玩忽驚西日曛。天台匡阜多勝地，南紀晝夜纏褉氛。挂冠神武定何日，寤寐耿耿心如焚。臨川危素題。」一見迺賢《金臺集·還京道中詩》後：「海上幽人錦繡腸，獨臨灤水惜年芳。千金不賣長門賦，閒寫新詩寄玉堂。臨川危素題。」當與補入詩後。

澄江詩選三十七卷後集五卷續集一卷

卷首署邑人邱維賢念先選梓，同社許學夷伯清校定。一一行版口署「蓁園」，藍格鈔本。邑人仰氏物，缺首卷。夏彦保表兄爲補足，後附許公安倓、徐伯龍左、曹子玉璣、高矩亨方、張元升日昇五人詩。

校本第五

涑水紀聞二卷

舊鈔本，謙牧堂藏書。提行避諱，原出於宋，而重複雜亂，决非手定之本。温公是編雜録宋代舊事，起于太祖，終于神宗。每條皆注其述説之人，故曰「紀聞」。或如張詠請斬丁謂之類，偶忘名姓者，則注曰「不記所傳」，明其他皆有證驗也。間有數條不注者，或總注于最後一條，以括上文。或後來傳寫，不免有所佚脱。案：《通考》「温公日記」條下引李燾之言曰：「文正公初與劉道原共議，取《實録》、《國史》，旁采異聞，作《資治通鑑後記》，今所傳記聞及日記、朔記，皆後紀之具也。」今以聚珍十六卷對勘，經館臣排比，稍爲可讀，然亦未盡。原本紀事畢，即舉其人之事迹作一小傳，或從《實録》寫出，事多重複。前人以爲考異張本。館臣重編時，或編年，或編事，不宜仍前雜亂。又夏國西番人名地名凡字之難認者，節去另編，殊失謹慎。聚珍本大半如此。蓋未知夏國西番字原與中國不同，當存其真也。鈔本「嘉祐違豫契丹」，有標題「狄青平邕州還除官」，事在朔記，亦似標題。卷四「夏虜寇永平寨」兩條與聚珍本不合。「宫美」一條，「諒祚始數歲」一條，「康定元年磨氈」一條，「慶曆四年湑井」一條，皆聚珍本所佚，惜不得十卷、十六卷本互證之。

近事會元五卷

舊鈔本。宋李上交撰。借適園本校補，卷三原缺。「改正茶税法」、「社倉」、「義倉」、「貸義倉」、「支用除糴常平法」五條各本同。

太平治迹統類前集三十卷

宋彭百川撰。百川字叔融。是書用紀事本末例，凡八十八門。於朝廷大政及諸臣事蹟，條分縷析。不但與史傳相參考，多可補史傳之闕遺。《通考》載《前集》四十卷，《後集》三十三卷，今止存《前集》。朱竹垞最先見之，跋云：「焦氏本卷帙次第爲裝釘者所亂。傭書人不知勘正，别用格紙鈔録，以致接處文理不屬。」今得元和蔣香生舊藏玉玲瓏館鈔本，其誤均如竹垞所言，分篇不分卷。竹垞跋亦作四十卷，疑就《通考》所言卷數，似聯篇直鈔者，以卷帙厚則翦分之，不問紙之完缺，事之首尾。朱襲至戚，疑即竹垞所見本。如傳鈔至再，必稍整理矣。後有錢辛楣先生手書跋語，亦云難校。後又得藝海樓傳鈔閣本，止校首篇，餘仍之，分三十卷，大約館臣以意分之。今以各書校於藝海樓本上，以顧本行疏字大，易於增删。龔氏原書每半葉十行，行二十三字。或三四字，或十餘字，則不相聯屬。其中有缺數字者，有缺十餘字者，多則十餘行，少則六七行。後則文從字順，約三十二三行，又花闕如前。似此者共七卷，八卷以後有缺葉缺行，不似前此之花闕。再思其故，必是宋本大册細字，首册蛀蝕，而成此式。當就所賸者録出耳。節子跋中所云宋代諸書，次第檢出。因就周季貺細細增補，亦有各書俱無，只可仍其舊式。八卷以下略省功力。當其難時，有翻閱累日，僅校得一二葉者。其困苦如此。因竹垞、辛楣兩先生病其難校，努力爲之。凡一年六箇月粗畢，恐訛舛尚不少，須俟博學家訂補，而開山之功，亦有微勞，諒亦不忍抹殺。又初看是書時，疑其備録北宋九朝，何以「徽欽事迹」標題俱無，與今所存《長編》無異，疑其從《長編》鈔出者。

校勘一過，方知其從「元祐黨事始末」之下，直接「契丹女真用兵始末」，具見史識。章實齋《湖北通志》「明季社事」後即繼以「流寇」，用意俱同。《長編》所云熙寧元年至三年，紹聖元二三年事實，屢見後「祖宗聖學」、「祖宗制科取人」、「累朝任用選民」、「祖宗科舉取人」、「祖宗用度損益」、「官制沿革」、「兵制損益」七篇中，亦至徽欽止。方知崇寧、政和諸事撰以非治迹，去之矣。其爲原書無疑，而浙局撰《長編拾補》，未搜及此，亦足見是書之難得。首有「袁印廷檮」白文、「綬階」白文兩方印，蓋由龔衡圃歸袁綬階，又歸陳蘭鄰，又歸周季貺，又歸蔣香生，最後歸張君石銘。石銘刻之，真能嘉惠士林者。

東觀餘論二卷

舊鈔校本。宋黄伯思撰。從傅沅叔紹興丁卯其子黄訒刻本校過，世通行皆毛刻，嘉定年樓攻媿刻本也。今照紹興本校改，似覺稍勝。

東京夢華録十卷

汲古閣本，用弘治賈宗本校，訛字無幾。後有淳熙丁未趙師俠介之跋，題上有「幽蘭居士」四字，又有十卷目録，均摹寫之。

秘書省續到四庫闕書目一册

鈔校本。題下有「紹興十五年改」六字，此從元人鈔本傳録。今年入都，錢念劬年姪忽以徐星伯先生從《大典》録出之本，薄薄一册，兩本相校，舊鈔有而此本無者幾及一半。舊鈔無而此本有者，亦有一百餘種。謹録出以示。長沙煥彬葉君補注刻之。葉君刻注本與舊鈔本相同。

鬼谷子三卷

據明藍格紙鈔本勞平甫校本，校於秦氏石研齋第二刻本上。勞氏校在第一刻。勞氏手跋曰：「此先友歸安嚴修能手校，復經盧學士㮣、徐北溟先生重校。北溟補校甚爲精采。學士所校，尚有遺漏。惜江都秦氏於嘉慶乙丑重梓此書，但據學士校本耳。秦氏初用藏本校刊，在乾隆己酉，即嚴跋所云新刻本也。咸豐丁巳六月校秦本一過，并識數語。丹鉛生仁和勞權記。」《鬼谷子》世以嘉慶乙丑石研齋刻本爲最佳，秦本出於盧抱經所據鮑淥飲藏述古堂本，秦氏又自輯古今論鬼谷子者爲附録，較乾隆己酉刻道藏本高出不啻倍蓰。壬子二月，傅君沅叔以明鈔藍格本見眎，正文頂格，注文低一格，原出道藏。末有「嘉靖乙巳三月九日校畢」一行。又有小字：「此本原係蘇州文氏所藏，乾隆甲寅嚴九能以錢述古堂本校過，又經抱經先生覆校。九能有跋。明年徐北溟再校，咸豐丁巳藏勞平甫所，亦跋之，可謂善本矣。」徐北溟於嘉慶元年手寫一本，今在況夔生處。曾録其跋，亦按次寫入此書之注。錢氏本次行則云「東晉貞白先生丹陽陶弘景注」。弘景梁人，非東晉，其誤不足辨。注中多避唐諱，如以「民」爲「人」，「世」爲「代」，「治」爲「理」，「縲紲」作「縲絏」之類。昔人又以爲尹知章注，因其爲唐人也。然尹注《管子》今具存，此書《符言篇》與《管子九守篇》大略相同，因以彼校此，譌脱甚多。注皆望文生義，果出尹知章手，豈有自注《管子》而略不省勘乎？然則今本題陶注固難信，而非尹注則無疑義。異同以朱筆志於眉間，佳字尚不少也。清明後三日繆荃孫校訖，因識。

文房四譜五卷

傳鈔本。宋蘇易簡撰。

黄氏手跋曰：「此書向無善本，照曠閣刊《學津》時出其家藏鈔本屬校，謬誤殆不可讀。雠勘再三，粗成句讀。而中如文嵩《四侯傳》及《墨譜》中《段温贈答書狀》十二首不見於他類書徵引者，概從闕如。緣是録副未梓，己卯冬，晤錢塘夢華何君云：『近得鶴夢山房舊鈔完本，從之借校。』今春夢華何君攜書來，知又新從振綺堂汪氏本校過者。狂喜欲絶，鑑遂從兩本合校一過，補卷一『筆之雜説』脱文四十二條，卷二『筆之詞賦』一條，卷三『硯之敍事』九條。其餘闕文錯字約計二百八十餘字，其異同處兩通，及存疑者不計焉。是書至是，可稱完善矣。特未知視《敏求記》所云絳雲勘對疑似之本，相去又何如也。拙經老人黄廷鑑識。」

龍山童氏刻巾箱本《筆譜》，後有尤質懋華子校閱于鶴夢山房；《硯譜》後有崑人葉恭焕子寅校定；《紙譜》後有繡石居士秦汴思甫校過；《墨譜》後有錢塘十洲方九敘曾校。字畫古雅，惟每門節去詞賦一類。按：此跋夢華攜來鶴夢山房全本，是童氏節之耳。童子佩名鳴，龍溪人，明書賈。

北轅録一卷

宋周煇撰。明刻説選本，用明鈔本《説郛》本，校得訛字十三。

捫蝨新話十五卷

宋陳善撰。善字子兼，福建羅源人。讀書得閒，輒筆於紙。初名《窗閒紀聞》。紹興丙寅由海道抵行在所，遇颶風船壞，平日所業文字盡失。後憑記憶，及搜於知交，得一百則。紹興己巳正月十一日跋於朱氏草廬。此前稿也，錢遵王《敏求記》疑爲子兼草稿者即此。後省試未録，館于城西之俞家園。因理舊楮，兼摭新聞，又得一百則。紹興二十七年三月一日跋，此後筆也。遵王又云「一是影摹宋本，標題『朝溪先生捫蝨新話』，釐爲十五卷，不列子兼氏名，并脱跋語」，是宋人取前後二稿分類編次而注「前」、「後」於其上，然無序跋。至萬曆張可大沈元熙刊本，又分四卷，并削去分類矣。荃孫初見十五卷本，已爲徐梧生購得。借校舊藏，分類前後字均注於上，嗣意園所藏《儒學警悟》出，囑傅沅叔購歸。此書編入，方知二百則，原本兩自跋，前稿并有淳熙元年陳益序，後稿有庚寅張謙序。前一百則爲四卷，後一百則爲四卷。逐條校對，而分類本名目無不更改。校五日始畢，分類本又漏七條，分一條爲二條，三處脱二葉。幸有目，從《儒學》本補足八條。然後此書始無遺憾。沅叔購《儒學警悟》時草草一目，以此書目八卷，以爲不如《津逮》本，《津逮》本有十五卷也。殊不知其顛倒錯亂，至於如此。似遵王亦未知，不但高於《津逮》而已。

鮑照集十卷

從明初活字本傳鈔。首有虞炎序，猶是宋本舊第。

鉅鹿東觀集十卷

峭帆樓刻本。以宋刻七卷本、舊鈔三卷本校之，錯訛百餘處。刻本「劉燁大著忽惠雅章，喜懼交集。輒增二詠，聊以贈酬」，《送薛階迎覲察院》又次《前韻兼乞鶴》三詩，舊鈔本無，曾作跋，刻入癸甲集。

吴郡樂圃先生餘稿十卷

宋朱長文撰。《樂圃文集》舊爲百卷，建炎兵火，化爲劫灰。其姪孫思輯之，得古律詩大小百六十有三，記五序，六啓，七墓志，五世譜題跋，祭文、賦、書銘各一類爲卷十。捐俸募工，以鋟諸木。及《附録》一卷。荃孫先得周永年寫本，今又得此康熙壬辰朱岳壽本，互相校核，首短《宋紹熙壬辰姪孫思自序》，又脱《華嚴經讚序》，均爲補入，并校訂訛字數十處，可謂善本，比舊寫本多《琴史序》。《補遺》則岳壽輯。

貞白先生陶隱居文集二卷

傳鈔大洞弟子陳桷校勘本，癸丑十一月借葉林宗校本，又校補《答釋曇鸞書》一篇，又補足傳注一葉。

尹河南文集二十七卷附録一卷

宋尹洙撰。洙字師魯，河南人，見《宋史·文苑傳》。其文古勁，與歐陽公爲友，集二十七卷，猶宋時舊第。此集長洲陳貞白刊。世通行本王鐵夫學博批點極佳，予手過之。原本歸武進盛氏。

倚松老人文集一卷

沈氏據舊鈔刻本，章君式之用宋殘本校，筆畫、工人名均描出。

慶湖遺老集十卷

舊鈔本，據别本三校。

舊鈔《慶湖遺老集》得自海王村，因訛脱多，不能讀，棄篋中久矣。今冬假得漢陽洪氏本，鈔不甚舊，然提行空格，均是舊式。「構」字均作「高宗廟諱」，原出於宋可知。因取互勘，補寫一葉又兩行。洪本九行廿字，此本廿二字。五言古絶每多連寫，爲離之。原書旁注音字，此本攙入正文者，勒出之。脱字補之，訛字改之，洪本亦脱則仍之。稍稍可讀，若云盡善，猶未敢信。壬子十月藝風識。

此壬子病中手校，精神不繼，滑過甚多。甲寅三月積餘再校一過，又補其缺，似乎完善矣。他日若遇精本當再校之。小珊。

丙辰十二月，借樊山藏本又校，以墨筆識於上方。

魏鶴山集一百九卷

宋魏了翁撰。傳鈔明安國活字本，用劉氏藏宋本與吾友王君雪岑同校，有跋，入癸甲稿。

後山集三十卷

是集門人彭城魏衍所編，以甲乙丙稿合校，得詩六卷，文十四卷。詩話、談叢各自爲集。明弘治本爲王鴻儒重校，而馬暾繡梓者。詩十二卷，文八卷，談叢六卷，理究一卷，詩話一卷，長短句一卷，共三十卷。雍正本，松江趙鴻烈所重刊。言據明馬暾所傳詩八卷，文九卷，談叢四卷，詩話、理究、長短句各一卷，共二十四卷。《四庫》即收此，而并省卷第。此舊鈔本過臨義門先生校本，即《別下齋校補隅録》所據，實比刻本爲佳。讀義門兩跋，便知其勝處。今據之刊行，固高出於弘治本，更非趙本之可及矣。吴荷屋方伯藏宋刻本，首有紹興二年謝克家序，即魏衍所編。今不知落誰手，他日如見，當再校之。

何氏手跋曰：「此卷弘治間刻本，《送邢居實序》脱後半，《章善序》脱前半，凡二十行。己丑七月，得嘉靖以前舊鈔對校，因爲補寫。錢牧齋蓄書，非得宋刻名鈔，則云無有，真細心讀書者之言。如浙之某某輩，徒取盈卷帙，全不契勘。雖可汗牛馬，其實謂之無一紙可也。焯記。」「康熙己丑秋日，從吴興鬻書人購得舊鈔《後山集》殘本，中闕三、四、五、六凡四卷，勘校一過，改正脱誤處甚多。庶幾粗爲可讀，而明人錯本誤人，真有不如不刻之歎也。焯記」。

温汝适跋曰：「荷屋侍御示余宋刻《陳後山集》，云得自真定梁氏，有『蕉林藏書』小印，又有『晉府書畫之印』。卷首有紹興二年汝南謝克家序，蓋南宋本也。吾師紀曉嵐先生有《後山集鈔》三卷，别擇甚精。歲甲申，先生序於福州使院之鏡烟堂，云詩六卷，文十四卷。近雲間趙氏本，則詩編八卷，文編七卷，非魏氏手録之舊矣。雲間本訛脱太甚，自九卷以後尤不勝乙。因鉤稽考證粗正十之六七，且謂其文不在李翺、孫樵下。又念其詩珠礫混雜，徒爲論者藉口。因嚴爲删削，録成一編。然雖經先生選定，古本久亡，多仍其闕。又嘗質之先生，知爲閩中及門所刻。意刻成後，先生未及再閱，故誤字仍多。今此宋刻分卷與魏衍同，以之校鏡烟堂選本，則原注缺者可補，疑者可正。計校正訛謬脱誤凡三百餘條，此古本之所以可貴也。昔人謂尋思誤書，亦是一適。然孰若得善本證之，豁然心胸頓釋，凝滯之爲愈也。丙寅六月既望，借閱一過。冰雪攜來，翛然清暑。因跋數語以歸荷屋，荷屋其善寶之。」

又考此刻文目與魏衍本不甚相懸，惟詩目計六百六十首，少於雲間本而多於魏衍本。豈甲乙丙稿之外，又以外集益之歟？觀虛谷《瀛奎律髓》選后山《湖上晚歸寄友》詩，有虛谷評云：「任淵注本不收此詩，乃謝克家本添入者。」則謝刻固多於任魏各本，自宋時已然矣。鏡烟堂本所選至少，而譌誤不一。其文之誤，則有兩篇各佚其半，合而爲一者，有一篇而中後各脱去十餘行者。詩之誤，如「淮海風濤真有道」之譌，「落日」少「日」，「幻心」之譌「幼心」，「獨能無地落烏紗」之譌「可能」，「不復緣渠太瘦生」之訛「不復衰年」，「此日仍爲客」之譌「常爲容」，「江湖安得便相忘」之譌「更相忘」。其餘尚多同異，而宋本爲優。考之曉嵐先生所著《瀛奎律髓刊誤》，則「淮海風濤」句評云：「此用吕梁事。」又如「落木無邊」等句亦多不誤。先生又嘗據任淵注定蒲港而鏡烟堂本仍誤。益以先生所見甚博，特門下士校讎未精耳。后山詩傳本尚多，至其文，世鮮好之者。先生既好之矣，終未見此宋刻。豈文之顯晦固自有時耶？物聚所好，余亦獲此奇遘，不亦厚幸耶。

仇山村遺集一卷

乾隆庚申項夢昶刻本。壬子三月從舊鈔本補録文四首，詩一首，輓詞二首附於後。

職源撮要一卷

考《書録解題》《職源》五十卷，大理司直金華王益之行甫撰，亦簡牘應用之書，而專以今日見行官制爲主。蓋中興以後，於舊制多所併省故也。然則原書每條之後，必多臚列歷代典故，以備簡牘之用。此本首題「撮要」，蓋删其類典，而存其總綱。考宋南渡官制者，當以此書爲詳。前益之《自序》猶存。

詩話總龜一百卷

校刊本。宋阮閲撰。初購得刻本止九十八卷，後借傅沅叔舊鈔本，補足前集二十七、二十八兩卷，又補三十餘條。分卷亦殊不同。並引《韻語陽秋》、《砦溪詩話》各本校之，殊勝明刻。例言胡仔另輯，《漁隱叢話》不采《總龜》，豈有《總龜》反取《叢話》之語？荃孫疑有缺佚，明人取《漁隱叢話》補之而不明言，故與《叢話》例不合。有跋，存乙丙稿。

韻語陽秋二十卷

宋葛立方撰。立方字常之，江陰人，文康公之子。紹興八年黄公度榜賜同進士出身，官至吏部侍郎。忤秦相得罪，更化召爲尚書左司郎中，充賀大金生辰使。言者又以爲附會沈該，罷去，遂不復起。歸休於吴興，汎金溪上。著書甚多，今存《歸愚集》十卷及此《韻語陽秋》二十卷。閩浙各鋟板，有隆興甲申自序，乾道改元徐林序，二年沈洵序。正德丁卯族裔諶刻之。前有都穆序，後有諶序，即以宋版覆刻。「慎」字注「御名」，知即乾道本。每半葉十行，行二十字。高六寸，廣四寸。形式古雅，訛字極多。荃孫去年得《詩話總龜》一百卷，幾幾十收八九，取以相校正誤頗多。卷四缺五、六兩葉，補出前後不完者兩段，中又補三段，以爲勝於各本。今日傅君沅叔在揚州收得一鈔本，先寄函來，云得一影宋本《韻語陽秋》，半葉十三行，行二十七字。高七寸四分，廣六寸一分。中卷有相連屬者。余向沅叔借來，系其子謙問郯於臨川郡齋刻本。取以校對，方知鈔本之佳。首有淳熙六年重刻序，卷四五、六兩葉補足訛字四百九十六，衍二字，顛倒二字，小字改大字六字。卷之三「詩人比雨如絲」一條，「至」字下脱「杜牧乃以羽林槍爲比」七字。卷之十「陳繹奉親」一條，「介甫贈之詩云種竹」下脱「常疑出冬筍開池故，合湧寒泉，蓋不特詠堂前景物，而孝感之事實寓焉」三十字。卷十三「荆州者上流之重鎮」一條，「深竹藏狐狸之句」下脱「劉宗肅亦有渚宫十八詠，其序曰：『渚宫在府治之西南，茂林脩竹，周回百里。小湖居其中，環之以臺榭，號荆湘絶景，亦可謂游陟之佳處。而前此詩人罕有言之者，何耶？』」六十四字。卷十七「古今詩話」一條，「而自己疾耶」下脱「小説載吴子季病瘧而瘧鬼化爲黄鷁，張安病瘧而瘧鬼化爲鵂鶹，其説並涉怪誕。然韓愈有《瘧鬼詩》，孫樵有《逐瘧文》，蓋有徵而云也」五十字。卷十九「上巳日」一條，「許燃燭下」脱「一百六在清明之前，寒食之後，是時店舍已無煙而宫中然燭」二十三字。至卷十三「杜甫詩云」一條，上云「《唐書・志》：成州同谷縣有仇池，與秦州接壤」，下云「然《北史》載武都王楊保宗及團仇池，而東坡以爲仇池武都故地，乃今階州，與《唐志》所載似異」三十七字，不知階、成均與秦州接壤，漢武都故地。此語似誤會，故後來刪之爲是矣。後有萬曆本、《歷代詩話》本、《常州先哲遺書》本，卷四之五、六二葉，及此四處，均從正德本出。此淳熙爲最後善本。二册前十卷白紙，鈔手劣。後十卷黄紙，寫官後勝於前。沅叔觀之以爲何如。《提要》所舉之失均是，《先哲遺書》所舉之善亦是。惟「陽秋」二字，《提要》斥其不必諱而蹈晉人改「春秋」爲「陽秋」，不知晉褚裒有「皮裏陽秋」之語，以議論中含褒貶，故謂之「陽秋」，未必以「春秋」改也。又如裴度爲相，克融廷湊，莫不恭順，於時事不合。中雜禪語道語，宗旨亦雜。「殷」改「商」，「敬」改「恭」，「慎」改「謹」，「胤」改「嗣」，「樹」改「本」，宋人著作如是。卷十四「本朝書」一段，「元章始學羅遜襄陽學記」，「遜」即「讓」字，下注「濮王諱」，今本作「元章始學羅遜濮王諱讓」。似元章學濮王書，不知「讓」字爲濮王之名也。此書已成佳本，敝邑之書，以此書最古最全。葛氏江陰首族，前此文康公《丹陽集》《大典》本，常之《歸愚集》不全本，餘無有前於此書者。

吴禮部别集一卷

傳鈔本。元吴師道撰。《吴禮部别集》即《詩話》。舊鈔本拜經樓藏上海市中，出假歸録副，並鈔贈吾友徐君積餘。積餘云「知不足齋曾刻之，因取鮑本一校，鈔本訛錯校正不少」。而鮑本亦有誤，如「仙居求愛廬先輩」一條，僧清一詩「一」誤「壹」。「政和二年三月」一條，「不是黠羌求欵坿」，「黠羌」誤「頡方」。岳巨山《詠史詩》：「長源鋭意偓佺齊，晚節還爲富貴迷。幸自山中足煨芋，何須禁裏覓燒梨」下脱注「李泌」兩字。「憲宗將吐突承璀」一條，鈔本重一「將」字，下云：「李絳自居易爭之甚力，言將以爲將也，此字如何能去。」「李伯時畫飛騎習射圖」一條，「章良能」下注：「良能字達之，號嘉林，吴興人，謚『文莊』。有《嘉林集》百卷。」「錢塘李道坦坦之」一條，「葉林玄」文下注：「葉林字玄文，與鄧牧心同隱大滌，或作朴字去文，非也。」兩注鮑本所無，疑是後人所加，然亦不妨存之。黄蕘圃云：「得一本即校之，必有一二字好處。」此本得此，亦不枉一鈔一校矣。丙辰大寒。藝風。

標題《吴禮部别集》卷一，次行《詩話雜説》。恐不止《詩話》一種，況《詩話》尚有下卷，今佚。鮑本徑作「吴禮部詩話雜説附」似非原題。

荆南倡和詩集一卷

傳鈔本。元周砥、馬治撰。治字孝常，宜興人。砥字履道，吴縣人。倡和在荆南山之窟，詩情畫意，具在其中。初傳鈔本一册無頭無尾，繼得抱經樓成化本補足之，並校訛字。

竹素園詩鈔八卷

許廷鑅撰。廷鑅字子遜，吴縣人。雍正丁未進士，官福建武平知縣。是集瓣香新城，工而又細，與太倉沈起元有許沈之目。眉端注解極細，並能歷數當時人物事蹟，非漫然評點者。注稱吾鄉，亦同里人。

影寫本第六

開元天寶遺事二卷影宋本

宋王仁裕撰。前記載日本翻本，此影寫紹定戊子桐江學宫刊本，陸子遹跋。子遹，放翁之子。書分二卷，首卷開元、天寶上，天寶下自是二卷，均與自序云一卷不合。半葉十行，行二十字。高六寸五分，廣四寸八分。白口，單邊。自序云一百五十九條，此則一百零三條。《文房小説》多一條，或有遺佚與？

東坡和陶詩四卷影宋本

蘇東坡和陶詩起於揚州，終於儋州。在惠州者，又十之三四，本非一時所作。然觀子由《詩引》云云，則實公所手定，當時自成一集。此作四卷，與墓志合。宋時杭本，季直給事在臨安所刻者，與全集同時上板。據《容齋五筆》，是刻在南宋初。每半葉十行，行十六字。高六寸八分，廣四寸八分。白口，中縫內刻「乙卯重刊」、「庚子重刊」，「乙卯」皆陽文，「庚子」陰陽文均有。乙卯，紹興四年，庚子，淳熙十七年，次乙卯則慶元元年。今得《後集》六卷，影寫此書，均於重刊之外，所存無幾。或淳熙十七年修，慶元元年再修耳。字作長形，兩書一律。施顧作注，殿諸編年詩之後，正爲是公之原帙，特并四卷爲二卷耳。

會稽掇英總集二十卷 傳鈔澹生堂本

宋孔延之撰。澹生堂鈔本，影宋刻，行款、抬寫、避諱悉仍其舊。《四庫》本題目均改易。杜尺莊以《四庫》本刻之，未見此真本。每卷有題目，詩文即隨之，此宋本舊式，杜本全棄之。卷一《閔山詩》末句「斯言願爲復」，鈔本復改「勖」，下注：「御名，神宗嫌名。」「復」字非諱，杜本脱「御名」二字，「復」字亦不如「勖」之穩。卷八《禹廟》脱齊唐七律一首。卷九《廣慈院》脱吴處厚一首。訛字逸注更多，略爲校正。罟里瞿氏鈔本亦從澹生堂本，此殆世間第一本矣。

竇氏聯珠集五卷

宋本歸他氏，影摹一册，聊以自娱。蕘圃舊例。唐人集大出，武林陳解元十行十九字本，獨此集不同。

朝野新聲太平樂府九卷影寫元本

青城澹齋楊朝英輯，影元本，刻卷七卷八之大半，餘影寫補足。每半葉十四行，行二十四字。筆畫極清勁，元刻之佳者。

吴文正公詩餘一卷影毛鈔本

元吴澄撰。從汲古閣鈔本影寫。

「庚申小除夕，借《陸翼皇集》本録出《詩餘》一類。第九十九卷。」

「辛酉新正四日鐙下校于金臺旅館。省庵。」

此毛斧季校本，從《文正公集》百卷本鈔出。若通行四十九卷，無此詞也。百卷本明初刻，頗罕見。癸丑五月，小珊。

傳鈔本第七

宋太宗實録二十卷

《宋太宗實録》八十卷，前只見八卷：二十六、二十七、二十八、二十九、三十、七十六、七十九、八十。

李中耆先生寫本與《潛研堂集》跋語不符，後又得十二卷：三十一、三十二、三十三、三十四、三十五、四十一、四十二、四十三、四十四、四十五、七十五、七十八，合之有四分之一，可謂驚人秘笈。前代實録，只《唐順宗實録》五卷及此兩種，實録體例可以概見。每事必具首尾，大臣卒後必附傳一篇，謂之「小傳」。國史謂之「大傳」。每帝不過數十卷，質實可爲史料。《明實録》卷帙已繁，猶守此例，不似我朝動輒數百卷，專録上諭，重複舛錯，事無首尾，大臣亦無小傳，從來無此例也。

國史唯疑二十卷

明黄景昉撰。景昉字太穉，又字東崖，晉江人。天啓五年進士，由庶常歷躋臺閣。唐王立，復召入直。國變後，家居十餘年，卒。事蹟見《明史列傳》。是書起自開國，訖于天啓，國史舊文，節取成編，命曰「唯疑」，唯也者，受而不辭也；疑也者，懼偏也。論事核是非，出語極雋快，無黨無偏，明末野史，無有及者。

先朝遺事一卷

明程正揆撰。正揆字青溪，録崇禎朝爲他書所未及者。從清溪手書裝成册葉二十七翻。

程正揆字端伯，號鞠陵，又號青溪道人。榜名正葵，孝感人。明崇禎辛未進士，入國朝改今名，官至工部侍郎。

太平寶訓聖政紀年五卷

富鄭公編，至真宗皇帝止。每段有鄭公釋，後八帝則無之。前有《緣起》。此書迺將富公弼所進太祖、太宗、真宗三朝寶訓，及林公希所進仁宗、英宗兩朝寶訓，及《國朝會要》、《事實類苑》編年之書，與夫建隆以迄紹興詔令旨揮，歷朝名臣章奏之集，言行紀録，搜括殆盡，以成是編。庶幾開卷一覽，則我祖宗盛德大業，厚澤深仁，爛焕乎其溢目，豈小補哉。伏幸詳鑒。

爝火録序例一卷

李天根撰。天根字大木，自號雲墟老人。同邑人，彙萃勝國以來官書野史，編成《爝火録》四十卷，鈔録《序例》一卷，已見大意。

雙溪物産疏十五卷

陳經撰。經字□□，宜興人，雙溪記其本地物産，分類以記，引證經傳，典雅可傳。

元地理書二卷

無撰人名氏。分江北郡縣、江南郡縣爲二卷。首有書指序略。

岳陽風土記一卷

宋范致明撰。致明字晦叔，建安人，元符進士第二人。官至次對，嘗謫監岳州酒税務，撰《岳陽風土記》。紹興中刻於郡中，淳熙再刻。此本明岳州府通判錢唐許嶽重梓，嘉靖甲辰春三月嘉禾陸琊跋。稱未見宋刻，亦從鈔本付梓。

黄山圖經一卷

宋人撰。不詳撰人名氏。前署「黄山小景祥符祠刊」。圖三層四篇，上列三十六峰，中巖洞僧舍，下寺祠村落。經三十六則，詳著峰巒高大，形勢事跡，水道源流。歸宿一篇，其文簡古明晰，無冗詞累句，誠屬傑作。所載開元、天寶、大中年，或者唐人所遺，而宋人成之也。羅鄂州撰《新安志》，猶數引此經，而後人修志俱未得見，則是書之不傳久矣。余族伯望子先生游虞山，得此於藏書家，猶是宋時槧本。上有「吴岫家珍」印記，其文筆簡古高妙。所紀山川形勝，源流歸宿，如觀掌上螺紋，與俗志有仙凡之别，誠足爲山靈重。後有方氏香沙道人望子、方成培仰松兩跋。

陶靖節先生年譜一卷

宋吴仁傑撰。

長泖陸子年譜一卷

姪禮徵用中、男宸徵初本，同學周梁好生氏訂。後學俞倩松雲氏參校。與刻本《陸先生年譜》定本爲吴光酉輯者不同。吴本前有追謚諭祭文，後有附録，似定本爲詳，而此本則初稿爲真。與景陸粹言亦有一譜，又與此本不同。

先生與吕留良交誼，譜中詳云，景陸本因忌諱，全删之矣。後缺數葉。

毘陵經籍志四卷

盧抱經先生掌教龍城時所撰。搜輯甚備，惜少國朝人别集，然亦罕見之本。

何子貞書松文清傳稿

國史館撰大臣列傳，先排履歷，再查歷年檔册，關涉本人之件供事按年録出，授分纂官編輯。有奏摺無諭旨者，查旨；有諭旨而無奏摺者，查摺；有減無增，字句略可删潤。例不准以私家著述入傳，纂修編定後，再由提調官覆輯寫定進呈。每十年派辦畫一一次方爲定稿。蝯叟此篇，上注查旨查摺多處，是其辦理亦無以異於他人。不必振蝯叟之名，而推爲史筆也。惟首尾一萬五千餘字，自書稿本，已屬不易。寶侍郎所跋，即指此乎。若云照私家碑志，詞必已出，恐轉非實録也。褚跋俄羅斯侵占哈薩克地，哈薩克奏懇理藩院向之索回，而文清阻之，謂爲失策。鄰國逼處，地錯犬牙，强占弱讓，均由國勢。高宗納土爾扈特全部，俄國不敢問。而阿睦爾撒納逃入俄國，俄國不肯以生者獻，而獻其屍。宣宗時張格爾子孫逃入俄國，索之不允，國勢不能如。高宗時，即理藩院行文，俄國能阻止乎？至哈薩克非一處，我國止得兩部，並亦兩屬。後人不知前人事勢，强加責備，亦新學家派也。

天際烏雲帖考三卷

翁方綱撰。東坡先生在錢唐見蔡君謨夢中詩，書之卷軸。宋元明人舊題。乾隆三十年□月八日歸於覃谿，覃谿爲考舊跋，並考定摹本。此從真跡鈔出。

王文公集佚文一卷

從宋本鈔出。今文集所佚。

「昔華中父真賞齋有宋百六十卷本《臨川集》，見豐人翁《真賞齋賦》，而義門何焯氏在國初，既言其不可覯，則其爲希覯之笈，亦可知也。而説者謂荆公之集，紹興辛未其曾孫王珏所傳刻者最完。其作百六十卷者，徒分析其卷帙耳。珏之刻本，今藏罟里瞿氏。又有元時翻本，今藏錢唐丁氏。嘗與明嘉靖庚申撫州覆紹興詹大和刻本歷校。宋、元二本，其卷帙相同，而異同亦相若。閩、浙二本皆非其所手定。而《石林燕語》亦稱薛肇明被旨編公集，徧求其所謂『青山捫蝨坐，黄鳥挾書眠』詩，終莫之得。至宋季，有金陵、麻沙、臨川、浙西數刻。當時搜羅既難，編訂又粗，竟不能窮其全也。日本圖書寮有殘宋本《王文公文集》，今存七十卷，佚其末詩集數卷而已。而今本所佚之文，多至四十七篇。陸存齋《羣書校補》據《宋文鑑》、《宋文選》、《播芳大全》、《能改齋漫録》以補明覆詹本之缺，尚不過十餘篇，與此本多寡不侔矣。昔政和中開局編書，諸臣之文獨《臨川集》得預其列，而門下侍郎薛昂肇明實主其事。此書依其異同考之，蓋肇明所編次也。卷一至卷八書，卷九宣詔，卷十至卷十四制誥，卷十五至卷二十一表，卷二十二至卷二十四啓，卷二十五傳，卷二十六至卷三十三雜著篇，卷三十四三十五記，卷三十六序，卷三十七至卷五十一古詩，卷五十二至卷七十律詩。半板十行，行十七字。『桓』、『殷』缺末筆，於『構』字下注云『御名』，則此書高宗時，依薛本所入梓也。并王珏所未見矣。日本島田翰跋。」

西湖老人繁勝録一卷

從《大典》七千六百三卷「杭」字韻鈔出，《四庫》入存目。

蒙隱集二卷

宋陳棣撰。棣字鄂甫，官至通判潭州。原集久佚，館臣從《大典》録出。

簡齋詩外集一卷

宋陳與義撰。與義字去非，凡古今體五十二首，文三首，皆胡箋本所無。詩多次韵之作，可知宋時原出二集。今本十六卷，殆出後人所併矣。此書罕見，今從瞿氏舊鈔本轉録。

剡源逸稿七卷

剡源集逸稿。詩、文各一卷，文止十二篇，與荃孫所得同，已刻入《讀書記》矣。今春輯《士禮居題跋》，王君息塵語余，曾見《剡源集逸詩》乎？有蕘圃題跋二段，詢之則漢陽洪君幼琴所藏也。時洪已由滬還金陵，適荃孫三月回舊居，因假歸此本，從何夢華手寫本録出，并録蕘圃兩跋。其中朱筆細字，是勞季言手迹。王洪均未之知，則爲名人藏校之書，尤爲可寶。録副訖，識其緣起。丁巳荷花生日，藝風。

僑吴集十二卷佚文一卷

弘治張習刻本已歸董綬經，此轉録其副，並鮑渌飲輯佚文一卷。

蜕庵集四卷傳鈔明洪武刊本

元張翥撰。此洪武本，衡山釋大杼北山編集。首有蒲庵來復序，末有洪武十年天台宗泐跋。

雉山先生殘稿一卷

明吴鍾巒撰。鍾巒字峻伯，號雉山，武進人，學者稱霞舟先生。崇禎甲戌進士，授長興知縣，南渡授吏部主事，從魯王至舟山，晉禮部尚書。舟山破，捧先師神位自焚死。此殘稿一册，皆詩。前附文二篇。原稿小門生錢濬恭手鈔，盧抱經《武陽藝文志》收之，作《霞舟佚稿》。

錢濬恭序曰："雉山先生殉節翁洲，其遺集在補陀三元寺中，浮屠敬中藏之，以故紙反書，磨糊汗漫不可識别。萬農部履安求而手鈔之，共四册。農部身後歸於叔子褐夫先生，九沙編修之父也。顧書未有得見者，予不及侍褐夫先生，而九沙以忘分忘年之交，待予最厚。嘗請借鈔之，九沙許諾。顧以南北往來，未及踐約，而九沙家被火，是集遂歸天上。農部之得是集於補陀也，尚有《稗山蕞談》四册。其間過從雜沓之言，紀聞、紀夢，靡所不載。雖出率筆，未能盡成文也，而頗有關係者十之六。當有待於删削修正而後成編。農部未及鈔，身後歸於少子石園先生，予亦嘗得見之。嘗語石園之子，欲借歸摘鈔其中之可存者，附之集後，亦未及得。而其子死，家書蕩盡，不知所之。又嘗聞稗山先生在翁洲輯《文史》一書，其中皆同時諸公之作，足備桑海以來之史料者。其部帙甚侈，錢退山侍御兄弟曾及見之，此尤勝國之寶書，而今亦不可問。嗚呼！兵火之際，忠義之翰墨，往往難傳。其幸而存者，蓋百之一。顧先生之集幸而傳者，幾及百年，而復失之爲可恨也。先生之殉節，積薪文廟，抱先聖之栗主，賦詩自焚。浩然之氣，復還太虛，又何有於遺集。顧後死者之不能廣其傳，於誰是問，則予之罪也夫。今予家尚有先生詩文集一卷，乃高隱君辰四物，而先贈公得之者。又有《歲寒松柏録》一卷，乃陸隱君春明物，而先子得之者。予乃合爲二卷，序之而題曰『穉山先生殘集』。嗚呼！此廣陵散之僅存者，即令斷曲單詞，皆可起愛而起敬也。」序成，令錢君濬恭鈔一副本。濬恭之尊公太保，乃先生門下，而先殉者。先生所録《文史》，其收太保之作最多，皆今錢氏所無也。濬恭鈔此集，其應同此噓唏也已。

南雷餘集一卷

黄梨洲徵君生前自編其集曰《南雷文定》，晚年又就《文定》精擇一編曰《南雷文約》。前年有寧波一舊家，藏徵君手稿凡數寸，欲售於上海道署，索價三百金。未滿其欲而返。先是敬業書院院長仁和葉槐生貢士細將稿本瀏覽一過，凡《文定》、《文約》所未有者，另鈔一本，題曰《南雷集外文》，藏之書樓。今晤槐老譚及，出示鈔册，蓋皆徵君當日所删者。推其删之之故，多記桑海時事。生前行世，實有未便，原以待之將來。今距徵君之殁，已一百九十四年。即此一編，而徵君時事及往來之人，亦隱隱知其大略。乾隆間長洲彭尺木貢士於崑山書肆得《亭林文集》稿本，中有十數篇爲刊本所無者。雖爲潘次耕刊《亭林文集》所删，亦爲當時實未便行世故也。而彭君刊爲《亭林餘集》。余往年又爲合肥蒯檢討光典重刊之。今復鈔此集，他日當仿彭君之意，刊爲《南雷餘集》，或仍槐老所題以配之。蓋黄顧二老爲國朝儒林之冠，雖寸墨片楮，皆當寶貴爲之流傳，又况其實有足以自存者存乎其間者邪。

敬業堂集外詩三卷

查慎行撰。

張氏手跋曰：「予自少壯時，喜閲《敬業堂詩集》，間取《他山詩鈔》與全集校勘，删改頗多。後見續集元稿亦然，足徵先生虚懷若谷爲不可及。每以不見全集稿本爲恨。客冬，吴君兔牀過訪村居，攜以示予。因憶放翁詩云『異書渾似借荆州』，今吴君不惜荆州之借，真喜氣排寒冬矣。檢閲之下，計二十三册。大約係子姪輩所録，間有手鈔數卷，至塗改處不憚再三，竟有通首迥異者，悉屬親筆。每册集名手書葉面，并標明『删過』。其全旨迥異者，格上注一『删』字。首尾各用一勾，唯續集内删去者，首尾用勾，間標『删』字。葉面亦無『删過』二字。雖經改竄，想未及删定故爾。予手戰不能書字，命兒輩將初稿悉注於旁，或一改再改，仍兩存之。卷中諸前輩評點及出自手迹者，系他手標題。葉面一并仿録，删去諸詩，另録一册以成完書。唯讐勘圈點，予獨任之。徂歲入春，始克蕆事，惜老矣，不能得此中三昧。然藉以消遣歲月，開我迷雲，皆良友所賜也。是書洵爲秘册，在處應有神物護持。爰識數行於卷末，俾後之覽者得詳考焉。

乾隆癸卯夏五，海鹽後學張載華芷齋氏漫識。時年六十有六。」

海寧查初白先生《敬業堂詩稿》流傳遍天下，今假得沈愛蒼中丞藏詩集手稿，自《慎旃集》至《住劫集》，計二十三册，完善無缺。中間删改并省，不憚再三。并經朱竹垞、姜西溟、唐東江、揆愷功圈點評騭，無不依從。具見前輩虚懷若谷，所以成爲大家。後爲同里吴兔牀收得，借與張芷齋。芷齋一再跋之，録删去詩，成一帙。并爲各集評閲者之人又録稿外逸詩八首。今悉綴録成帙，以志景仰。丙辰九月，江陰後學繆荃孫識。時年七十有三。

雪篷集八卷稿本

殷圻撰。圻字玉田，一字芥舟，同邑人，同居申港鎮。乾隆癸丑進士，官至順天府治中。此集詩六卷，賦一卷，詞一卷。編定擬刊，未知何以停止。近流落於廠肆書攤，爲内兄夏閏枝所得。荃急録其副，詩詞清雅，周伯恬夫椒山館有《懷玉田詩》云：「早年啖我牛心炙，高陽里中遠相迓。中年款我春明坊，紫藤花下開清觴。繭紙春窗雲寂寞，慮我羈愁慰離索。我折楊枝出薊門，纏腰爲我裝行橐。十年落落籌生計，親老家貧百無濟。杯酒難尋故舊交，詩篇但有江山麗。窮途何以答公心，近與元方契最深。化鶴倘歸休悵望，塚間碑字已生金。」亦可想見其概矣。

含煙閣詩詞一卷

堵霞撰。霞字綺齋，號蓉湖女士，無錫人。進士伊令女，同邑庠生吳元音室。所著有《三到堂稿》，此其一斑，詞特雋秀。

蕺山致祝開美手札一册

共二十二札，語語真摯，直道學語。後有陳敬璋跋。

滄海遺珠八卷

明沐昂撰。昂字景顒，黔寧王之第二子。比《四庫》本多四卷，成化止刻四卷。先藏成化本，今從適園足本鈔補。

田洪都跋

往者予讀繆藝風先生行狀，知先生著述未刻者，有《再續藏書記》不分卷，每以不得一見爲憾。本校教授鄧文如先生與繆先生有姻戚之雅，近訪得藝風堂新收《書目》一册，舉以示予，受而讀之。見書皮題有「即再續藏書記稿本」八字。不意數年求之不得者，今竟見其真本，大償夙願，詎非厚幸。旋思館藏有《藝風藏書記》及《續記》各八卷，若得此記并藏之，庶可一闚全豹。乃乞文如先生作介，讓之本館，什襲維謹，珍同球璧矣。惟是繆先生著書滿家，世爭稱誦。且一生與刻書爲緣，孤稿秘籍，多賴流布，廣人見聞，裨益文化之功，可謂至鉅。以視世之藏書家，得一珍本，嚴錮深扃而不與人共賞者，其度量之判，奚啻霄壤。今得此稿本，倘亦視爲稀世之寶，據爲獨有之榮，不亟謀刊傳，則與繆先生寬大之襟懷未免大相枘鑿耳。爰取此稿本詳加校訂，付諸手民。是不第爲傳繆先生之書，且以傳繆先生之志。定名《藝風藏書再續記》，取與正、續記前後一律也。去冬訪得《藝風堂詩存》四卷、《碧香詞》一卷，刻板已爲印行。但繆先生未刻之遺著尚多，當再搜訪，不得以刊佈此二書爲畢乃事。剞劂既竟，略書數語，以識緣起。繆先生有知，當亦掀髯爲之心許。中華民國二十八年九月田洪都。

薛祈齡跋

《藝風藏書再續記》不分卷，原名《藝風堂新收書目》，江陰繆荃孫撰。荃孫字炎之，一字筱珊，晚號藝風。其室名則有夢珠樓、對雨樓、藕香簃、雲自在龕諸稱也。清光緒二年丙子進士，授職編修，充國史館總纂。以京察一等引見，記名道府，加四品卿銜。乃以性剛，遇奇未得顯達。僅歷主講南菁、濼源、鍾山各書院，充江南高等學堂監督，主辦江南圖書館，奏充京師圖書館監督而已。早歲研究文史，明習掌故，而於考訂目録金石之學，致力尤深。當時名宦若吴勤惠、崇文勤、潘文勤、張文襄、端忠愍諸公，咸以著作之材相推重。生平撰述鉅製鴻篇，世爭傳誦。自謂身歷十六省，著書二百卷，非夸辭也。夏孫桐稱其著述已刻者一百九十二卷，未刻者六十九卷，又八十七種，則其所謂二百卷者，殆僅據其已刻者而言之歟。一生喜藏書，孤本秘籍，搜羅極富。以世變靡常，恐盈箱溢篋不必長爲己物，思有所紀載，得以流傳。乃於庚子秋撰刻《藝風藏書記》八卷，嗣於壬子夏又撰刻《藝風藏書續記》八卷。目例均分十類，惟第六類正記爲《金石續記》，爲目録正續共六册，已風行海内矣。其自癸丑後所收之書，編爲《藝風堂新收書目》，尚未刊行。近經本館訪得一册，書皮題「藝風堂新收書目即再續藏書記稿本」十五字，全稿凡一百二十八葉。不記葉次，以紙捻裝訂，參差不齊。稿紙係烏絲欄，中縫有上下魚尾，前五葉爲目録，分宋刻本、元刻本、明刻本、舊抄本、校本、影宋本、傳抄本七類。每葉板框後有「夢珠樓抄」四字。自第六葉起，則爲「藕香簃抄」四字，分抄各記，每篇不相連接，亦不標分七類，殆爲初次謄稿，尚未釐定。即夏孫桐所稱未刻中之《再續藏書記》不分卷者也。此記於板本異同，考訂既確，鑒別尤精，爲收藏圖書者不可不亟讀。本館田主任舉以授梓，屬予校理。於是仿正、續記板式，高廣均縮小一寸，增加行字，以期可合入本館叢書，而又可與正、續記並傳也。其編次大綱，一依原稿。首自序，次目録，次各記，惟將各記依目録編分七類。每類首葉一行循正、續記款例，以黑地白文標分某某本第幾，各類均依原名。但以影宋本中有影元本，影毛抄本，似不概括，改爲影寫本。每類分記葉次，全書都四十五葉。原稿中所有訛奪，已經繆先生點竄者，據以付印。其未經點竄而顯然可辨者，則爲訂正之。一如目録中重載《北轅録》而脱《註東坡先生詩》四十二卷及《夷堅志》、《公是集》、《後山集》、《趙東山文集》、《太平治迹統類前集》等，一一爲之删補。又《宋史記目》、《蘇東坡年譜》、《家世舊聞》有目無記，仍存其目，目下爲注「記缺」二字。《記》中《韵語陽秋》一書兩見，爲删其一。此著録之衍脱，可得而訂正者也。二如「明刻本」中載清刻之《日知録》及《趙東山文集》，則於本類首葉題下注「附清刻本二種」。又「明刻本」中載傳抄之《蕺山致祝開美手札》，「舊抄本」中載校本之《鬼谷子》，「影寫本」中載傳抄之《雪篷集》、《簡齋詩外集》，及校本之《竹素園詩抄》等，均爲按類改編。此類別之混亂可得而訂正者也。三如「宋刻本」第六葉十一行起及第七葉三行起，原皆頂格，均改爲低一字。「舊抄本」第二葉二十五行，原題「夷堅志跋」，校本第一葉二行原題「涑水紀聞跋」，第四葉十三行原題「捫蝨新話跋」，自次行起皆頂格，則爲之删「跋」字，增若干卷字，均自次行起低一字。又「舊抄本」第三葉二十一行，第六葉一行，校本第一葉十九行，第八葉十二行，原皆不另題書名，全篇頂格，則爲之另題《公是集》十卷，《説學齋稿》十卷，《太平治迹統類》前集三十卷，《韵語陽秋》二十卷，自次行起均低一字。又「校本」第六葉二十六行，原題「陳後山集跋」，下署温汝適，其題與文均頂格，則爲之删去原題，改作「温汝适跋曰」，自本行起均低一字。此行款之參差，可得而訂正者也。四如目録第一葉七行第一二三字，原作「贛州本」，改爲「六臣注」。《記》中「宋刻本」第六葉一行第十五字，原作「説」改爲「詵」。「明刻本」第三葉十行第二十七八兩字原缺，爲之校補「章甫」。「舊抄本」第二葉二十一行第七八兩字，原作「在自」，改爲「自在」；第三葉八行第七字，原作「知」，改爲「後」。「校本」第四葉十四行原無第一字，爲之校增「宋」字；第十葉十六行第一字，原作「時」，改爲「事」。「傳抄本」第一葉二十三行第十九字，原作「迫」改爲「迄」，第五葉九行第二十八字原作「編」，改爲「經」。此字句之脱誤可得而訂正者也。至於疑信參半，未敢妄加訂正者，或仍之，或缺之，不得起繆先生於九泉，袪衣質問，洵爲憾事。繆先生既撰刻正、續兩記，獨此記未及釐定成書，致有以訛傳訛之處，自亦不無遺憾。而此稿得歸本館，爲之刊行，雖不及正、續記編刻之精，亦可以窺其晚年藏書之梗概，不可謂非繆先生所深幸者也。繆先生襟懷曠達，藏書聚散，視爲固然。正、續記《自序》一則曰：「他日書去而目存，掛一名於藝文志，庶不負好書若渴之苦心」；一則曰：「書去目存，昔賢以之慰張金吾者，吾亦藉之以自慰。」倘此記不傳，則所謂目存藉以自慰者，尚亦留有缺陷。今其藏書大都散佚矣，有此三記長存天壤間，俾其畢生所藏之書，展卷具在，若指諸掌，即謂之書存可也，豈第目存乎哉！校刊蕆事，略書所見如此。己卯中秋益陽薛祈齡識。

索 引

0365_0　誠

識

0460_0　謝

0464_1　詩